谨以此书

献给北京电影学院建院 65 周年

张会军 / 著

致青春

北京电影学院
78 班回忆录

中国青年出版社

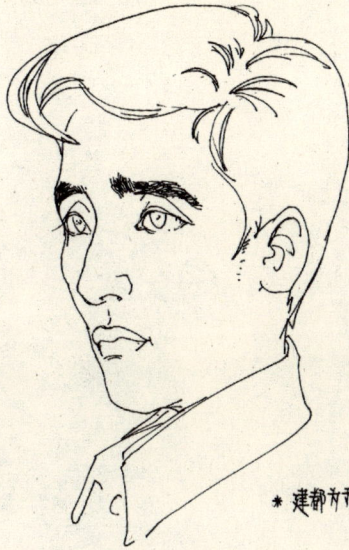

＊建都方戎所造画像＊

在电影《红象》的拍摄现场，冯小宁、张建亚、田壮壮、张艺谋、侯咏、吕乐、曾念平（从左至右）

1982 年 6 月，78 班摄影系毕业合影

1979 年元旦，78 班表演系师生合影于新街口照相馆

美术系尹力、邹成基、冯小宁、张秉坚、王鸿海、贾世泉、余麦多在乡下写生间隙合影

顾长卫、张会军、吴菲菲在房山的十渡参加社会实践

北京电影学院 78 班篮球队正在比赛，田壮壮、张会军、张艺谋等人

78班摄影系"西安六同学"在宿舍聚会，王小列、智磊、张艺谋、侯咏、顾长卫、赵非（从左至右）

陈凯歌、耿小震在朱辛庄

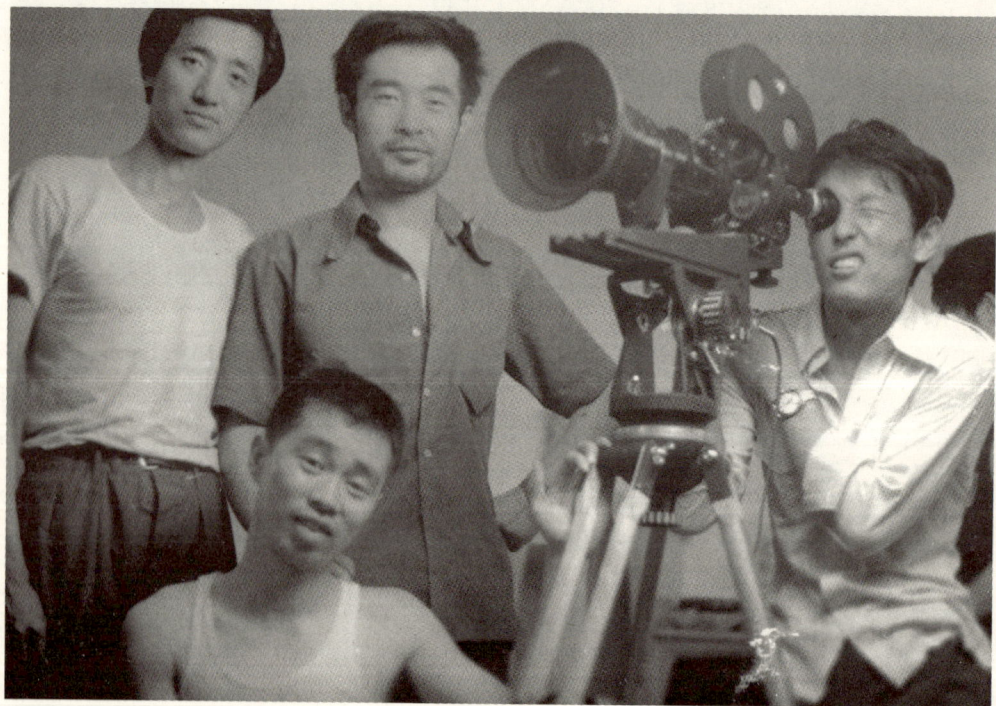

张会军、王左（前）、田壮壮、吕乐在拍摄毕业作业时合影

1978 年，李少红考入北京电影学院导演系

78 班同学在拍摄毕业作业现场合影

78 班录音系的聚会现场

序言

会军写这本书不易。

这本书当时 2008 年出版的时候他签了字送给我，我还真认真看了，写得不错，也有意思。关键是他非常不容易地收集了那么多的历史资料，也算是我们这届同学中的一个有心人。

在北京电影学院"78班"毕业 30 周年以后，再看这本书所记叙的历史、故事和事件，往事历历在目，感慨很多。

因为北京电影学院与我的不解之缘，我得以成为学生和毕业生，时间荏苒，不免感叹。虽然，回忆录不是给"78班"树碑立传，但至少可以让我们重温过去的经历；看一看我们当年"风华正茂"发黄的照片；看一看我们都学习了一些什么课程；看了一些什么样的电影；回忆一下我们毕业以后，30 年来先后三次聚会的情景。

"78班"的电影教育，是我们国家社会的特殊产物，也是电影教育专业的探索和实践；这本资料性的著作，至少可以让后人知道在那个年代，电影学院的"78班"是怎么样学习、生活和成长的。对后人研究中国电影，研究"78班"，研究电影学院电影教育，仍然有历史意义和一些研究价值。

我自己没有出过书，这次中国青年出版社在我们毕业 30 周年以后，重新更名出版《北京电影学院"78班"回忆录》，增加了许多新的内容。其中，会军在征得我同意的情况下，把我当年考学、上学的真实始末（字数不少）写了出来，并收在了书中。作为我当年考上"78班"，上学、当学生的真实情况一个披露。我觉得挺好，总算给历史一个真实的记录和交代，免得让人家猜三猜四，道听途说。也为难他，竟然能将当时 1978 年和以后时间的那么多文件、资料、请示、批示、报告都收集齐，其勤奋、用心和坚韧，很是让人充满敬意。

正是北京电影学院和"78班"的经历，彻底改变了我和我们的命运。感谢会军，他一直是一个有心和仔细的人，他用文字的方式在合适的时机，记录了我们的过去，给了我们许多怀旧的东西。

也以此书的重新出版，纪念北京电影学院"78班"同学毕业 30 周年。

电影导演，78 班摄影系

张艺谋

2013 年 10 月 30 日于北京

那是改变我们一生的四年，也是陪伴了我们一生的四年，更是激励了我们一生的四年！感谢会军记下了点点滴滴！

上海电影家协会主席，上影集团著名导演，导演78班
张建亚

能够在铸就中国电影光荣与辉煌的学校里，与这样优秀的老师和同学度过我人生最美好的时光，是我们今生的幸福。如果还有来世，我还将在此与你们为伍，再铸中国电影之辉煌。

北京电影学院博士生导师、教授，导演，表演78班
陈浥

祝贺此书再版。三十多年了，学校的生活历历在目犹如昨天，几次聚会更是难以忘怀。感谢会军把他记录在案。

著名演员，表演78班
张丰毅

张会军是一个使者，把78班的精神在历史的转折点做了承上启下的传递。78班是里程碑，标记了一代影人的不懈追逐！让78班过去，让新一代接着冲锋！

著名演员，表演78班
张铁林

如若时光倒流，我想，我还会重新推开朱辛庄教室的旧门；重新走过那片风吹落叶，金色的麦田。重新在直耸入云的灰烟囱下，聆听先生们的教诲。重携同学们的手，团聚在青春无邪的烛光下。因为那里是我们影视人生的起点，感谢会军的这部书，把我们带回了难忘的四年。

全国人大代表，著名导演，导演78班

胡玫

无论作为学院的院长，还是同一届的老同学，会军始终对北京电影学院七八班的成长经历念念不忘，三十年过去，当年朱辛庄的秋月春风还在心中，"第五代"其实是一次艺术运动，像中外许多艺术运动一样，可遇难求，我们欣逢那样的时代，只能说比别人多一份幸运。

全国政协委员，著名电影导演，导演78班

陈凯歌

记忆愈久远，愈成了碎片。老同学会军将几十年前的事情连缀成片，白纸黑字，文之凿凿。使众人的回忆有了可追索的……

著名电影摄影师，导演，摄影78班

张黎

看到回忆录，我们都会回到那78班的岁月，感谢会军用众多的文字和图片，把我们带回大学四年的时代，使我们想起了很多过往的事情和云烟。永远的珍藏，永远的记忆。

北京电影学院原副院长、博士生导师、教授，导演78班
谢晓晶

会军是个细心的人，七八班的活档案，也许他的这些不经意的记录，会成为有价值的史料。

北京电影学院原导演系主任、教授，著名电影导演，导演78班
田壮壮

寄语会军，得知这本写满78班回忆的书，在我们三十年聚会以后得以重新再版，祝贺，电影在心！青春永驻！

著名电影摄影师，导演，摄影78班
顾长卫

目录

档案 ━━━━━━

提要 —

　　"78班"已经成为一个历史名词,它代表了1978—1982年的一段时间历程,泛指1978年考上大学的学生和班级,在这本书里,特指的是1978年考上北京电影学院并在学院学习的群体。"78班"与中国电影的成长和中国电影的教育,有着非常密切的联系。在今天改革开放30年的纪念日里,寻踪、追溯、回忆那个年代的电影专业教育和"78班"所享受的时代、环境和青春成长的经历,是研究中国电影教育的一个重要的内容。

　　值得指出的是:2008年,是中国改革开放后电影专业教育30年的纪念,我选择这一段教学的经历进行研究,也是在整体上研究由1978年开始,坚持和持续到今天的中国电影系统专业(科班)教育、教学30年的历史进程。正如在西方电影史上,意大利新现实主义、法国新浪潮和新德国电影,被作为第二次世界大战之后,电影史中欧洲重要的电影流派的电影风格一样,中国电影教育的"78班"和"第五代"电影,是改革开放30年中最令人瞩目的事件,也是中国电影史上最令人瞩目和值得记载的历史,其电影教育开创了"学院派"风格和品牌,并产生了国家和世界影响,成为20世纪末期世界电影最重要的也最激动人心的事件。其电影教育所培养出来的毕业生和所拍摄完成的电影,所取得的电影成就,所产生的中国电影文化性、中国电影民族性和中国电影的影像形式感，影响了 20 世纪末期世界电影的文化，丰富了 20 世纪末期世界电影的格局。

写"78 班"的成长，以纪念中国改革开放 30 年，纪念"文化大革命"后高校恢复招生 30 年，纪念"78 班"考入北京电影学院 30 年，通过系统的描述，以探寻"78 班"成长的奥秘，回顾他们步入中国电影行业的历史。

正是由于北京电影学院的存在，正是由于电影学院"78 班"的毕业生的努力，正是由于国际舆论对这些毕业生电影创作的肯定和高度的评价，恢复、证明、提升了中国电影专业教育的地位，也提升了"学院派"电影教育的地位。"学院派"电影教育和"第五代"电影的历史作用，已经用了 30 年的时间来验证。现在的结果是，中国电影为中国文化在世界上的地位确立和巩固做出了杰出的贡献，它拉近了世界文化与中国文化、世界电影与中国电影的距离，也加速了中国电影进入世界电影潮流和改变世界电影格局的进程。

对于北京电影学院"78 班"的报道，"野史"多于正史，"道听途说"多于历史事实，主观臆断多于本来面目，本书的写作初衷就是要以相对细致的结构和翔实资料，给社会呈现出一个相对完整的 1978—1982 年的北京电影学院"78 班"成长和教学的历史过程。当今社会的发展，结果不重要，因为，我们开始做事的时候就已经会断定到结果，所以，过程成为我们享受的阶段，过程成为了结果的初衷，在写这本书的过程中几乎没有什么真正可以参考的东西，反而是学院的历史档案资料、自己上学的课堂笔记、同学的回忆，这些成为写作的点点滴滴素材。

本书（第一版）分了 26 个部分和 4 篇附属文章，对往事进行细致和全面的回顾，也披露了许多不曾为人所知的事件和情况，梳理了"78 班"四年大学真实的生活和经历，并总结了当时学院教学的真实情况，表达了对当时电影教育、教学的全面看法。我力图从一个亲历者、参与者的角度，从学习者、总结者的角度，从一个作者研究的角度，系统叙述"78 班"所经历的报名、考试、复试、文考、体检、录取、报到、上学、读书、学习以及论文写作、毕业、分配的整个过程，披露"78班"生活的一些真实内幕，阐释"78班"和中国电影"第五代"这个群体的现象。以翔实的资料佐证、具体的内容分析、朴实的写作风格，探寻他们的成长历程和相关社会环境的历史，追溯他们的学习经历和教学过程对他们的影响；整体梳理他们的社会、文化、教育、心理的历史；反思他们的教育成长以及与环境的因素，这些成为研究改革开放初期社会发展和历史的一个重要内容。

从本书的追忆和叙述中可以看出，北京电影学院"78班"在个人的成长上同时具有偶然性和必然性；在历史意义上具有不可替代性和不可重复性；在电影教育、教学上具有实验性和探索性；在教育、教学中积累的培养经验上具有参考性和借鉴性。"78班"是中国改革开放以后的第一批电影本科学生；"78班"是中国电影专业系统教育的直接享受者；"78班"是中国"第五代"电影的直接创造者和参与者；"78班"是中国改革开放以后新时期电影创作的主力军；"78班"是中国电影产业的探索者和实践者；"78班"是中国文化传承和电影语言创新的亲历者；"78班"在文化意义上，是中国被国外最先关注的艺术群体。

从来没有人知道北京电影学院"78班"在1978—1982年之间经历了什么，也没有人了解他们所经历的教学环境，更没有人知道他们当时的境遇是一个什么样的状况。在"78班"群体性地经历了"文化革命"、家庭磨难、命运坎坷、农村插队、情感抛弃、社会闯荡、自我封闭、考试历练后的四年中，他们是怎样在欢喜中度过大学四年的生活的？他们是怎样摆正自己的位置的？他们是怎样学到了真正的本领的？他们在中国电影的低潮期是怎样进入电影界并创作了电影的？他们是怎样在自己稚嫩的创作中表达直接的感受的？在本书中，作者力图画出一个清晰的图像来，并力图在一个比较客观的视点上，探讨他们对中国电影教育的意义。

在写作和研究过程中，最令我兴奋的是，查找到了当年我们进行教学的很多有关资料，从而揭示了为什么"78班"采用了现实主义和批判现实主义的风格进行电影创作？为什么敢于在自己的处女电影中进行历史的反思？为什么要采取十分形式感和极端造型风格的影像方法进行拍摄？为什么要标新立异于其他中国电影的样式？恢复中的中国电影教育，是怎样将这些人培养成为中国电影"第五代"的标志性群体？这是研究中国电影历史和研究这些人成长中一个非常令人感兴趣的问题。

由于"78班"的一系列电影创作在世界上获得高度赞许，围绕电影教育"78班"和"第五代"的成长的评论和研究日趋成为热点，本书的历史回顾，旨在为今后的历史和学术研究，提供更为详尽的史实和参考，期望对中国电影教育有更多的关注和研究。

本书写作于2007年10月1日，开始完全是出于兴趣，后来成了责任，每天写作没有间断过。2007年，中国电影经历了历史上的变化，影片数量、影院数目、票房业绩、获奖成就、观众数量、商业价值、艺术风格，都呈现了中国电影产业的深刻变化。中国经济的日益强大和与世界经济的全面接轨与抗衡，促使我们国家开始注意文化这一软实力。中国电影产业所经历的发展和所面临的竞争和挑战是不言而喻的，中国电影所要走的道路仍然是漫长的。这一切，都需要有人继续为此付出努力。

这次2015年在北京电影学院建院65周年之际，在中国青年出版社重新出版，增加了部分重要文字和图片，并重新进行了排版，分为青春、真实、聚首、档案四个部分，条理更加清晰，资料也更加丰富。

希望能给大家呈现一个完整历史史实和文字资料，供阅读和查阅。

自序

1978 年，中国具有重要意义的年代，它标志着中国改革开放的开始。2008 年，中国以东方雄狮的形象将迎来第 29 届夏季奥林匹克运动会，同时，标志着中国改革开放已经整整 30 年，2008 年，同样是北京电影学院迎来"文化大革命"后招生的 30 年和北京电影学院"78 班"考入北京电影学院 30 年的纪念。

北京电影学院"78 班"，在社会的理解意义上，是指"文化大革命"结束和粉碎"四人帮"以后，国家恢复高考时，1978 年考入北京电影学院的第一届的大学本科学生；是特指 1978 年北京电影学院恢复本科招生考试以后入学的导演系、表演系、摄影系、美术系、录音系的 159 位本科班的同学。而实际的情况是，北京电影学院 1978 年在招收了本科班的同时，也招收了表演师资班和编剧进修班。

在北京电影学院"78 班"1982 年毕业以后的几年，从香港的电影评论和媒体，发展到内地的电影界和媒体界，开始对其增加了一个"中国电影第五代"的称谓。到今天为止，"78 班"、"中国电影第五代"是 30 年来被社会和媒体反复提到的电影群体。于是，北京电影学院"78 班"、"第五代"、"第五代电影人"，就成为中国电影理论和批评界以及外国电影历史研究中的一个多元的、永恒的话题。

本书是要全方位地写"78班"所经历的教学过程和社会环境。写这本书的初衷，是源于 2002 年"78班"同学毕业后的 20 年聚会。同学们在一起聚会的时候，希望我们自己对这段历史从报名到毕业作一个全景式的描述，对学院教学进行一个系统的梳理，对"78班"的成长过程进行一个全面回顾，更对后人有一个全面的交代，也希望通过这种方式，对电影学院 1978—1982 年的教学进行一个系统总结。

本书的撰写和出版，是学院电影教学和理论研究的科研项目之一，我自己主动承担这个任务主要的原因有五个：①我本人是"78班"的一员，1978 年考入北京电影学院摄影系；②经历了"78班"四年的学习过程，对情况比较了解；③1982 年毕业以后，一直在学院任教，并且在学院工作的过程中了解、掌握了许多不为人知的材料；④我是"78班"电影教育的经历者和享受者，也是后来学院教学延续的参与者；⑤力图给将来的中国电影历史和中国电影教育史研究者提供一个详尽的叙述。

为了事件和材料的真实，我对许多问题进行了研究、搜集、整理和核实，也发动了今天在学院任教的"78班"大学同学提供十分宝贵的资料，同时，查阅了学院档案室的原始档案资料，更是翻阅了自己上大学的全部上课笔记，查阅了学院各种各样的文献资料。本书从历史回顾和纪实的角度，着重对 1978—1982 年北京电影学院"78班"的教育、教学作一个历史性的叙述，同时加上一些主要事件的回顾，不作过多的理论上的评述，但是，会有一些与今天电影教育的比较研究。写作是一个对往昔岁月回顾的过程，仿佛当年的情景历历在目，我希望写出能够反映大学四年全貌的书，我愿意将这本书提供给想了解这段历史的人，为增进了解中国电影教育贡献自己的一分力量。

北京电影学院"78班"是一个经历了考试、入学、学习、毕业、创造并取得了成绩的群体，还不能和"第五代"电影人直接画等号。"第五代"是一个在特定历史时期中，范围更为广泛的，具有创作意义、理论学术意义的中国电影艺术创作团体，"78班"仅仅是其中的一个部分，尽管他们为中国电影做出了一些贡献，但是，人们在今天，仍然关心的还是有关这个群体的招生、考试、入学、教学以及他们的成长过程和经验。关于这方面的报道，见之于各种各样的媒体。个别同学的谈话有各种各样的说法，一些记者的采访报道，也更多的是关于这些同学的"边缘报道"，还有一些是"道听途说"，更有一些"胡编乱造"的东西，产生了非常不好的影响。另外一个方面，所有"78班"的同学，所有搞中国电影历史研究和理论研究的人，更希望看到和了解一些与这个群体入学、成长有关的真实的情况，想知道他们在当时上学报名、招生、考试、入学、学习、上课、实习、拍摄、毕业的真实情况。

记得2005年"中国电影百年"的时候，我在北京电影学院办公室接受中央电视台《面对面》栏目主持人王志的采访，我谈起"78班"那段往事时候的情景，也记起很多的媒体多次就1978年考入北京电影学院的"78班"上学的情况所进行的采访，由于采访本身风格、内容、时间的限制，由于节目、稿件、发表的形式、形态、方式、版式的问题和所要讨论的问题太多，对于北京电影学院"78班"这个群体，我们没有办法有一个清晰地描述，特别是学院在对"78班"培养、教学的很多问题上，我们没有机会和办法在实践和理论层面上全面阐释和表述清楚。

作为一个中国电影高校专业教师和学校的管理者，撰写关于北京电影学院"78班"的历史，是一次记忆上的回顾，也是学术上的梳理，我自己写，有比较大的可看性、真实性、史实性、具体性，也会有比较清晰和正确的描述，至少可以通过一些历史的档案材料和真正的论述，以比较条理的方式，把我对"78班"在学院成长的过程认识和电影专业教学过程写出来。实际上是一个抢救型的记叙，至少可以写出自己对"78班"在北京电影学院成长和相关的教育、教学、创作的一些真实的看法，算是对北京电影学院电影专业教育的总结以及对"78班"电影教育专业问题的一个讨论。

我们清楚，"78班"、"中国电影第五代"、"第五代电影人"，实际上更多的是一个集体称谓和荣誉，有着一定历史、社会条件下电影上的特定意义。关于"78班"、"中国电影第五代"、"第五代电影人"的提法和意义，是一个似乎永远说不清楚的主题。我之所以选择"78班"的电影专业教育、教学进行文字叙述，就是要比较清晰和准确地写出"78班"考学、上学的经历和"第五代电影人"的成长教育观念、理念，以及"第五代"电影的思想、结构、方法、过程、环境、实施、得失、分析、经验等。其实，这是一个比较难的命题，但是，思考了一段时间以后，觉得这应该是自己责无旁贷的事情，与其让别人写一些并不真实的东西，还不如自己写点什么，还历史一个真实面目。

悠悠岁月，漫漫人生，光阴如箭，时光荏苒，当年的那些"风华正茂、书生意气"的年轻学子，如今都已鬓生华发，但是，回首30年前的考学经历和上学历程，感慨万千。虽然现在他们都已取得卓越的创作成果，有了丰富的生命历程，但依然能够唤起对往事的回忆，勾起对往昔学校和老师的怀念和追忆，从而使他们深深地感激培养他们的北京电影学院。

这本书是对中国改革开放30年的纪念，也是对北京电影学院1978年招生和恢复教学30年的纪念。

青春

春天来了

1966—1976年，中国在"文化大革命"中已经被整整折磨和蹂躏了十年，1976年冬天的过去，使得1977年的春天来临更加具有意义。

1977年5月24日，几经磨难、重新出山的国家领导人邓小平，发表了《尊重知识，尊重人才》的讲话，这是国家的政治信号，让国家中断了十年的高等教育有了一线希望，于是，在政治上为中国1977年冬日的那场令人难忘和具有历史意义的高等院校统一招生考试铺平了道路，并且，进行了舆论上的铺垫和宣传。在国家出现复苏和转机的同时，年轻人人生轨迹中的教育轨迹有了根本的改变和机遇，高考的讯号成了一个时代的转折点。

1977年8月8日，邓小平主持召开全国科教座谈会，并决定开始恢复高考。10月12日，国务院批转了教育部上报的《关于1977年高等学校招生工作的意见》的文件，正式拉开了国家高等教育学校招生统一考试的帷幕，并同时确立了恢复招生考试的制度。其后，10月20日，恢复高等院校统一招生考试的通知正式发出，在我们国家的各个角落，它犹如一场春雨，滋润了所有怀揣梦想的年轻人，也为部分中年人带来了新的生活曙光和改变命运的希望，因为当时的许多人只有通过这样的方式，才可以从根本上改变自己的处境。

其实，高考对于每一个适龄青年和已经过了青年阶段的人来讲，特别是对于每一个家长，就像一个巨大的磁铁，牵动着他们的心。学习知识、改变命运的愿望，横亘于许多少年的心灵，也在激荡着已经不再年轻的人的心房。

据统计，1977 年，当时高考报名人数约 570 万人，最后大学录取的人数约 30 万人，录取率全国约为 4.7％。那时，在农村、工厂、部队、农场和国家各行各业怀有抱负的年轻人，怀揣着各自的理想，为争取改变自己的境遇，实现自己的梦想，去经历已经耽误了十年的人生中最具历史意义的考试。那时的人们，用这样的行动来改变曾经轻蔑教育、践踏知识、破坏文化的现象。今天看来，国家那时的决定，不仅仅是恢复被"文化大革命"破坏的秩序，也不仅仅是一次高等院校统一招生的入学考试，而是在宣布，国家开始对文化、知识和教育的重视，而这对任何年轻人来说恰恰是人生的重要转折点，也是一次可以用自己的拼搏和知识改变命运的重要选择。

1978 年的 3 月，主管电影的文化部开始着手重建在"文化大革命"中遭到破坏的所属艺术院校，其中，包括北京电影学院。经过一段时间的筹备，经文化部批准，成立了北京电影学院党的核心领导小组，由文化部副部长王阑西同志任组长，卢梦、钟敬之、申伸任副组长。

学院在领导小组成立以后，就开始筹备、落实学院的重建和招生工作；同时，学院充实了党政机构，调整了教师队伍。由于历史及"文化大革命"的原因，学院没有校址，当时学院的校址是借寄在昌平区沙河的朱辛庄，而且，是占用北京农学院的校舍，基本办学条件具备，但是由于学院离城里比较远，教职员工上下班、请教师上课、观摩电影、学生参观、教学实习都十分不方便，这是当时学院面临的巨大问题，也对未来的学院发展有极大的限制。当时，在学院的教职员工中存在着两种意见，一种是择地新建校舍；一种是全部迁回原址，让占用北京电影学院原址的文化部所属其他相关电影单位全部搬出、腾空。但是，在经过努力以后发现，学院整体迁回城里新街口外的小西天原址已经是根本不太可能的事情，只能是择地新建校舍，同时，归还北京农学院的校舍。

1978 年 5 月 4 日，学院领导小组正式写报告给文化部，申请在北三环路北京电影制片厂附近重新征地建校舍。在后来的 1979 年 2 月，文化部先后两次正式书面向国务院请示报告，希望为北京电影学院在市区北三环附近拨付 10 公顷建筑用地，供学院建设新校舍。当时的报告经胡耀邦、余秋里、谷牧、人俊、吕克白等中央和国务院领导同志签署意见后，国务院于 7 月 9 日正式批准了这个报告，从而彻底结束了北京电影学院在校舍问题上的"颠沛流离"。之后学院组成由相关领导负责的学院新校舍基本建设筹备小组，开始进行了实质性的工作。这实际上是对从 1978 年开始恢复的正规电影教育的一个决定性、根本性、关键性的支持和决定，也为开始谱写的中国电影教育的第一个乐章奠定了坚实的基础。

1978 年北京的初春，整个国家沐浴在动乱结束后的阳光下，各个行业和领域恢复原来一切秩序的热情在开始涌动，人们都在为改变"文化大革命"所造成的混乱局面开始务实的工作。如果说，1977 年底国家恢复高考招生，使得大多数年轻人还没有从阵痛中醒悟过来，那么，1978 年的全国高校的全面招生，则正式拉开了中国高等教育全面复苏的帷幕。中国电影的复苏和电影教育的全面恢复，显现出中国电影生命的迹象，而北京电影学院的本科开始恢复招生，成为其非常重要的标志。1978 年 5 月北京电影学院开始招收"文化大革命"以后的第一批本科生。

北京电影学院和其他高等院校一样，在经历了"文化大革命"社会的动乱和"文化大革命"风雨的浩劫之后重新招生，在理论上是一切都顺理成章，在实际上是水到渠成；与国内其他大学不同的是，当时电影学院在教学上存在的主要问题是没有一个比较规整的校园，缺乏必要的资金和主要的教学设施。尽管影响实际教学的困难重重，方方面面的关系不顺、问题较多，但是学院的招生考试没有任何问题，教学体系、教学计划和教学经验没有问题，而教学氛围和环境，教学硬件和设施的恢复，则需要一个过程。同时，对学生培养的定位，也存在着反思的问题。

　　中国电影在"文化大革命"中，更是与其他艺术形式一样，在贫乏中挣扎了十年。中国电影在艰难中前进，每年的电影生产数量不多，但是影响很大。尽管有一些"应景"的电影出现，成为无数人精神生活的支柱，成为历史和文化的经典，成为中国历史上的重要现象，而且也生产了一些在今天看来可以值得纪念和回味的电影，但是，10亿人民仅有的几十部电影，无法满足观众对文化和精神生活的需求，电影成为"恨之切，爱之深"的东西。在30年以后的今天看来，1978年北京春天的五月，北京电影学院的招生，成为中国电影和世界电影永远值得纪念的重要日子。

北京电影学院
一九七八年招生簡章

在华主席为首的党中央的领导下，全国各族人民，正满怀革命豪情，为实现新时期的总任务，向着建设现代化的社会主义强国进军，形势一派大好。为了适应这一新时期电影事业发展的需要，培养又红又专的电影专业人材，我院决定今年招收导演、表演、摄影、美术、录音五个专业的学生。招生办法是：自愿报名，德智体全面考查，择优录取。

一、考生条件

（一）政治条件：

政治历史清楚，拥护中国共产党，热爱社会主义，热爱劳动，遵守纪律，决心为革命学习。

（二）身体条件：

发育正常，身体健康，凡色盲、色弱、夜盲者都不能报考，其中报考摄影专业的，视力应不经矫正不低于1.2。

（三）文化程度：

一般专业具有高中毕业或相当于高中毕业的文化程度；表演师资班具有相当于大专文科的文化水平。

（四）专业条件：

具有一定的文艺理论知识和一定的专业条件。

· 1 ·

北京电影学院 1978 年招生简章

北京电影学院1978年招生计划

专 业	学 制	名额	年 令	文化程度	招 生 对 象	考 试 点
电影导演系	四 年	18	26岁以下	高中毕业 或相当 高中毕业	工人、农民、在职人员、上山下乡和按政策留城未分配的知识青年，应届高中毕业生均可报考。	北京、上海、西安
电影表演系	四 年	30	22岁以下			北京、长春、山东、西安
电影摄影系	四 年	24	22岁以下			北京、上海、西安
电影美术系	四 年	22	22岁以下			北京、上海
电影录音系	四 年	22	22岁以下			北京、上海
电影表演师资班	二 年	20	36岁以下	相当于大专	有一定表演能力并有五年以上的电影或午台的表演实践经验	北京、上海、长春、西安

北京电影学院 1978 年招生计划

报名情况

————

　　说到 1978 年的招生，现在回想起来像是一个并不久远的事件，也是记忆十分深刻的过程。1977 年，恢复了高考，随后的第二年，也就是在 1978 年初，全国的各个高等院校，全面相继开始恢复了正式的"高考"。北京电影学院作为我们国家唯一的一所高等电影专业艺术院校，也正式决定招收导演系、表演系、摄影系、美术系和录音系的本科学生。当时的宣传和传播渠道非常少，只有通过报纸将有关消息向外公布。在消息一经发出以后，特别是高考前的书信、电话、电报咨询的阶段，就显示前来报名的考生将会比预计的多，所以，学院决定在全国设立了北京、上海、长春、西安四个报名点和考区。因为，当时这几个城市都有国家的正式电影制片厂，而且拍摄了比较多的电影，影响力和号召力比较大。

　　北京考区开始报名的时间是 1978 年 5 月 20 日—6 月 12 日，报名地点是北京西城区新街口外大街甲 25 号，即小西天北京电影学院宿舍（电影学院"文化大革命"前的旧址，今天中国电影资料馆的北侧）。当时的小西天，马路是分上下行路，周边没有什么高大的建筑，一片荒凉。到了冬天的晚上，路灯是昏暗的，路边粗大的杨树在凛冽的寒风中摇曳着，发出阵阵的呼啸声。

　　由于高考招生中断了十年，由于是北京电影学院招收首届本科专业学生，由于"文化大革命"十年对电影留下太多的记忆和崇拜，由于部分专业的年龄没有太多的限制，甚至放宽到 26 岁（例如导演系），所以，全国的考生报考踊跃，一时间北京电影学院门前人头攒动，可以用盛况空前、热闹非凡来形容。全国各地的学生、插队回京的知青、已经工作的人员，前来了解情况、询问考试。在小西天不太大的院子里，教务处、招生办摆上几张桌子，来的学生，先是看贴在墙上和写在黑板上的招生简章和关于考试的各种各样的通知、注意事项，然后买一份报名表，开始认真地填写，有的考生在咨询考试的时间、地点、内容，询问教师应该看一些什么样的书，准备什么样的考试方法，等等。

　　尽管有非常充分的思想准备，但是，报名人数之多，还是超出了我们的想象，这无形中增加了考试竞争的程度，也加大了学院考试的组织难度，但是，对于学院各个专业选拔学生和提高招生质量来讲，无疑是一件非常好的事情。

　　在电影学院招生报名的过程中，时任电影学院单位上级的文化部领导，在招生报名过程中亲自到电影学院小西天的报名地进行视察和指导工作，当文化部领导看到有如此多的学生报名的场景，当即指示电影学院的领导和招生考试部门，可以考虑多招收一些学生，不必拘泥于简章上原来确定的人数，这也是为什么最终电影学院"78 班"扩大了招生名额，最终招了159 人的根本原因。

　　据当时参与招生至今仍然健在的部分教师回忆，当年电影学院招生报名考试有三个系的报名人数比较多，其他的系也具有一些自己的特点：

　　（1）表演系：那个年代，演员几乎是一个万人崇拜的神圣职业。根据专业的特点和学院的决定，表演系电影表演专业 1978 年本科招生考试只在北京、长春、西安、山东（青岛）分别设立考试点（在上海没有设考点），上述四地符合报考条件的报名人数就几乎接近了万人。

　　（2）导演系：在那个年代对导演专业的认识是向往多于了解，对于报考导演系，基本上是"有那个勇气，但是没有那个胆量"，大部分学生甚至对这个专业完全是陌生的。电影本身就是导演的艺术，而且导演是一个非常神秘的幕后的专业，并且导演系招生年龄可以放宽到26岁，所以，许多人跃跃欲试。

（3）美术系："文化大革命"当中，喜欢画画的学生比比皆是，十年积累的具有美术绘画基础的精英人士大有人在。由于"文化大革命"中，中国的美术学习和美术创作，一直处于一种比较活跃的时期，所以许多年轻人对美术的学习和了解比较多。由于报考美术系的同学实在太多，因此报名的同时，教师们在报名处看过考生带去自己的绘画作品后（那时的考生，还不知道用别人的绘画作品顶替报名），对一些作品水平比较差，或者是作品素描好、色彩差的考生，不得不直说，你不太具备条件，最好别报。这种直接的劝说虽然是善意的，但是也十分尖刻。

（4）摄影系：在那个年代，学习摄影是一件非常奢侈的事情，往往是比较少数的人才能拥有相机、胶卷和拍摄的机会，而且同时具有美术和摄影知识的人就更少。据当时参与招生的部分教师回忆，以摄影系为例，对报名学生的美术基础和照相基础还是有比较高的要求的，甚至在报名现场就劝阻考生报名。例如，我就亲眼看见一个教师在报名现场询问一个报名摄影系的考生："你知道今天的拍摄条件是什么吗？你知道今天的自然光环境的反差和光比是多大吗？"结果这个考生由于回答不上来老师的提问，就放弃了报名。

报考摄影系要求考生必须具有一定的绘画基础，并且要考一定程度的数、理、化的文化知识（考生文科、理科兼收），对身体、身高、视力有比较高的要求。在报考摄影系时，许多同学因为身高原因或近视、散光、色盲、色弱等问题，被劝说放弃考试，也有的同学在报名现场因为询问了一些考试的情况，就产生了退缩的情绪而转报其他系了。

（5）录音系：对考生更加严格，要求具有非常好的音乐基础和基本素质，特别是对耳朵有比较高的要求，对视唱、练耳、乐谱、演奏也要求具有一定的专业水平，加上入学以后要进行数、理、化的学习。能同时具有专业音乐水平和较高文化课素质的考生比较少，所以录音系是我们当时认为考试难度系数最大的一个系。录音系的这一传统，一直坚持到今天。

根据后来的不完全数据记载和统计，表演系北京报名人数是 6840 多人（加上外地的表演专业三个考区的报名人数合计已经接近了万人）。录音系招生时分北京市和上海市两个考区，其中，北京报名人数是 900 多人，上海是 260 多人。上海考区则采取录音系、摄影系和美术系联合报名，各系分别考试。美术系北京报名人数大约是 2800 人；导演系北京报名人数大约是 1250 人。在上海考区，报考导演系的有 600 多人；而在西安，报考导演系的有 400 余人之多。摄影系北京报名人数大约是 1800 人。就整个电影学院而言，再加上上海、西安两个考区的不同专业报名的学生，总计报考北京电影学院的学生达到近 1.5 万人。

这样的报考规模，给学校招生带来更大的选择范围；同时，也给考生带来了考试的巨大压力；由于当时物质条件所限，给招生组织工作也带来更多困难和挑战。无论如何，对学校和教师而言，众多的招生生源，是一个学校恢复办学和开展教学的非常好的势头。

1978 年，在中国文化和电影已经遭到了毁灭性打击的时刻，竟然有如此多的考生踊跃报考北京电影学院，对于学院的教师来说，是完全意想不到的事情。但是，对学校教育而言，无疑是一件非常好的事情，证明了"文化大革命"后，热爱电影的大有人在，他们并没有淡忘北京电影学院，也没有忘记电影教育。

正在认真填写报名表的女孩儿（张会军摄于 1978 年）

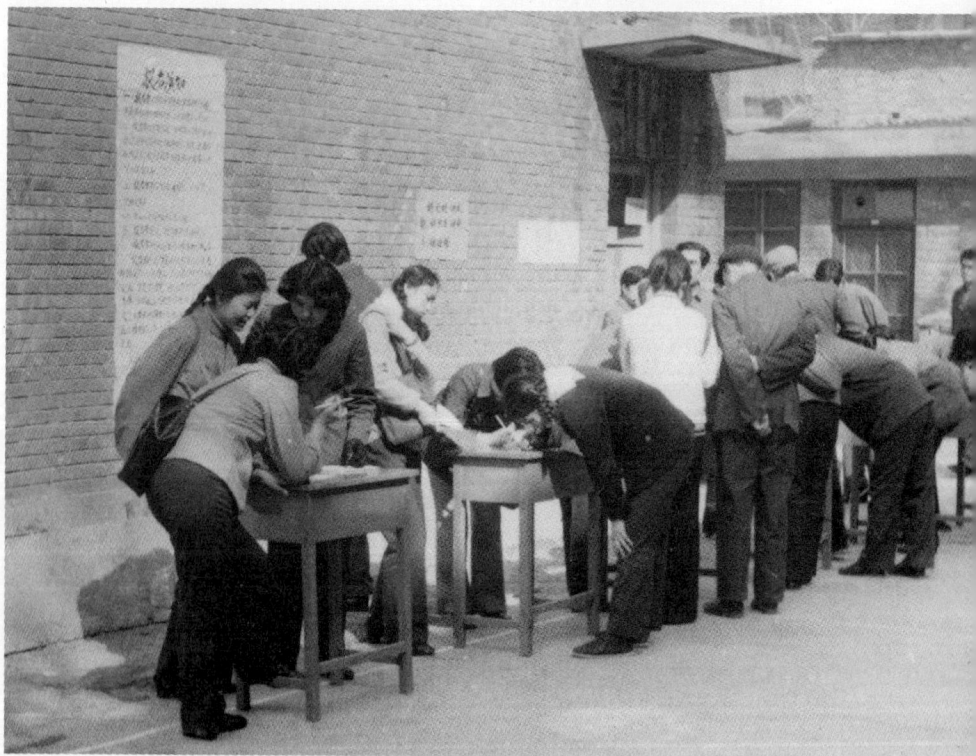

1978 年，北京电影学院招生报名现场（张会军摄）

入学考试

现在回想起来，对于考生而言，报考北京电影学院有两个基本目的，首先是考上大学，改变自己目前的处境，从而改变自己的命运；其次，能够从事电影专业和电影创作。那时的学生对电影纯粹是一种发自心底的喜欢和热爱，对电影完全是一种梦想，没有虚荣和炫耀，没有考虑到地位和金钱。

恢复高考的信息，给了这些同学新的生活目标和方向，让这些人在长时期的工作或者在社会上长时期的闯荡之后，又有了一次难得的上学读书的机会。那时候的报名或者选择考试的学校，并不是以热爱什么为标准，所有考生就是觉得能进学校读书就是进入了天堂。所有的考生都在琢磨自己有什么技能？有什么优势？通过什么样的考试，才可以走进大学校门？当时社会的这些群体，几乎没有什么中学的教育基础，也没有什么系统的文化知识，语文水平主要就是背诵各种各样的古诗词和毛主席诗词。当时，许多人高考选择文科类的学校，主要是没有系统学习过数、理、化。一些老高中的考生同学还是学习过数、理、化，但是由于时间的久远，记忆中有些残存的，也都很薄弱，他们只能在面对高考时，选择文科类的专业学习。当时考文科类中的体育类、艺术类学校，能够避开考数学的课程。

我觉得1978年考大学是一个非常明智的选择，考电影学院是改变我们"78班"这些人命运非常关键的一步，对我来说也是非常关键的一步。所以，我现在仍然认同考大学改变命运、上大学改变命运、知识改变命运、电影学院改变命运的说法。

由于"文化大革命"的原因，北京电影学院的旧址已经是今非昔比，满目疮痍。因此，对于1978年6月开始的北京电影学院全国招生专业考试，根本没有办法提供考试的场所，所以，在当时的新街口外大街甲25号小西天也只能是报一下名。

学院事先决定在全国设立北京、上海、长春、西安四个考区，也估计到北京报名考试的考生会很多。由于当时的学院原址仍然远在昌平沙河朱辛庄（今天的北京农学院的校舍），虽然考试的硬件条件比较差，再加上报考人数过多，会使专业考试的考场产生一些困难，但是，仍然可以满足基本条件。所以北京考区的专业初试和专业复试考试，决定在当时的北京电影学院校园中进行。所以凡是参加考试的同学，必须驱车45分钟，到北郊昌平（县）沙河朱辛庄参加考试。文化课的部分考试在城内的大专院校解决。

北京考区的每个专业都设立了几个考场，摄影系有四个考场，表演系的初试考场一共有八个。按照招生简章的规定，每个系（专业）都要经过初试（笔试和口试），进行大面积的淘汰之后，留下来的少数专业成绩优秀者，再过文化课的考试和专业复试（笔试和口试）两道关口，取得优秀的成绩、政审及体检合格者才能录取。

北京专业课的考试时间是1978年6月15日—6月30日，包括初试、复试的时间。与今天的电影学院专业考试的情形并没有什么区别，当时初试的时间，各个系相对比较集中，那时还没有错时考试的思维，所以在初试时，学院的教学楼前和操场上人山人海，热闹非凡，只是当时来学院考试的都是学生，几乎没有家长陪同，完全是考生自己在为自己的命运独自奋斗。

一、导演系考试

"78 班"毕业生、著名电影导演、曾任电影学院导演系主任的田壮壮回忆说："其实考试越简单，越可以判断出考生的水平，或者说可以看出考生的实际情况。那时这样考，主要是因为报名的人太多的缘故，可以看出来，很多的考生是非常紧张的，其实没有什么，不是现在说便宜话，确实是在考你的心理状态和即兴发挥的东西。"

1978 年的导演系考试有以下项目：

1. 初试：导演系的初试就是一个口试，这就决定了所有考生的命运。口试过程主要是通过教师提问和学生回答的方法，对考生的一般文艺基础知识进行了解。考试过程中大都是问一些对文艺问题的看法，看过什么样的书，对什么文学艺术作品有什么样的认识等问题，还有一些有关文学艺术、文学基本知识的问题，五花八门。

田壮壮回忆说："对于初试，现在回忆起来感觉时间非常短，进行得非常快，几乎让考生没有什么喘息的机会就完成了，也几乎没有什么印象，总体觉得有一些难度，完全是要靠自己的基础和积累在应付考试。"

2. 朗诵：限定诗歌、小说或故事片段，每一个考生不得超过五分钟。朗诵的内容完全是考生自己准备的，当时考生朗诵的内容中，散文和诗歌多于所有的文学形式。考核标准主要是看考生在朗诵的过程中，怎样理解和把握作品的主题，怎样用语言表现作品。

3. 表演小品：小品的出题都是当场命题，什么都有，让考生做简短的准备后，立刻在教师面前表演。考核标准主要是看考生对故事和事件的构思怎么样，人物塑造有什么样的特点，表演小品的时间不得超过七分钟。

4. 复试：导演专业复试的内容主要是口试、故事、影片分析等。

（1）口试：针对文学常识、文艺路线、文艺作品分析和电影专业知识进行提问，基本上是一个问题接着一个问题轮番轰炸，考生是应接不暇；对于考生来讲，所回答的问题对与不对，自己完全没有办法判断，完全是应对的状态，事后也没有什么感觉。

（2）故事：就是当场命题编故事，轮到田壮壮的时候，他所接到的考题是《一张照片》。命题编故事基本上是没有什么时间准备，全凭考生自己现场的组织和发挥。

（3）影片分析：笔试，当场放映电影，电影放映完成以后立刻根据电影的题材、主题和效果写出文字的分析。导演系影片分析的考试放映的是《英雄儿女》，拷贝是从所属电影单位借来的，这是一部早期的黑白电影，描写的是中国人民志愿军在朝鲜抗击美帝国主义的故事。在那个年代，这部电影很多人都看过数遍以上。影片放映完之后，数百个考生被分别带入几个教室里，开始进行写作。关键的问题是，谁都没有在这样的心情下去看过电影，谁也没有在很短的两三个小时内正式写过关于电影的分析。胸有成竹的人，在低头专注地写；没有把握的人在进行草稿的准备；还有的考生紧锁眉头，冥思苦想。考场上只听到细微的笔与纸接触发出的沙沙声。

接下来的就是文化课的政治和语文考试。

二、表演系考试

根据查询的资料及当年教师和参加考试的"78班"同学回忆，表演专业的考试流程和内容大体是如下的情况：

1.专业初试：内容比较多，与今天的电影表演考试没有什么太大的区别，初试的考试内容一共四项，即台词、声乐、形体、表演（小品）。

（1）台词：其叫法是现在电影表演专业教学中对语言教学的称呼。实际上就是用语言的方式对考生进行朗诵考核。那时朗诵在体裁上，诗歌、寓言、小说、散文都有。由于时代和历史教育的缘故，考生更多的是选择诗歌和寓言，一是没有什么风险，二是在选材上比较顺手，三是比较好发挥，四是没有什么政治上的影响。那时，由于"文化大革命"刚刚结束，没有什么小说和散文的选材比较保险，因此，很少有考生朗诵小说和散文。据当时考试的老师回忆，考台词的主要目的是看考生的语音的基本条件，普通话语音基本情况，嗓音的效果，对重点发音的准确程度和对难度比较大的词汇和语汇的把握。

那时的考生，对台词考试的重视程度比较高，因为，它是一个比较关键的考试内容，考生都有比较充分的准备，上来先将自己准备好的朗诵内容朗诵一遍。考官是有分工的，有的听语调，有的听嗓音，有的听普通话程度，有的看语言控制技巧。考官不一定全部听完考生的朗诵，甚至在其中随时打断台词的考试，开始提问与台词、语言有关的问题，内容有：模仿字音、测试语音、文字绕口、字音测试，还对考生自己准备的朗诵材料提出一些现场的问题和相关的知识性问题。

（2）声乐：是采取演唱和表演声音旋律的方法，对考生进行声音和乐感的综合考试。其实，那时对考生的声乐演唱风格没有明确的要求，当时那个年代，国内音乐的演唱歌曲十分贫乏，演唱的风格也比较单一，还没有普及美声唱法，也还没有出现通俗演唱方法，考生准备的歌曲主要是流行于"文化大革命"的革命歌曲和历史上传唱的民歌。考场上考生唱过的曲目有现代京剧样板戏、《长征组歌》（选段）、《大刀进行曲》、《红旗飘飘军号响》等，主要是一些革命歌曲和曲调激昂的进行曲。声乐考试中还进行一些高音和低音的测试，主要是对于嗓音音高程度的测试。

（3）形体：考试内容较多，坦率地说是通过目试的方法，通过舞蹈、体操、形体等内容，看考生的身高、身材、协调、节奏、表现、柔韧、韵律等方面的素质和能力，总之，是一个综合的身体情况测试。

（4）表演（小品）：其叫法也是现在电影表演专业教学中对表演教学中内容的称呼。实际上就是表演考试，是通过"小品"的形式来进行的。那时由于考试的人比较多，小品考试只能进行集体小品，五六个（甚至达到七八个）考生分在一个组，考官给出一个规定的题目，让考生稍微做一下准备工作，就分别开始做一个表演（小品练习）。在众多考生的考试过程中，教师根据自己的教学经验和评判标准，观察考生的构思能力、表达能力、表演能力。

2.表演系复试：内容比较多，可以用五花八门来形容，考生应付起来也有较大难度，包括台词、声乐、形体、表演和口试。特别指出的是口试通常是贯穿在考试的过程中，往往是在一个小品或者整个小品考试完结之后，老师就考试内容和小品情况提出一两个问题。复试中的小品考试基本上是以单人和双人小品为主要内容。单人小品的考试题目是不同的，在声乐考试完成后就用口头和小条的方式布置给考生了，让考生自己对所考的单人小品有一个思考、准备的时间。根据参加考试的同学回忆，曾经出过的考题有《请求任务》、《逃离医院重返部队》、《车站相遇》。根据考生的形象和具体的安排，也给一些考生出一些双人小品的考题。根据回忆，曾经出过的考题有《雨夜，屋檐下的巧遇》、《分别的时候》、《出院归队》。当时的双人小品的考试，两个人是不能进行准备和商量的，只给一两分钟让自己思考。上来就开始演，难度比较大。

当年表演专业考试过程中的口试考试，不像其他系是单独进行的，老师会向考生随时提出一两个时事政治、社会知识、文化常识、个人情况、成长经历等方面的问题。例如：读过什么书？对书中的人物和章节、事件有怎样的认识？对艺术作品中的问题怎样看待？对文学作品中的主题、题材、体裁、风格怎样看？如何理解作品中的一些人物和情节？个人是一种什么样的经历？为什么要报考电影学院？

上述考试内容完成，学院择优公布参加专业复试的考生名单榜，然后进行文化考试（笔试）和最后的专业复试。

三、摄影系考试

摄影系在当时是（直到现在也是）电影学院比较难考的专业之一，主要是由于：（1）考生考文科、理科都可以，但是考试的过程中要考一定程度的数、理、化的文化知识；（2）对身体素质、身高、眼睛视力有比较高和比较具体的要求；（3）由于专业的原因，对眼睛的先天情况有非常明确的要求，对患有远视、近视、散光、色盲、色弱等眼睛疾病的人基本上是拒绝的；（4）要求考生必须具有一定的绘画基础、照相基础和造型能力；（6）

有比较开朗的性格，善于表达和进行沟通。

1.电影摄影专业的初试：口试（文艺理论知识，影片、摄影作品、美术作品分析）。

我现在回忆起来，当年考试经历仍然记忆犹新。摄影系的初试考场比较多，至少有四个；每一个考场的教师竟然是全校最多的，有7至9个人；口试的内容根据回忆，有如下的问题：你知道什么是我们国家的文艺"双百方针"？为什么艺术不等于生活？知道文艺复兴的概念吗？看过什么样的文学艺术作品？知道中国的四大"文学名著"吗？你最喜欢我们国家什么样的艺术作品形式？喜欢电影吗？看过什么样的影片？有什么样的感想？这是你自己拍摄的照片吗？（在考试前，自己交了两幅作品，一幅是人物肖像作品，一幅是风光摄影作品，同时还交了一些自己的速写习作作品。）美术作品分析是分析油画作品《毛主席去安源》，还有一幅是俄罗斯绘画作品（名字记不清楚了）。在表达的过程中，充满了变数，你有没有底气，有没有准备，有没有全面的基础，有没有表达的能力，完全在于你与教师的交流和回答的过程中的口吻和态度。所有的教师都在你回答问题的过程中，对你进行考核。现在回想起来，真是胆战心惊，忐忑不安，那其实是一个心理素质和知识能力的考试。

据我们后来的了解，其他同学的考试，也基本上差不多，问多、问少的容量基本上是一个样子。试想，那么多教师，一个人问一个问题，对考生也是"全负荷"的。

2.电影摄影专业的复试：政治、语文考试；同时，摄影系要加试数、理、化基础知识，这些我们在文化课考试的介绍中详细介绍。

3.摄影系的专业复试：其中包括绘画、口试（文艺理论知识，影片、摄影作品、美术作品分析）。以摄影系北京考区的复试考试为例：绘画考试（素描），要求考生在三个小时内，画一个中年男性的铅笔（炭笔、水彩笔）的素描。记得当时是画一个坐在椅子上、头戴白羊肚毛巾、两只手交叉放在腿上的中年男性。画面要求是竖幅，构图恰当，五官准确。以美术学院

1978 年，北京电影学院朱辛庄校址大门

的考试来说，在三个小时内画一幅素描作品，都是有比较大的难度，更何况对于一个电影院校的摄影系学生。我记得，当时考场上的水平差异比较大，各种各样的风格都有，但是好的作品并不多，幸亏自己在北京西城师范学校（中专）学习过一段时间的美术，对素描还比较熟悉，发挥还比较正常。

至于文艺理论知识，影片、摄影作品、美术作品分析，则比初试的难度要加大，题量也比较多，我印象中的问题就有：如何理解政治与艺术的关系？怎样理解生活与艺术的关系？怎样看待"样板戏"？对中国"文化大革命"时期的小说创作你有什么样的看法？知道列宾吗？知道俄罗斯画派吗？如何理解"印象派作品"和画家？对于电影，你有什么样的看法？看过什么样的电影？对你看过的电影有什么样的评价？你是怎样认识电影的？什么样的文学艺术作品对你成长过程中的影响比较大？你工作的四年，基本上是做什么？你认为你初试的成绩怎么样？知道中国的四大"文学名著"吗？为什么要考北京电影学院？你有什么样的优势？毕业工作四年，对物理的知识还有什么记忆？对化学掌握的程度是什么样的？什么是氧化还原反应？什么是复分解反应？什么是置换反应？描述一下你对电影的认识？知道电影的原理吗？电影诞生是哪一年？代表的作品是什么？描述一下你对电影摄影的认识？你的文化课的情况怎么样？你认为你的文化课考试怎么样？给我们描述一下你为电影学院的考试做了什么样的准备？想对老师说点什么？如果考不上怎么办？

当初初试和复试考试的内容，考的都是很实在的问题，是在考你的素质和修养，基本功和基础知识，看你对生活的感悟。一些文学、艺术领域的基本常识，完全是建立在你学习和理解的基础上，那些所谓"时髦"的名词都派不上用场。

四、美术系考试

美术专业的考试既需要考生拼实力，又需要考生自己临场发挥，考生在感悟、观察、动手、表现的过程中，就可以表现出自己的水平和素质，来不得半点的虚假和做作。

由于报考美术专业的人数比较多，而且考生必须函寄本人的速写、素描、色彩画构图 3~5 张，所以在考试前，教师就对考生的基本情况有了一个大体的了解。

但是，考生所交的作品，不是按照考试的要求和时间完成的，一般都花费的时间比较长，所以，现场考试才能体现出考生自己实际的美术功底和水平。

1. 初试：

（1）素描：石膏像，四开纸，三个半小时；速写，人物全身，工农兵形象。

（2）色彩画：静物写生，四开纸，三个半小时。

（3）命题创作：考生的画具是自备的，材料不限，题目是"城市新貌"、"山村的早晨"，考生任选一题进行创作。

2. 复试：

电影美术设计专业：电影场景设计命题创作的题目是"沸腾的工地"、"北京新貌"、"山村的早晨"。考试时间，三个小时，尺寸、画具不限。

电影绘景专业：色彩风景写生，地点在朱辛庄电影学院校址后面的游泳池的旁边，考试时间，三个小时，尺寸、画具不限。

上述两个专业的复试口试也紧紧围绕着美术基本知识和考生自己的创作来进行的，看考生在回答问题时有没有自己的认识和理解。口试的内容主要是围绕三个部分展开的：

（1）讲述自己命题创作的设计构思和具体表现的手法和效果。

（2）文艺常识和美术基础知识。

（3）其他社会时事、文学综合知识。

五、录音系考试

录音系在当时（直到现在）与摄影系同样，也是电影学院比较难考的专业之一，主要是由于：（1）录音专业是一个同时具有文科（音乐）和理科（电学、电子、声学）的专业；（2）对考生的文科、理科素质要求更加严格；（3）特别要求考生具有非常好的音乐基础和基本素质；（4）特别是对耳朵的听音及分辨有比较高的要求，在视唱、练耳、乐谱、演奏、乐理方面也要求具有一定的专业水平；（5）入学以后除了电影方面的专业学习以外，还要进行比较多的数、理、化的学习；（6）同时，对文化课（理科和文科）素质和考试成绩也有比较高的要求。

录音系是一个比较特殊的系，在整个学校"78班"的入学考试中也比较特殊，考试情况比较复杂，与其他的系不完全一样。考试也是分为初试和复试两个层面。

1. 初试：录音系的招生考试初试是文化课考试。

应届考生（高中毕业生）和非应届生（往届生、已经参加工作的考生）考试的内容、门数是完全不同的。

应届考生只考数学、物理。北京考区确定的初试录取原则是：两科成绩都应达到及格标准——60分（满分100分），然后按照成绩择优录取。但是在上海考区评卷后，发现考生的成绩普遍比较低，因此临时决定，两科的总成绩在100分以上，择优录取。

非应届考生考数学、物理、政治、语文。

录音系的初试是完全不见考生，笔试一考定乾坤，合格者发通知书。

2. 复试：属于专业音乐水平、素质考试。复试是面对面的口试，采取单个学生分别进行的形式，主要内容是了解学生在文艺方面的知识、爱好等情况以及有关家庭、个人的情况。考官还会针对报名表提各种问题，比如：读过什么书？在中学担任过什么工作？为什么要考电影学院？对录音专业有什么样的看法？考官会对考生的具体情况问一些即兴发挥的问题。复试时，每个学生所用的时间大约30分钟。

复试还要测试学生的音乐素质和音乐水平，每人大约15分钟。

（1）视唱练耳（与现在的录音系考试基本相同）：包括音乐的听音、辨音，即音高、音程、和声的分辨和模仿；同时还包括节奏感、音乐记忆、识谱基本知识。

（2）音乐水平检测：即由学生演奏自己擅长的乐器或者演唱歌曲，还进行特长展示（会乐器的，演奏一首乐曲）。

在复试以后，根据学生的初试和复试的成绩综合评判，择优录取。

学院的专业考试最大的特点是，由于各个系（专业）的不同，所以考试内容不一样；考场众多，每一个考场的考官（教师）大都是5~7人；考试的针对性比较强；考试的时间也比较长。这样的考试模式和风格，已经形成了系统和相对稳定的形式，一直坚持到今天。

六、教师在考试中起了非常重要的作用

当年挑选学生的标准、经验、感觉、判断，是建立在教师丰富的教学经验和创作经验基础上的。学校的专业考试很关注学生个性化的思维方式，不喜欢随大流的那种东西。在标准化考试的基础上，完全关注考生的个性发挥和个性表现。考试不是一种应试技巧的展示，考试是要挑选特殊的人才。

由于导演系的初试人员比较多，所以在考试过程中，教师的判断和最后的分数统计与讨论是非常难的，但是，教师最终还是在所有考试的考生中挑选出了人才。导演系在第一次初试后公布名单时就没有陈凯歌，陈凯歌还对田壮壮说："嘿，怪了，复试的名单中还没有我。"田壮壮说："别着急，再等等。"结果，在后来公布的复试名单中，出现了陈凯歌的名字。这是导演系教师综合评价后最终的结果，他们能够在众多的考生中慧眼识别考生闪光的东西，也正是这些教师的慧眼和历史的机遇给予了导演系这些同学能够上学的宝贵机会。

在外地招生的过程中，教师十分认真，一方面在现有报名的考生中发现具有优秀素质和符合条件的考生，另外也注意发现其他有特长的考生。例如，摄影系有一个教员在西安，招生考试已经考完两门之后，发现了一个考生的绘画基础、身体条件和造型基础、眼睛、基本功各个方面都比较好，教师向北京招生委员会方面进行了汇报，也跟党委进行了汇报，希望对其

破格进行专业考试，结果这个建议被接受和批准了。由于当时在西安的招生考试小组在人才选拔上可以说是在进行实验，于是就破格叫这名考生进行专业考试。这个考生后来成为中国著名的摄影师和导演。这说明教师在考试的过程中，既严格遵守考试条例，又不放过一个合格人才。

同样，摄影系还有一个同学的最终录取同样也是一个全面考核、统筹兼顾的例子。这个同学入学考试文化课（理科）成绩优异，但是，美术素描考试显得基础相对较弱。摄影系考试过程中，对考生艺术素质中绘画基础和功底比较看重，通常学生的美术绘画功底，在以后的电影摄影创作上，会起到比较大的作用。最终，教师坚持看重文化课（理科）基础，也同时兼顾了美术的考试成绩，认为考生可以在以后有所作为而最终录取了他。

所以，学院专业考试的初试和复试，口试和笔试，专业考试和文化考试是相互衬托的，是相互支持的。教师可以在考试的过程中发现专业好的苗子，也可以判断出未来学生发展的情况；在一些基本的问题上，在口试的对话过程中，教师可以发现考生基本的素质和闪光的东西。这就是教师的经验、责任、敏锐，可以保证把学生培养成材，可以保证四年以后乃至更多年以后，会得到更多的社会回报。

现在回顾"78班"的专业招生情况和历史，可以肯定地说，"78班"的招生，沿袭了北京电影学院从成立到1966年以前以及后来"文化大革命"中的招生特点和原则，主要是保留了其学院的专业口试和专业复试招生中精华的部分，在整个的过程中，充分注意和尊重教师对考试原则的理解，充分注意和尊重教师对考生各个方面的综合素质的判断，充分尊重教师对考核内容的打分标准和个人的判断结果。

"78班"的入学考试，占尽了天时、地利、人和的条件，在这一届招生考试的过程中，教师们的权力被充分尊重，考试的内容和形式，得到淋漓尽致的发挥，考试控制的尺度也是非常游刃有余。在招生工作中，"78班"考生，保持了一种平和的心态，使自己的积累和才华得到了充分发挥。同时，教师保持了公正、公平的态度，及时运用个人的智慧进行对考生的甄别，在集体讨论的情况下畅所欲言，并做出最后的决定，巧妙地处理所出现的特殊情况，在考试中既维持了考试的公正性，又本着严肃认真的态度和一丝不苟的精神，尽可能地多发现一个人才，不放过一个人才，这样做符合艺术院校招生的特点，也符合艺术考试选拔过程中存在着许多特事特办的情况。

七、入学考试体检

因为考试地点的安排和具体条件所限，所有考生体检的时间被安排在了文化课考试之前，这是今天所没有的情况。

入学考试体检的时间是在 1978 年 6 月 16 日。

记得参加体检的考生都已经通过了所有的专业考试，剩下的人也不多了，大家的脸上流露出按捺不住的喜悦和矜持，但是，还是有一丝的不安，后面还要进行文化课的考试。当时，谁也没有经历过体检，在那个年代，连吃饭都是一个比较大的问题，谁还去给自己体检？另外，体检的过程、内容对于这些考生来讲，是一无所知，大家唯恐因为体检发现了什么不符合招生要求的致命问题而被取消文化考试的资格。

印象中，我们的考试体检，摄影系的很多同学被检测出来是"脉搏过快"和"心跳过速"。原因是当时我们摄影系的同学，在积水潭医院一层检查完一个项目以后，马上就快速跑向四层的内科，检查脉搏、血压，而且，学校负责管理的教师，为了争取时间，催促同学快一些，所以，有的同学是抱着衣服，边走边穿，到四层马上就检查，结果，我们的同学基本上脉搏、心律都比较快，当时吓坏了不少同学。后来上面发现了这个问题，觉得不对，同时，摄影系确实对考生的身体要求非常严格，我记得，过了一些天，又给我们重新检查了一下这个项目，大家才如愿以偿地通过了体检。

八、文化课考试

那时的北京电影学院的文化课考试，不是像现在的情况：所有的考生要先参加专业考试，合格后，再按国家规定的时间参加全国统一的文化课考试。当时艺术院校的文化课是提前单独自主命题进行考试的，那时的电影学院（除了录音系以外），所有系的专业初试基本上都是口试，然后参加复试的考生才进行文化考试和专业的笔试和口试。

文化考试是在体检后的第二天进行的，文化考试政治和语文的时间是在1978年6月18日，分别被安排在上午8：30—10：30，下午2：30—4：30。那一年的文化课政治和语文的笔试是学校自主命题。由于学院条件的限制，考试的地点是被安排在当时北京师范大学新一、新二教室，实际上就是在当时的北京师范大学东北校门进门往北边，靠近大街的平房阶梯教室进行的。

所有的应届考生接到的文化课准考证（1978年6月12日左右寄发的）上都注明了应届毕业生免考文化课的政治和语文，但是，要补交该两门课程的成绩单。

电影学院文化课中的政治考试是一些填空、名词解释、问答题，都是一些基本的政治常识和时事政治，例如：对事物的感性认识方式和方法是什么？感性上升到理性过程是怎样的情况？什么是主要矛盾？文艺的"双百方针"是什么？

田壮壮后来对政治考试回忆说："当时考试，对政治最没有把握，主要是不知道应该怎么样下手，一些问题也不是一点不知道，就是一些准确的概念记得不是非常的全。那天，也就是考试前一天的晚上，我去一个叔叔家，老爷子递给我一张报纸对我说，好好看看这篇文章，在说党的文艺方针和文艺政策。结果，第二天考试中居然考文艺的'双百方针'了，神了，让我好好地发挥了一把。"

政治考试的题量比较大，出乎我们的预料，对于考生，内容并不一定陌生，但是，如果没有平时生活的积累，没有平时看报纸、听广播的经历，是比较难回答出来的。当时，基本上没有什么现成的参考书目，而是要靠自己的积累和复习，有比较多的死记硬背，也有比较大的发挥余地。

所有专业的复试文化课考试中的语文考试，就考了一个作文写作，题目是"我站在金水桥上"，要求是写记叙文，时间是两个小时。现在平心而论，这个题目难度系数比较大，题目也比较特别，完全是要我们虚构一篇记叙文，真是太难写了。我当时就想，在那个年代，金水桥是在北京首都的天安门前，那是个什么地方？在"文化大革命"中，谁没有事站在金水桥上啊？站在那里干什么呀？另外，对于外地的考生，金水桥完全是一个没有办法想象的地方。在考试的过程中，考生们拿到考卷以后，马上就有一个同学（后来我们考证，他考上了导演系"78班"），站起来对老师说："老师，我是一个外地的同学，没有来过北京，也根本不知道金水桥在什么地方？也没有去过金水桥怎么办？我没有办法写。"一个监考的老师（教务处的老师）就说，"没有去过、不知道怎么写或者不会写就可以马上交卷。"

学院朱辛庄图书馆，教师在翻阅和借阅图书

我的高考

我 1956 年出生在北京的西城区，住家在西城的绒线胡同新华通讯社宿舍。

因为父母在新华通讯社工作，我出生后不久，父母的工作调动到了新华社天津分社。随后，我们整整在天津生活了将近 9 年。三年级的时候，父母又调回北京新华社通讯社总社。我们回到了北京，住在海淀区京西宾馆的南侧的新华社黄亭子宿舍。那时觉得北京非常大，复兴门外的桥一过，就觉得是北京的郊区和农村了，人烟稀少，到处是农田。

随家里回到北京以后没有多长的时间，1966 年中国进入了史无前例的"文化大革命"时期，所有的正常生活都是处于一种混乱的状态，学生几乎不上什么课，适龄学生也进入了"流浪"和"无学可上，无学可学"的岁月，或者是进入了混日子的状态。我当时的小学是在北京市海淀区羊坊店第一小学，今天也不知道这个学校还在不在了。1969 年上的是北京市海淀区玉渊潭中学，记得当时的班主任老师是个男老师，叫王荫贺，我印象中，他是一个非常好的数学老师，身体比较棒，好像是体育（足球）比较好。

1969 年 10 月，因为"文化大革命"时期政治斗争的原因，父亲因为"政治问题"被"工作调动"。家庭遇到变故，全家离开了北京。哥哥先是进了北京市西城区的雕漆厂，后又去北京军区当兵。我们一趟专列去了山西省运城地区永济市孙常公社，至于在山西农村过的什么样的日子，我想，没有人愿意过，也没有人愿意说，更没有人愿意提起。

据我知道，当时新华社很多老领导、老记者，全都被下放了，在新华社的全都是一些刚来的大学生和"造反派"，现在想起来，也不知道当时的那些人是怎么样想的，这真是一段我们国家和民族不堪回首的往事。

1972年前，因为中美建交工作的需要，母亲被急调回新华社外事局，而我的父亲没有那么幸运，直到1976年粉碎"四人帮"以后，才回到北京，也是在农村弄了一身重病，1991年病故。

"文革"期间，中国电影业遭到了极大的重创，大量的电影人才被下放到农村，有的甚至被批斗致死，刚刚开始十多年的中国电影教育也随即陷入了瘫痪的状态，"文革"结束后，百废待兴的中国电影，首先面临着缺乏人才的局面，1978年，北京电影学院作为国内培养电影专业人才的唯一基地，责无旁贷地扛起了培养电影人才的大旗。

今天看来，1977年和1978年的高考，是中国历史上最为重要和决断的一件重要事件。他的恢复，不仅是我们国家改变所有年轻人命运的特等大事，无论在什么的时候看，这个高考的历史意义是无法估量的。

所以，我经常说，考北京电影学院是改变我个人命运和"北京电影学院78班"这一届人命运的关键时刻，我们经常说"知识改变命运"，其实，在当时准确地说，"高考改变命运"。

1977年，在经历了"文革"社会动荡以后，最大的春风就是高考的恢复，在农村、工厂、城镇的不同年龄的各类青年人，可以有机会重新回到学校读书。我经历过那个中国动荡的"文革"年代，父母的经历已经牵连了我们做子女的，虽说自己所经历过的一些波折，比起父母完全是不值得一提，也知道社会发展中一些机遇是非常难得的，自己把握不住，就会失去。尽管我当时的工资已经是不低了，工作也比较稳定，但是，受当时社会风气、鼓励读书的环境和影响，自己脑子里还是特别清楚，还是得想办法上学。高考恢复和开始招生，我很激动，认为机会来了，也知道现在在这个学校里的工作不是我的归宿，上大学才是自己唯一的出路。

可以说，在1977年和1978年，我觉得每个人的家庭、经历都是不一样的，当年考大学的初衷和过程，其实大家都知道，就是要改变自己当时的地位和位置，彻底摆脱自己的境遇，只有通过上大学能够改变原来的状况，别无选择，背水一战。经过考试，才体会到置之死地而后生的真正意义。

其实，在那个年代，考艺术院校是一个在常人看来非常没有什么出息和不太受人尊敬的事情，大部分的考生都选择考理工科的学校，那时的口号是"振兴中华"，"学好数理化，走遍天下都不怕"。而我们这些人为什么会那么人执着地一定要考电影学院呢？就是因为喜欢，视电影为生命，在我们看来，干电影、搞艺术特高大，特神圣，特风光，抱着对电影的梦想和改变生活现状的要求，义无反顾地选择了北京电影学院，至今看来，这个选择都是对的，就是像今天常说的，在一个对的时间，做了一件对的事情。

现在想起来，在当时，我能参加高考实属不易。我在上大学前，其实也是一个混混沌沌的人，只不过在当时还算是比上不足，比下有余。我那时候已经工作了四年，也有比较稳定的收入，一个月有43元，算是不错了。1977年动过考试的念头，那会儿正是"文革"后期，学校也不是很规范，我干过行政工作，也当过团委副书记，记得什么课程都教过一些。以前，还有推荐上大学，推荐上学的都是对口去北京的师范院校去学习师范教育（今天的首都师范大学），到了1977年、1978年就完全是没有了推荐这么一说了。主要是那时单位的人比较少，事前说好了，不能给你更多的时间不上班复习文化课。你自己考上大学可以走，单位不拦你，给你转关系。当时工作的单位里来了一些师范生，基本上年龄比我大一岁，而且都是高中毕业生，在他们面前，我抬不起头来，也很自卑。我不满足于当时只有的中专学历，并且受当时社会环境鼓励学习和读书的风气的影响，下定决心，必须去考大学，但是我没有跟任何的人说这事。我还有自己的一摊事情，

042

几 点 说 明

1. 凭此证参加考试

2. 专业初试时间：

　　197 8 年 6 月 1 日 上午

3. 考试地点　朱辛庄电影院

4. 报名费五角已收

5. 此证未加盖我院公章者无效

6. 遵守考場秩序，听从工作人员的指挥

编号＿＿＿＿

北京电影学院

一九七 八 年招生

准 考 証

报名号＿＿＿＿＿

姓　名　顾金军

报考专业　摄影

我保存至今的准考证

注 意 事 项

一、此证请妥善保存，不得遗失。

二、凭证入考场，按号就座，并将此证放在桌子的左上角。

三、遵守考场纪律，场内不得交谈、离座或弄虚作假，不得携带书籍纸张。如有违犯，取消考试资格。

四、答卷限用钢笔或元珠笔作答。

五、考生迟到30分钟，不得入场，考试30分钟才准交卷出场，出场后不得在考场附近谈话、走动。

六、在规定时间内，如试题解答不完时，可适当延长考试时间，但最多不能超过30分钟。

北京市 1978 年高等学校招生

准 考 证

姓　名：张尽军

报名号：100686

报考科类：文科

县（区）：西城区

加试语种：免试

考试地点：丰盛中学第 249 考场

考试科目及时间表

时　间	7月20日 (星期四)	7月21日 (星期五)	7月22日 (星期六)
上　午 7:30—9:30	政治	数学	7.30—10.00 语文
下　午 2:30—4:30	物理(理) 历史(文)	化学(理) 地理(文)	外语

凡报外语专业者加口试，时间另定。

注：注意事项见后页。

我刚入学时摄于朱辛庄校园门口

根本没有时间复习，眼看着当时的一些同事，1977年考上了复旦大学和北京师范学院，自己的压力就更大。记得当时还跟单位闹得有点僵，因为要请假复习文化课，工作时也是经常心不在焉。

那时候报名参加高考，没有人逼你，也没有什么社会舆论和家庭压力，完全是自己在逼自己，因为，有过太多的荒废、经历了太多的苦难、虚度了太多的青春年华，所以，要想改变自己的现状和命运，就必须抓住任何的机会，努力去拼搏。

1978年，在准备报名的时候，当时的政策仍然规定，师范类单位、学校的教师和职工考高考，只能报考师范类的学校和专业，也完全是没有了推荐这么一说了。当时1977年和1978年考试的规定是，艺术院校可以提前单独招生，也说明我还有一线希望可以不报考师范类院校。我在北京市有关部门（北京市高教局和考试办公室）的几经奔波和努力，为自己多说好话，据理力争，加上上述的文件没有明确规定师范和教育系统的职工不能报考提前、单独招生的艺术类院校的规定。上天保佑，我终于说服了他们，同意按照艺术类高等学校单独招生的规定，让我去北京电影学院报名并参加考试。他们给我们开具了同意报考的介绍信，随后，我工作的单位——北京市西城区师范院校，也给我开具了同意报考的介绍信，才得以最终报名。

按照我们这些考78班的同学年龄和成长经历，基本上都是没有好好上中学、高中，我们这拨人的中文知识基本上是从看报纸、看"大字报"、背毛主席诗词和看"样板戏"中来的，没有数理化的基础，也没有数理化的意识，只能是在文科类中文、历史、哲学、法律、财经、外语、体育、艺术方面考虑。

我通过《北京日报》知道了北京电影学院招收考生的事情，自己也进行了一番思想斗争，也是经过了客观分析的。曾经动过脑子想考导演系。后来，又琢磨要考表演系，又觉得自己的条件差得很远，一是长相普通也基本没什么希望，二是自己基本上没有任何文艺表演和演出的经历，而且自己实在有表演的心理障碍，根本不具备在很多人面前表演的素质。研究了导演系的考试，觉得也非常难，导演系因为也要考表演，还有关于文艺、电影等方面的知识，想想还是算了吧，最终打消了念头。我看到招生简章中说摄影系要求会画画，研究过后，觉得还是考摄影系比较靠谱，我学习过美术，"文革"中画过毛主席像，画过板报，写过大字报，喜欢画一些素描和速写。由于我父亲从事摄影工作，也使我耳濡目染，稍微有一定的摄影基础，对摄影这一专业还比较了解和熟悉，自己又已经拍了一些摄影（图片）作品，觉得还有一些把握，加上有"子继父业，理所当然"的思想支撑，最终决定就报考北京电影学院摄影系故事片专业。

记得那是一个阳光明媚的下午，四点多钟，我几经周折，终于在报名处办完了全部报名的手续，报名号为30027。拿到了准考证后，我有些酸楚，有想哭的感觉，觉得实在是不容易，我站在新街口的马路边上，路上的车在我面前走过都是那样虚幻，我记不得我是怎么样找到并打开自己的自行车锁，脑子里是一片空白。那年，我22岁，头一次看到了什么是高考的准考证，不知道的是这张北京电影学院的1978年的摄影系的准考证，从此改变了我的命运。

北京的高校，恢复高考以后，其第一届就是77级。北京电影学院为什么只有78级？而没有77级？其实，电影学院从1975年，就开始招工农兵学员，没有完全对社会开放，专门定点招工农兵的学员。因为，文艺界在"四人帮"看来，不能有异己，不能有渣子，应该全部都是工、农、兵出身的人，家里应该是几代红根、红苗才行，只有这样的年轻人才能学文艺，直到"文革"结束了，这时候北京电影学院才开始步入正轨，才开始招收"文革"后的第一批78级本科学生。

拿到了准考证，回到了家里，父母也为我高兴，可是我一点也高兴不起来。静下心来，再次仔细看看北京电影学院的招生简章，细细品味了招生考试的内容，又开始傻眼了。

那时候我的家住在和平门内大街，上班多年基本上是骑车，不熟悉北京的公共汽车系统，所以，按照北京交通地图，在专业考试的几天，每天骑着一辆"28"男款的自行车，从和平门内到位于沙河的朱辛庄的电影学院考试，骑车1小时40多分钟，最多时连续两天。那时，我左肩斜背一个书包，里面装满了资料，还有一个瓶子，装满了凉水，带着凉馒头和咸菜。由于有目标，所以没有烦恼，挺高兴的。每天到朱辛庄参加考试，中午休息的时候，坐在校园丛林中的苹果树下面，简单地吃完午饭，就开始看书，准备下午的考试，感觉非常踏实，没有觉得什么苦啊、累啊。

那时候的考试，充满了时间、体力、智慧和实力的对峙，我们大多数的考生对于电影基本上是无知的，只有少数人对电影专业的一些知识有一些了解，如果有考生说自己知道几部美国电影和欧洲电影，就会有众多羡慕的眼光投来，那些电影名字和艺术家的名字对我们来说是那么高尚，简直太令人"犯晕"。当时，有很多考生因此形成了巨大的思想压力。

那时的各个系专业考试，对于任何一个考生，完全是陌生的，因为，谁也没有经历过，谁也没有把握，谁也没有充分的准备。至于招生简章中提到的初试、复试中要考的文艺理论知识，影片、摄影作品、美术作品分析的内容，谁心里也没有一个底。记得摄影系初试考试的考场外，有的人在一旁独自看笔记，有的人围在一起进行交流，问东问西，也有的同学在炫耀自己做了哪些准备。

记得在初试的时候，就有几个考生拿着画好的"大卫""海盗""维纳斯"等石膏像的素描作品的翻拍照片，说复试考试要考绘画，而且，说自己画得如何如何好，在绘画上有比较多的优势。他们还说，复试口试考试的时候，教师一定会问很多与美术创作有关的问题。当我看到他们的作品、听了他们所说的以后，基本上被吓傻了，这在心理上绝对是沉重的打击。但是，转念又一想，你既然美术的素描水平如此高，怎么不去考美术系？

后来，在进入复试考场候考的时候，发现先前在初试门口"甩词儿""说事""吹嘘""炫耀自己绘画作品"的那几位考生没有来，一打听，全没有进复试，全都被淘汰了，我心里真是高兴和解气。

初试结束，发复试榜后，认识的面孔越来越多了，大家彼此在一起进行更多的交流，并且揣摩复试会考一些什么内容。

还记得我们在复试口试的考场外边候考时，有几个"考生哥们儿"在那里说什么电影诞生，说什么"格里菲斯"，甚至还在说什么"法国新浪潮""意大利新现实主义""巴赞""爱森斯坦""普多夫金""长镜头""蒙太奇"，甚至有几位老兄还说，一会儿复试口试就问这样的一些问题，说得我又被吓傻了，在心里开始嘀咕自己是不是不该来考，我怎么一点儿都不知道呀？我将怎样面对考官？

但是，当我进入了复试考场，教师并没有考什么电影诞生，什么"格里菲斯""法国新浪潮"等问题，完全是考一些高中的基本知识和文艺常识，所以，考起来也就越来越踏实。

现在回想起来，当时在摄影系考场参加考试的教师中，有电影学院前院长沈嵩生教授、前院长刘国典教授、前副院长孟海峰教授等；当时摄影系的主考教师中，有技术专家、特技专家、学术专家，他们全是年富力强的业务骨干和中国电影教学的中坚力量。在考场上的这种阵势，对考生是巨大的心理压力，我当时一进考场就傻了，主要是没有见过这样的阵势，桌子一条排开，后面坐着七八位老师，桌子上放着各种各样的画册、摄影杂志、照片作品、美术资料、文字资料以及考生所交的报名表、作品，尽管老师对所有的考生都说"别紧张"，但是，我还是放松不下来。

当时，北京电影学院1978年的考试，特别是文化课考试，是学校自己单独出题，应届高中的学生不用考，完全用高中的成绩就可以顶替入学的考试的成绩，但是，在78班，真正的高中应届的学生，真是很少。

参加完电影学院的文化课的考试（有理工科内容考试），参加完学院的各项专业课考试复试以后，已经是快5月底了，心里还是不十分踏实，报考北京电影学院的学生如此多，很多都是应届的毕业生，不怕自己的专业课不好，而主要是怕自己的文化考试有什么闪失，最后均衡下来会成绩不高。如果考不上电影学院回去怎么样给单位交代？在激烈的思想斗争以后，我开始背水一战，又准备材料在北京市报名，重新回去参加1978年7月份的北京市高考统考。而且，这次是报考的文科专业，又开始重新自己复习文科的文化课内容，准备应对高考，自己还是很坚决地报考了两个非师范类的学校。第一志愿报的是上海复旦大学新闻系，第二志愿报的是中国人民大学新闻系，第三志愿报考的是北京师范学院中文系。

1978年的高考，是最折磨人的，参加考试的人多，天气非常炎热，我参加的考试考场在北京的西城区丰盛中学。那些天的考试，就是在大脑空白和神情恍惚中度过。考了什么？怎么样考的？几乎没有什么记忆，在混乱中完成了人生的高考岁月。那时，才是人生最无依无靠的日子，高考完了以后，我在家连睡了三天懒觉，大门不出，二门不迈，完全待在家里发呆。完成了高考以后的第三天，也就是7月25日的下午四点左右，我在阳台上毫无目的地坐着，新华社宿舍小区的邮递员来了，在楼下（我住在四楼）喊我的名字，说有我的挂号信，要我带图章下来签收。真是老天眷顾我，我连滚带爬地下了楼，我收到了北京电影学院的录取通知书，当时真不知道跟人家说什么好，手里拿着的时候心里面可美了，还不好意思当场打开看，赶紧谢了邮递员，就上楼了。在上楼的时候，当时的心情现在绝对是用语言形容不出来的，不知道该说什么，想什么。到了家里，打开了录取通知书，心想，自己总算有了着落了。

普通高考的成绩在8月下旬也出来了，第一志愿报复旦大学的分数我差了五分，没有被录取，第二志愿中国人民大学新闻系录取了我。邮递员把录取通知书也送来了。我只能在北京电影学院摄影系和中国人民大学新闻系之间二选一。我想还是去北京电影学院吧，凭着儿时看电影、喜欢电影的梦想，未来也可以从事自己喜欢的专业，可以拍一些摄影作品和电影作品。就这样，我终于踏入了北京电影学院，进入了摄影系78班学习。现在看来，似乎我在当年考上北京电影学院的道路上，走的还是比较顺，但是，年龄稍长一点的人心里都会很清楚，所有经历过那个动荡年代的人的个人经历、考学经历、家庭生活，都不会是一帆风顺的。

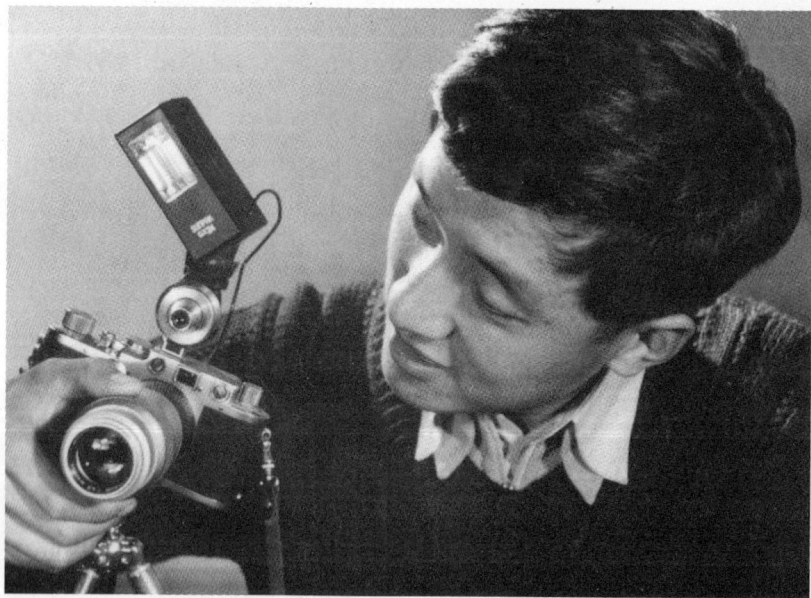

1978 年，张艺谋以我为模特拍摄的学校作业

　　艺术院校的招生工作，在整个人才培养、教学过程中是非常重要的环节，就好比建筑过程中的打地基，具有举足轻重的意义。

　　现在总结起来，当年"78班"的招生，具有如下的特点，值得我们思考。

　　（1）生源广泛，而且质量高。这是由于历史原因和年代积压的原因，学院十年未正式招收本科学生。"文化大革命"当中，只是按照当时主管部门（当时在北京的八所文艺院校，是归文化部领导）的要求和具体安排，在70年代后招收了一些工农兵学员，因而，1978年招生时，汇集了"文化大革命"中的各届、各个阶层优秀的学生。

　　（2）学院"文化大革命"前已经具有了一套科学的艺术招生体系，因而能够迅速运用成熟的经验，马上可以开展专业的考试。考试的过程中调动各种各样的机制，重视对考生的艺术、专业、文化素质的考查。

　　（3）有一支极为优秀的教师队伍在主持招生工作。他们本身具有非常扎实的专业知识，而且，很多教师即使是在"文化大革命"中，也还在进行电影创作和教学，知道如何在人海中挑选具有特点的学生。任何一个考场都有超过五个老师在进行工作，摄影系的几个初试和后来的复试考场老师多达6~8人。

（4）电影学院考试没有大张旗鼓地进行宣传。尽管考生没有机会和能力进行复习，也没有任何形式的辅导和预热、准备，其报考学生完全是凭自己的文化基础、专业水平、综合素质和文化成绩进行考试的应对和冲刺。

（5）学生的任何考试没有完全依赖死记硬背，而是在考试中调动自己的学习经历和人生积累进行考试和回答问题。他们在回答概念问题的过程中，比较注意在考试中运用自己的社会经验和自己真实的感受。

（6）更多教师关注考生的综合水平、艺术素质和文化素质。因而，通常在初试和复试的过程中，考试的内容多、范围广、重考查、多了解，主要了解学生知识广度、深度，了解他们对艺术的理解和对问题的看法是否全面丰富。

（7）教师坚持自己的艺术主张与考生的回答相映照。没有因为教师个人好恶和偏激而带来对考生的不公正判断，对考生的评价系统和评价标准能够比较注意个人和集体的客观、公正，有时还会注意发现考生的个性和风格。

（8）注意考查考生对基础知识的掌握和对社会、学习的看法。观察他们对艺术的理解能力、感悟能力、表达能力，观察他们的性格、特点是否活跃，举止、言谈是否敏锐，看问题是否客观和务实。

（9）全面了解考生对电影专业基础知识的掌握程度和对电影艺术有关问题的看法。除了要求考生知道一些基本常识以外，还要求其对一些问题的理解。综合考查考生对所学专业的认识和了解的程度。

（10）最终尊重教师的判断和评判。首先对考试的要求、规则、办法、程序进行规范化，保证尊重教师考试评判的独立性和公平性，做到爱惜人才、判断准确、公正公平。

由于当时"78班"的考生中，超过50%的人都是有过社会和工作经历的非应届毕业生，有接近一半的应届高中毕业生，但是，根据当时的社会情况和高中教学情况，还没有比较统一的教学参考标准，所以，在整个的考试过程中，老师不是对考生一概地考一些什么纯文学原理、艺术常识，也不怎么单独考名词解释这一类书本知识，而是在考试的过程中，注意在一些问题的讨论、回答的过程中，看考生的理解能力、感悟能力。1978年，"伤痕文学"已经有了，美术的新观念已出现，有关西方流派及现代派文学、戏剧、舞蹈、美术、建筑的内容及思想已经开始在中国传播了，流行音乐和传统音乐出现了冲突和对峙，这些对教师和学生都有一定的影响。教师的关注点是，他们希望考生在考试的过程中，表现出自己的素质，表现出自己的功底。他们希望在考生对提问的回答及发言的过程中，充分了解考生的观点和看法。那时候更多的就是看考生对待社会、家人、事件的为人处世的方式，另外，看考生回答问题的时候是在机械地背书本，还是有自己的看法和理解，或者看考生肚子里装着的东西怎样通过电影这种方式表达出来，考试不是要问你"一加一等于几"，而是想了解你对这样的问题的看法。当时，不是应试教育的思维方式，而完全是开放式教育的思维方式。

我们上了大学以后，同学们在宿舍聊天和侃大山的时候，还经常在一起感叹：考大学，在当时的确是改变人生命运很重要的一个机会和环节。如果我们这些人没有遇上当年的高考，不知道现在会在哪儿？当时如果不考大学，不考北京电影学院，那会是什么样？现在我们会去什么地方？会是一个什么样的结果？中国的电影史可能又是另一个样子了。

1978年的考试昭示了一个重要的问题（后来电影学院的考试也证实了这个问题）：参加考试的考生数量、考生的整体素质、考生的发挥程度、考题的难度系数，决定着未来录取的质量，以至于最终人才培养的质量。

今天，很多人认为，1977、1978年的高等学校招生考试是中国十年"文化大革命"所造成的结果，1977、1978年的大学毕业生以后的成功和成就，具有非常多的历史性、偶然性、特殊性，不具有典型性，也没有可比性。所以，根本不值得对当时的社会和教育过程进行研究和总结。

我不是这样认为的，任何事情的存在都是合理的，有其外在和内在的原因，也有其根本的历史原因，事物的发展，是按照事物的本身规律和轨迹进行的。历史中的任何事件的出现，涉及非常多的因素，同时，具有非常多的不确定性，这些都是学习理论的人自己分析的，但是，在条件成熟的情况下，一定会具有重复性。

　　艺术院校的招生，本身就具有特殊性，招生中常常会注意考生有关报考专业的综合素质，同时，也极为注意考生性格中的某些特定的东西，特别是考生的理解力、表达力，以及对政治、历史的理解等。在各种各样的考试过程中，注意考查学生的想象能力、造型能力。艺术考试是一个综合考试，也是一个综合判断的过程，艺术招生本身存在着公平性，也存在着对考生综合素质的理解，是有一个基本的标准，但没有绝对的标准，尺度的掌握也在于教师个人的判断和集体讨论。学生毕业后的素质，与考试有直接的关系，也会受到后天的许多因素的影响，但有一个不争的事实是，"78班"考生得到了招生教师的充分关注。

　　对于"78班"而言，考生总体基本素质和专业素质是整齐的，之所以具有比较高的艺术素质，在于这些人长期生活在社会的底层，在于当时"文化大革命"缺乏足够的文艺作品的熏陶，在于积攒了许多书本和教室中无法学会的知识，在于那时对艺术和艺术作品的尊敬和崇拜。考试中的所有考生，无论年龄、经历、家庭、职业、背景，都对考试是虔诚的、平静的、重视的、认真的。

北京电影学院的"78班"录取工作是在1978年高考（北京市高考招生考试的时间是1978年7月20、21、22三天）以后的三天开始的。

一、录取确定

原来学院简章和招生计划公布的招生录取人数是116人，其中：导演系18名，表演系30名，摄影系24名，美术系22名，录音系22名，但是，由于上级领导的指示和考试的实际情况等各种各样的原因，在最终录取的时候，超出了原招生简章和计划的名额，录取名单是经过各个专业系认真核对初试、复试成绩和文化课成绩反复讨论，经过学院招生办研究确定，最终经过学院研究决定并批准，报送了文化部，文化部批准扩大了招生的名额，开学时录取入学的实际人数是：导演系28人，表演系32人，摄影系26人，美术系43人，录音系30人，共计159人。

随后，1978年7月25日正式决定了录取的名单并发榜，通过挂号邮寄的方式，将录取通知书分别寄出。由于艺术院校提前单独招生，所以各个艺术院校实际上也还是存在着争生源的问题，录取工作十分迅速。

1978 年 9 月，北京电影学院 "78 班"（159 人）新生入学合影留念

……學合影留念 一九七八年九月

二、录取通知书

1978 年 7 月 25 日开始，北京电影学院教务处开始给所有的被录取同学寄送录取通知书，在告知被录取的同时，还在录取通知书上书写如下的内容：

> 同学：接此录取通知书后，请于 8 月 10 日前填写以下书面报到表寄回本院教务处，过期以放弃入学资格论。
>
> 北京电影学院
>
> 1978 年 7 月 25 日

在当时的社会招生机制和信息环境条件下，各个高等学校与考生的沟通机制不是十分健全，考生会由于各种各样的原因放弃所考的院校，更由于那时没有全国统一的网上录取机制，所以，各个高校要面对全国的考生进行选择，其难度也是非常大的。

1978 年 9 月，北京电影学院 1978 年的 159 名新生分别进入电影学院的各个系学习。

三、录取名单

下面的名单是学院"78 班"导演系、表演系、摄影系、美术系、录音系各个系（专业）最终录取和进入学院学习的同学的名单：

导演系 28 人：

王子音（女，北京）、王宜芹（女，北京）、田壮壮（北京）、刘苗苗（女，宁夏）、江海洋（上海）、李子羽（女，上海）、李少红（女，江苏）、李晓军（北京）、吴子牛（重庆）、陈凯歌（北京）、林大庆（北京）、张军钊（新疆）、张建亚（上海）、崔小芹（女，北京）、耿小震（北京）、谢晓晶（北京）、彭小莲（女，上海）、蒋卫和（安徽）、潘渊亮（北京）、黎少旭（上海）、白宏（河北）、应旗（北京）、周炜（吉林）、金韬（辽宁）、赵劲（上海）、胡玫（北京）、夏钢（北京）、潘桦（女，北京）。

表演系32人：

陈泹（北京）、张丰毅（云南）、刘冬（女，北京）、刘佳（女，黑龙江）、徐美娜（女，北京）、周里京（甘肃）、张铁林（陕西）、王向红（北京）、吕晓刚（北京）、陈国星（北京）、金一康（上海）、颜世魁（内蒙古）、贾东朔（辽宁）、张潮（甘肃）、谢园（北京）、杨晓丹（吉林）、王咏歌（陕西）、汪粤（吉林）、葛建军（山东）、王玉璋（山东）、朱晓鸣（辽宁）、张伟克（浙江）、张志强（天津）、梅兆华（天津）、赵雍（天津）、曹蓬（青海）、方舒（女，北京）、李小力（女，吉林）、袁牧女（女，北京）、沈丹萍（女，江苏）、马静（女，北京）、郭靖（女，辽宁）。

摄影系26人：

王雁（北京）、王连平（辽宁）、王小列（西安）、汪小跃（湖南）、邓伟（北京）、孙诚（北京）、吕乐（北京）、赵非（西安）、吴菲菲（女，北京）、何青（北京）、陈炎（女，北京）、张黎（湖南）、张会军（北京）、张艺谋（西安）、侯咏（西安）、智磊（西安）、萧风（浙江）、屈建伟（北京）、沈星浩（上海）、秦竞红（女，北京）、顾长卫（西安）、邢树民（天津）、穆德远（北京）、王左（北京）、郑鸣（北京）、梁明（北京）。

美术系43人：

（1）设计一班14人：

韩刚（北京）、郑伟（山东）、赵大陆（北京）、王维新（上海）、刘邑川（陕西）、李劲松（湖南）、陈若刚（河北）、石建都（北京）、霍建起（北京）、周欣人（上海）、李岩（北京）、刘鹰（女，北京）、蒋晓贞（女，上海）、李向阳（北京）。

（2）设计二班15人：

马惠武（天津）、王小燕（女，北京）、王鸿海（山东）、冯小宁（北京）、李永奇（天津）、余麦多（北京）、邹成基（江苏）、周景伦（河北）、杨晓文（女，北京）、张秉坚（上海）、贾世泉（北京）、尹力（北京）、何群（北京）、郝冰（黑龙江）、戚健（江苏）。

（3）动画班 14 人：

陈三伟（北京）、张小安（北京）、刘左峰（北京）、华方方（北京）、李耕（北京）、黄月（北京）、阿来夫（内蒙古）、姚青（北京）、傅海龙（上海）、胡依红（女，上海）、段佳（女，北京）、贾否（女，陕西）、李怀（女，湖南）、艾未未（北京）。

录音系 30 人：

翟明（北京）、吴昊（北京）、黄英侠（北京）、孙欣（女，北京）、孙立（北京）、马耀文（北京）、陈咪沙（北京）、陶经（上海）、张羽（北京）、吕家进（上海）、娄炜（上海）、张晔（北京）、孟健（北京）、姚国强（浙江）、詹新（上海）、晁军（北京）、冯凌凌（女，北京）、洪仪（女，北京）、孔令燕（女，北京）、沈雁（女，上海）、麦燕文（女，北京）、李嫣（女，北京）、张君（女，北京）、吴凌（女，北京）、袁展红（女，北京）、成樱（女，上海）、佟立（女，北京）、刘宁（北京）、柴岳（北京）、宁瀛（女，北京）。

"文化大革命"以后，特别是 1978 年的改革开放不久，出国潮（出国定居、经商、留学等）便到来了，它直接影响到国家机关、厂矿企事业单位和高等学校的不同阶层和年龄的人。

根据史料记录，电影学院"78 班"美术系的蒋晓贞、李向阳、艾未未、录音系的刘宁、柴岳、宁瀛六人，在大学二年级的时候，先后被国家文化部公派或者本人自费到美国、法国、德国、意大利等国家留学。

四、录取的"78 班"应届毕业生和非应届毕业生构成特点

根据学院档案历史资料的记录和材料进行分析，我们发现北京电影学院"78 班"的同学应届毕业生和非应届毕业生的录取构成有如下的特点：

最终统计的结果，全学校录取的 159 名学生中，应届毕业生 50 人，仅仅占全校录取总数的 32%；非应届毕业生 109 人，则占到总数的 68%，其

总体应届毕业生和非应届毕业生的比例是 1 ∶ 2，非应届毕业生的总数大于应届毕业生的人数。

在非应届（往）毕业的考生中，其成分的构成在当时是非常复杂的，当中有：军人、工人、农民、知青、农工、饲养员、邮差、纤夫、炉前工、电工、车工、挡车工、演员、服务员、搬运工、管道工、水暖工、修路工、翻砂工、辅助工、中学教师、师范教师、摄影助理、待业青年等。他们的年龄不同，成长环境不同，家庭出身不同，成长经历各异，从事的工作各式各样，但是，无论顺境与困境，都是有十分复杂的经历。他们幸运的是知道了北京电影学院的招生考试，知道自己参加高考意味着什么，也明白上学机会对今后意味着什么，还知道今后机会再来的难度，更知道这个机遇的千载难逢和来之不易。同时，他们十分清楚逝去的青春和没有文化的危机，他们已经在社会上茫然、孤寂、徘徊了许久，可以说是在力图抓住青春和机遇的尾巴，他们是在破釜沉舟和背水一战。同学之间的经历、年龄、背景、家庭、文化素质等方面的巨大差异，让他们显得更加有一种危机感，竞争的潜在危机是存在的，他们在人生中只有顺应这一次社会和学校的选择，根本也没有什么喘息、调整的机会。

五、录取的"78 班"北京考生与外地考生构成特点

全学校录取的 159 名学生中，北京考生 83 人，占到总数的 52%；外地考生 76 人，占到总数的 48%。

有人曾经指责北京电影学院 1978 年招生，对北京考生录取过多，实际上，在考试、招收的过程中，教师并没有刻意决定什么，更没有偏向北京的考生，只是在达到考试标准的情况下，进行录取。北京考生最终录取多的原因，是由于当时只是在部分省市设立了考点；也由于招生宣传的力度不大和信息不畅，当时有许多外地考生在比较短的时间内不知道考试的信息情况，所以没有参加报名。而北京地区（包括周边）考生报名则相对来说人数比较多。

当时国家的电影行业管理属文化部，文化部对于当时中国电影的整体规划，是根据电影事业发展的需要以及全国各个电影制片厂对专业人才的需求来制定的。当时文化部决定在 1978 年除招收正式本科学生以外，同时招收在职的干部编剧进修班 48 人，以及表演师资班 20 人。这些比较高层次的短期干部专职进修班和师资班，在当时以及后来，对于迅速繁荣电影创作，充实电影艺术创作和理论研究队伍，补充艺术院校电影教育师资队伍，起到了关键的作用。

由于十年"文化大革命"，大学中断了公开招生，使得许多适龄青年无法在高中毕业后正常上大学，所以，1977、1978 年高考的学生中大龄考生的比例比较大，非应届毕业生的比例高于应届毕业生。也正是由于社会课堂熏陶和生活的磨难，使得他们在学习的过程中注意调动社会经验和理解、记忆的方法，学习和掌握所学的知识。不仅是其他大学，电影学院的"78班"也同样证明了，在全国范围内"77、78级"的考试，在整个的过程中借助了社会的经历，他们在考试过程中都发挥了比较大的社会能量和聪明才智，都充分利用了在各自的工作岗位和专业领域积累的经验和做出的成绩，这些"社会财富"在考试当中帮助了他们，所起到的作用和产生的影响使得他们改变了自己的命运。

被录取的"78班"的同学，由于历史的原因，有一个不容忽视的问题，这些学生恐怕是电影学院历史上年龄差距最大的学生群体，最大的 31 岁，最小的 17 岁，都在导演系。导演系的同学有接近一半的人超过了 25 岁，这些同学少年时代和青春期成长经历，是在社会动荡和"文化大革命"中成长的，他们的思想已经被时代铸上了牢固的印记，他们是一个社会群体的缩影，有自己的世界观和方法论，有各自形成的文化和艺术风格，有对艺术作品的直接感受，也有独特的艺术情感表达方式、方法。因此，怎样利用他们共同的经历，引导他们的文化心理和学习积极性，成为学院教学的一个重要环节。

新生开学

————

1978 年 9 月 18 日，北京电影学院"文化大革命"后重新招生时，考试入学的"78 班"（159 人）开学的那一天，后来被世界权威的《电影手册》评为 20 世纪电影史上 100 个最激动人心的时刻之一。

因为，这一天对中国电影历史和世界电影历史来说，意义非同寻常。这一天不仅仅是恢复高考以后重新恢复招收电影专业的本科学生，也是中国北京电影学院在"文化大革命"以后重新开始招收学生，而更重要的是，这一举动为后来的中国电影的重振和繁荣埋下了伏笔。伴随着这一时刻跨进校门的这些生活坎坷、踌躇满志、经历迥然、年龄各异、背景不同，而又风华正茂、兴奋雀跃的学生，怀着不同的理想和心情，带着各自的抱负和学习目标，来到了伟大祖国的首都北京，迈进了这座当时位于北京郊区的中国电影艺术的最高学府。在当时，我们谁也没有想到，这些同学将被作为建设中国电影大厦的基石准备重新打磨，"78 班"也没有意识到，他们自己毕业以后的电影作品在后来的年代里将镌刻在中国电影的历史里程碑上。对于今后的中国电影、世界电影具有划时代的意义，正是因为他们的入学，才在后来的几年电影创作里产生了具有非同凡响的学术和历史效应，他们成了中国电影的新生力量，掀起了中国电影运动，引起了有关中国"第五代电影"学术现象的话题。

回想起当年的新生入学，在今天看来是既兴奋又平静，兴奋的是，年龄参差不齐的同学，在各自命运的挣扎中找到了曙光，让自己心灵和精神的小船靠上了码头；平静的是，国家和社会的环境，使得所有的人站到了新的起跑线上，学习成了未来生活的全部希望。由于国家、社会的原因，在上学阶段所应该经历的学习和应该掌握的知识没有能够完成，我们需要补习的东西太多，对于任何一个人来讲，四年的学习将是一场硬仗，必须有充分的心理准备，在一场艰巨的战役面前，更多的是需要以一种平和的心态面对。

由于学院的校舍远在昌平沙河朱辛庄，那时，外地的考生坐火车到了北京站以后，要首先乘公共汽车到德胜门，然后再换乘345路（或者344路）公共汽车。我当时家住在宣武门，所以，自己将要带的箱子、行李（被、褥、脸盆、洗漱用具）捆好，坐公共汽车到德胜门；然后，再换乘345路公共汽车，下车还要走大约10多分钟的路到达学校的大门，很多的同学都是这样进入学院的。当时，出租车很少，社会没有那样的习惯和风气，学生认为，自己的事自己去干，是天经地义的。

今天很多大学考生，从开始高考报名就由家长陪着，报名时，开着汽车从外省市来到学院，而且，在北京一待就是几天；考试中，家长始终伴随考试的全过程，拿包、拿水、拿东西，并且，看考场，看通知，陪体检。开学后，家长开车对学生"十八相送"，甚至姥姥、姥爷、奶奶、爷爷、七姑八姨的全都来到大学，他们帮助办各种各样的手续，买各种各样的生活用品，甚至进行铺床、叠被的"包办代替"。有的家长在学生开学之后，仍然在其考入的大学陪住几天才离开，这是今天社会的真实情况。

1978年9月18日，北京电影学院重建后的第一次新生开学典礼是在昌平区沙河朱辛庄校舍的大礼堂举行，当时参加开学典礼的有国家文化部电影局司徒慧敏副局长、文化部相关部门的领导，以及中国电影界的各位前辈、专家、专业人士。

开学典礼是所有新生见面的时刻，那时的同学在参加开学典礼的时候，是每人拿着马扎坐在食堂的餐厅里参加的。新鲜、兴奋、新奇、高兴是我们这些同学当时聚到一起的真实写照。

总的来讲，当时的开学典礼非常隆重，但是形式非常朴素、务实，没有过多的表面文章和虚假的程序，也没有表面宣传和作秀的东西。教师通过开学典礼，知道自己的责任是要为中国电影事业培养接班人；学生通过开学典礼，知道自己将要通过学习进入到中国电影专业队伍的行列，将要为中国电影事业贡献力量。举行开学典礼的地方可以说非常简陋，但是，教师和同学仍然被这次具有历史意义的开学典礼所感染和振奋，特别是学生感受到了学院的真诚和教师对同学的期望。

开学典礼结束后，同学们坐着马扎，观看了入学放映的第一部影片——朝鲜电影《扎根大地》。现在回过头来看，那个片子有没有什么特别的寓意？我们觉得有点意思。其实，就是说要我们这些同学"扎根大地"，就是说你得扎到这个电影专业里面，认真学习，扎到这个国家的土壤里面，你得为这个国家、为这个电影专业做点事儿。

1979 年元旦，摄影系 78 班入学后的第一张合影

学习生活

1978 年 9 月，新录取的导演系、摄影系、美术系、录音系的本科新生在远离城市的朱辛庄校园开始了四年大学学习生活，而表演系本科班和表演师资进修班在城里的小西天原校址开始了大学学习生活，那时的小西天，主要的建筑是平房，表演系本科班，则主要是在新建的两排简易平房内上课。

由于社会的"气候"决定，"振兴中华"的口号使所有大学生沉浸在兴奋和快乐中，学生在学校只有一个目的，就是要好好学习，什么条件、什么待遇、什么要求，全部服从于学习。所以，那时"78 班"的大学生活与国家所有高校的学生是一样的，是在兴奋和勤奋的学习中度过的。

当初，所有的同学都是那么单纯，没有干扰、没有世俗、没有压力，有的是竞争和自己的反省。

印象中，刚开学以后我们就进入了紧张的学习生活，经常是结合各种各样的课程要看电影。实际上我们每一个同学还是处于刚跨入电影这个大门时的那种最初的冲动和喜悦中，因为那种神秘的、兴奋的、鲜活的电影形式在影响着我们的生活，改变着我们的性格，左右着我们对电影的看法，这些刚刚入校的学生兴奋不已，都说："太好了，北京电影学院，天天看电影，都快成了北京电影院了。"但是，随着时间的推移，对看电影渐渐

朱辛庄图书馆

1979 年，在紫竹院拍摄 16mm 作业时留影

失去了兴趣，同学们开始反思我们将怎样对待电影、对待学习、对待大学生活。教师在上课的时候及时告诉我们，怎样看电影，怎样查询关于一部电影的资料，看的时候注意什么，从历史上注意什么，从影像上注意什么，导演手法、人物命运、故事情节、风格样式怎样去把握。从根本上，还是要始终明确的一个东西，一部好的电影一定是有一个非常好的故事，同时，围绕着这个故事，会有比较好的表现手法。记得入校后我们观摩的一部苏联电影是《卡拉马佐夫兄弟》，影片在表现时代背景、注重塑造人物、刻画环境特征等方面都给我们留下了深刻印象，直到今天，我们都被电影中所再现的那种现实主义的东西所感动，认为文学艺术作品中的现实主义的东西是最富有魅力的，是最有力量的，也是最能够感染人的。教师也在教学中给我们列举了许多这样的电影，告诉我们怎样坚持和挖掘这类电影的宝藏。我们"78班"这批同学直到今天在自己的电影创作中，还在执着地坚持表现现实主义的东西。

当时，讲授电影、观看电影成为我们受教育很重要的方式。甚至说看电影成为我们上课的主要内容，就是教师在讲课的时候，让你看大量的电影，看不同国家的电影。

这种学习是有人辅导的，电影在任何地方放完了以后，老师都要在课堂上讲解，作为学生回去要在宿舍进行讨论，甚至是一夜不睡觉。那会儿生活也特别贫乏，没有酒吧、没有餐厅、没有茶室、没有咖啡厅，也没有什么其他可以供我们讨论的地方，只有在宿舍里"神聊、瞎侃"。那是一个物质极度贫乏的年代，所以同学也就不想物质的事了，只是想精神上的东西。我们基本上不进城，那会儿看书、看电影成为我们全部生活的两个主要内容。每天的生活就是教室、宿舍，然后就是在宿舍里面谈论电影，可能就是一瓶二锅头酒，一点花生米，一个凉馒头，一点咸菜，一袋方便面，晚上就那么聊。

所有对于物质的欲望全部转变成了学习的兴趣，全部的焦点都已经转移到了精神的层面上。

当时，北京电影学院的所有教师都认为"78班"的学习是特别刻苦的，刻苦到令教师都十分感动的程度，例如，摄影系主任教员郑国恩教授说："他们在学习的过程中，喜欢争论，爱争论，在教师教授完成之后，或者是看完电影或者什么东西，就会进行讨论，甚至是进行争论，争论得特别厉害，他们可以从教室一出来，在路上就开始争论，一直到宿舍，一直到饭厅，都在就刚才学习的问题进行争论，甚至是面红耳赤，到了发急的地步，所有的人，都要坚持自己的观点，都力图用自己的理解来影响别人。在图书馆、在教室，他们都会待到比较晚，甚至，开始到了不守规矩的程度。学校考虑到学生的身体，考虑到学校的作息制度，考虑到学生的健康，就在晚上做了一种硬性的熄灯规定，到了11点就拉闸停电，所有的教室、宿舍全都是黑的。由于社会的磨难和人生的经历，他们特别善于思考问题，提出问题，所以，他们的问题就特别多，甚至，打乱了教师的授课，他们的这种特别多的提问，也促使老师在思考问题，这个也是影响他们学习的主要因素。"

"78班"的学生群体，在开始学习的时候，并不是马上就有了明确的目标，认为自己马上毕业出去以后就能当导演、摄影师、美术师、录音师，就能担任重要的职务，就能拿到奥斯卡大奖。其实，在当时这些都是不切实际的目标。当时所有给"78班"讲课的教师，更多的是在反复讲："现在的你们就是要做好现在的事情——学习，本领是自己的，专业技能、技巧是自己的，当你没有扎实的基础的时候，你永远不可能全身心地投入工作。机会永远是有的，关键看你有没有能耐，你就得好好学，你没有什么选择，你现在不好好学，你根本就没出路，你就干不了这事儿，你没有办法跟其他人对话，你承担不了这责任，几百万元的电影制作经费交给你，设备，还有一些演员、剧本交给你，你能完成吗？这是一个不能想象的事情。"

所以，即使在当时那么艰苦的学习环境下，那么简陋的教学设备情况下，对于"78班"同学的学习来说，还是有压力的；是一种巨大的、无形的压力，主要是当时的电影行业人才比较多，拍摄的电影数量比较少，不是说毕业了以后马上就可以学有所用。

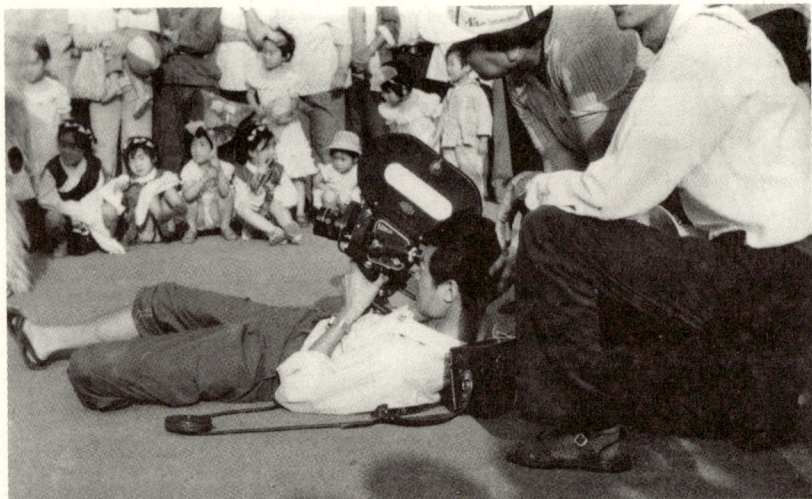

1983 年，在拍摄电影《青山夕照》现场

1981 年，在拍摄学校青年厂的电影《百合花》，摄影师孟海峰（左），我作为摄影助理参加了拍摄实习

由于学校各个系和专业课程的教学有其相似性，也由于当时的教学经费紧张的原因，往往在课程结束时，只有非常有限的一次作业。对于学生来说，做好、做坏全是它了，所以大家非常珍视这种做作业的机会。完成以后，每个人的作业（无论是纸制的还是别的什么形式）都要在教学的过程中，在教室的课堂上进行展示讲评。这样，当同学完成的作业、创作的作品以及照片展示出来的时候，在学生之间就会形成了实际效果的对比，老师都不用说什么，同学们也不用说什么，对比是一个非常可怕、非常有效的事情。大家都会看到，同学们自己自然也有自己的判断，也就会有相应的感受。"78班"的同学有一个很大的特点，就是很抱团儿，很认真，而且，在同学之间没有任何的戒心，系和系之间，同班同学之间非常宽容、豁达和理解，互相帮助，互相推荐作业，互相交流，笔记、书籍等都是资源共享，不会看成是自己的私有财产。即便那会儿能看到很多的外国电影（内参片），在这样的情况下，很多的同学仍然把自己的学习笔记借给同学。这种相互之间的交流，丰富了学习内容，增加了学习的方法和信息量，开阔了眼界。

当时，"78班"的学生在认识问题和看待问题的思维上具有自己的独立见解，他们是善良的，干任何事情不咄咄逼人，不强求轰轰烈烈，但求达到自己的目的。他们同时具有非常强烈的反叛精神，但是，由于"文化大革命"的缘故，他们不在公开的场合表达自己的任何观点，他们善于在自己的精神世界里消化自己的思想，在作业里适当地表现自己的观点，在文字的作业中抒发自己的感想，这就是社会磨炼给予他们的教育，就是他们在成长过程中形成的特点。

"78班"的同学无论是在上学前，还是在上学后，看书是比较早、比较杂、比较多的，从"四大名著"到流行小说，从各种各样的古书，到西方比较经典的和现代的东西，都囫囵吞枣式地阅读了。看书使得同学们了解了国家的历史和文化，也了解了社会，更懂得了人生的价值，这些文学作品，在情感上滋润了大家的心田，在精神上开阔了大家的视野，使大家对世界了解的渴望越来越强烈，对学习艺术的态度也越来越坚定。

学院的学习环境和氛围非常好，但是，对学生促进和压力还是比较大，这种既具有相对宽松和自由的学习环境，又具有激励和促进学生学习的氛围，对同学们的成长有很大的帮助。应该说在那个时候年轻人只有两种娱乐方式，文字娱乐就是看书报，视觉娱乐就是看电影，要说热爱，每个人都是伴随电影成长的，看电影、说电影、侃电影、学电影、讨论电影、争论电影、分析电影成为我们的主要学习方法。看了电影以后，就开始"狂聊"。有的时候，为了电影的一个情节、事件、人物、细节和导演的手法、风格，甚至为了一个镜头，一个个争论得面红耳赤，口干舌燥，激动得可以说上一个通宵。

那时的大学生活是非常单一的，在朱辛庄上学的四个系，其实就像一个超大的班集体，整天在一起上操、上课、吃饭、开会，朝夕相处，有时聚合，有时分开。没有电视、没有娱乐、没有购物。报纸很少、书籍较多、杂志丰富。那时的饮食比较差。经常停电，晚上的自习经常是在烛光下度过的。礼堂、课堂、宿舍、食堂、澡堂成了学生的主要生活场所，图书馆成为大学生活中的唯一汲取营养的源泉。

学院的教学计划非常详细，形式非常多样，经常是有了外请教员，就用上大课的方法合班上课，甚至有其他学院的教师和原来学院的毕业生来讲授一些重要课程的部分内容。根据教学和实习的安排，上课甚至是外出参观、看演出、听报告的形式，内容充实。

学院开学初期，美术系的电影美术设计专业是以培养电影美术设计和电影美工为目标的班级，电影绘景专业（班）则是大美术的观念，是建立在电影美术基础上的布景绘制、天幕彩绘和相应的场景制作上。在后来的学习过程中，教师和学生越来越感觉到这样过于狭窄和硬性的方向规定，不利于人才的培养。学院教师对学院整体学科发展在学术上进行了论证，特别是对电影专业美术设计方向进行了论证及调整。结果，入学不久，美术系绘景班的同学集体上书给文化部教育司，要求扩大所学专业领域和方向，要求把电影绘景专业恢复和改成电影美术设计专业。上述建议很快得到批复，最终决定美术系在学科发展方向上整体淡化具体的方向，不是在学生的学习上使其局限于某一个方面，而是强调能够胜任更多的工作，适应电影创作的多元化要求，从而整体突出大美术专业的观念，将电影美术中的设计、绘景、制景、服装、造型（化妆）、特技、道具等方面的知识全面学习。这样，就将原来的绘景专业统称美术系美术设计专业（方向），使得美术系的两个班编成设计1班，设计2班，按照电影美术设计专业同样的教学方案上课，这是反叛和争取的结果，由此，在学校学生和教师之间产生的学术风波和专业风波才得以平息。

后来，原来美术系绘景班中的王鸿海（山东）、冯小宁（北京）、邹成基（江苏）、张秉坚（上海）、尹力（北京）、何群（北京）、戚健（江苏）、韩刚（北京）都成为著名的电影导演、电视剧导演和电影纪录片导演，为中国电影、电视剧、纪录片的市场拍摄出了许多精品。

当时的学习，面临着电影新旧观念的对立，新的电影思想在不断地冲击旧的观念，同时，由于电影历史的漫长，国家流派的各异，以及电影事件和人物的众多，在电影学习上也存在着新旧电影观念、手法并存现象，所以，教师就得在两者之间进行协调，详细介绍电影的不同，使学生对电影历史和电影创作有全面的了解。

由于刚刚恢复教学，"78班"所拥有的仅仅是非常简单的设备和教学设施，但是，非常传统和实用，对于巩固课程和促进学生基本功的扎实，具有非常明显的教学辅助作用；而且实验课的设备并不缺乏，消耗材料的充足和经费的保障（摄影系的同学外出拍摄给报销交通费），使得"78班"的同学收到了在课堂上达不到的教学效果，不少教师感慨同学在实习、实践课上所产生的突飞猛进的进步。

教师教学的热情和学生学习的热情，被有机地结合在一起。由于大部分学生具有比较多的插队和工作的经验，他们善于理解记忆，善于进行课堂上的充分讨论，最大程度地发挥集体讨论的形式，同时，也在其中融入个人的学习理解和学习意识，努力争取最大程度地实践各种理解和认识。由于同学们的这种独特的提问、思考、讨论、实践的学习方法，也促进了教师教学与学生学习的互动，形成了非常平等的、非同寻常的教学模式，因此这样不仅促进了学生思考的习惯，促进了艺术个性的奠定，也促成了创作个性的成型。

"文化大革命"结束后的文艺界，出现了一股反思热潮和各种各样的艺术思想，"78班"的同学纷纷以各种方式参加社会上相关的艺术活动，部分美术系、摄影系的同学参加了北京的"四月影会"的艺术创作和展览，参加了"星星画展"，还参加了"自然·社会·人"的摄影展览；同时，学生在学校举办各种各样的文艺演出、诗歌朗诵活动，也举办舞会，用学习和创作的行动进行艺术反思和探索。

"78班"同学在学习阶段，经历了电影理论界关于电影观念和电影特性的大讨论的过程。1979年，文学系白景晟先生发表了《丢掉戏剧的拐杖》一文，探询电影艺术与其他艺术的区别和特性上的差异，强调要突出电影艺术的特性；在这一阶段，1979年3月，学院导演系教师张暖忻、李陀夫妇，在《电影艺术》上发表文章《谈电影语言的现代化》，他们从社会现代化、电影现代化的角度，提出电影的语言也需要现代化，并积极地进行理论总结和电影艺术创作上的实践。1980年，电影理论家钟惦棐提出了电影和戏剧"离婚"的理论观点，就是要强调电影的独立和特性以及与其他艺术类型的区别，强调淡化电影中的戏剧性和戏剧的因素，还电影的综合特性。各种各样的杂志、研讨会以及对于世界电影和中国电影的学术探讨，也影响、改变了学生对电影艺术的认识和对社会艺术思潮的理解。

在开始学习的阶段，"78班"同学主要是学习传统电影创作和电影历史及理论，同时，对于社会上的一些新的艺术思潮也在全面了解。当时的一些电影观念，反对电影特色、电影风格的不鲜明倾向，提倡以纪实美学作为其理论依据的电影创作形态，要求电影甩掉戏剧的因素，突破戏剧模式，丢弃戏剧框架，追求纪实风格，营造风格意境等。各种各样的电影观念，对同学们学习电影、全面认识电影产生了极大的帮助。这些纪实理论的熏陶，固然对当时的教育、教学和学生的作业创作形成了一定的影响，但是，"78班"的同学有自己的判断和追求，他们没有完全受纯纪实电影观念和风格的影响，他们在自己的电影作业和短片的创作中，表现出来的完全是自己认识和思考的东西，没有跟风，没有模仿，没有谁能够左右他们，在以后他们自己拍摄的影片中，充分地体现了其对电影的独特追求和独立的美学观念。

78 班同学参加文化部直属艺术院校运动会的足球比赛

北京电影学院 78 班学校排球队

78 班美术系在校运动会上合影

78 班导演系参加学校运动会留影

78班同学参加艺术院校游泳比赛

78班同学参加文化部直属艺术院校运动会

1979年，（从左至右）何群、顾长卫、姚青在学校游泳池边留影

1980 年，田壮壮、江海洋在运动会上合影

王小燕、张丰毅、李耶、陈焱、秦竞红、谢园、贾世泉、潘桦等与三位教职工参加环城跑

教师队伍

北京电影学院的过去和今天的著名，除了自身的教学体系、教学结构和教学内容之外，其根本核心就是因为有一支非常优秀的教师队伍，过去是这样，现在仍然是这样。

北京电影学院从 1950 年成立起，学院的领导、各个系的主任和教师就具有比较丰富的电影创作经验。这是我们国家电影艺术院校当时的教师队伍构成情况的真实写照。

第一任院长章泯先生，是一位著名的剧作家和翻译家，创作了众多的话剧剧本，导演了许多具有影响的话剧作品，翻译出版了各种各样的剧本、文章、论著，而且，后来在中国影坛上拍摄出了一部又一部重要的电影作品。他在中国电影事业和电影教育事业发展过程中，用自己的行为和生命书写下的光辉篇章和历程使后人铭记。

另外一个电影前辈，副院长钟敬之先生，早年是非常优秀的画家，在延安根据地时期，就开始从事舞台美术创作，他和吴印咸都是中国革命圣地延安电影创作和运动的初创者和奠定者。他不但在电影理论研究方面有所建树，而且，在电影美术创作方面也有着宝贵的经验，同时，进行相关的电影艺术研究，培养了众多的学生，更为学院的电影专业教育总结了丰富的理论。

学院的摄影系教师，曾经担任过学院教学副院长、著名摄影师吴印咸先生，是中国早期最杰出的摄影家。早在 20 世纪 30 年代就是中国"左翼电影"的著名电影摄影师。他运用其纯熟的技术和艺术手段参加拍摄了许多经典摄影作品，为我们国家留下了珍贵的影像资料。他在 1937 年拍摄了电影《马路天使》。该影片在技术运用、影调控制、气氛烘托、人物创造方面，无论在当时和现在，仍然是中国黑白电影时代的技术典范和艺术经典之作。那时，他与其他同事研究摄影技术和艺术，自己动手制作相关的设备，同时用自己手中的照相机富于创造性地记录中国社会的变化和人民真实的生活。1939 年他毅然决然地去了延安，在照相、电影方面同时发展。他运用外国友人、荷兰导演伊文思赠送的一台 16MM 单镜头小型手提摄影机和极其有限的一点 16MM 胶片，拍摄和记录了毛泽东主席及其中国共产党人在延安时期的岁月，成为中国革命历史的杰出记录者，成为中国革命的忠实见证人。他还为中国的电影事业教育做出了杰出贡献。

学院各个系的主任，都是专业上的学术骨干和教学精英，具有非常多的教学经验；学院教师也都是具有艺术、制作、创作、教学经验的人，使得学院在建院初期，就具有非常高的专业艺术起点和教学起点，有非常明确的电影艺术教育理念，有非常务实的电影艺术教育思路。

从 1950 年到 1966 年之间，北京电影学院已建成有编剧、导演、表演、摄影、美术、工程等完善的电影制作专业系统，培养了中国早期许多电影厂的专业干部和人才，锻炼了一支非常全面和富有教学经验的队伍。但是1966 年爆发的"文化大革命"运动，粗暴地中断了教师的正常教学，使学院处于瘫痪状态，更重要的是，使教师的才华整整荒废了十年。

1978 年的北京电影学院恢复时期，当时师资和管理人员是齐备的，学院的教职员工总数达到了 350 多人，而招收的学生只有 159 人。教师多学生少，是典型的艺术院校精英培养模式，这也是当时在北京的八所艺术院校的艺术精英教育的真实写照和美好年代。

由于"文化大革命"的原因，学院的教师和当时全国的很多高校教师一样，失去了教书的机会，甚至人身自由。1977年高考恢复的时候，对于高校的教师来说，无疑是黎明的曙光。同样，当1978年需要开始恢复招生的时候，教师从四面八方返回校园，恢复了看书、备课、学习、观片的生活，使创办于1956年的北京电影学院重新焕发出活力，老师们把压抑许久的热情和激情都释放了出来。

当时给"78班"上课的教师，大多是在"文化大革命"后期，从"五七干校"、部队、农村、电影厂及外地被抽调回来的，尽管在专业上荒废了10年，但他们大都是在文化管理、文学创作、电影创作、电影教育等方面工作的专业人士，可谓是济济一堂，几乎没有什么年轻的教师，大多教师都已经是35岁以上了，有的教师已经50多岁。

尽管这些老师年龄从35岁至50多岁，差异比较大，但是他们都非常优秀。当时所有任课的教师，都有一段非常坎坷的经历，但是他们从不在课堂上对学生们发牢骚。他们所做的就是，上好每一节课，正是这些老师，把在"文化大革命"中憋了、想了、学了、看了、悟了十年的东西，集中在教学的过程中传授给了我们，他们不但把教学的心思放到了我们身上，他们也把做人的经验和准则告诉了我们。

对于"78班"来说，教师采用的任何方式、传授的任何知识，学生都是完全地消化和接受。学生学习得如饥似渴，也感染了教师，教师也纷纷下班不回城（回家），晚上在学院给我们补课、开展辅导、帮助讨论、批改作业、编写教材、刻写讲义，他们恨不得在最短的时间里，把所有的知识都传授给我们，也希望我们在非常短的时间里能领悟文化和电影的真谛。

在1978年初学院开始招生的时候，学院当时的实验电影制片厂（建立于"文化大革命"前）已经在组织教师与其他电影单位合作拍摄故事片。这时，由学院教师参加拍摄的故事片电影《火娃》也同时开始拍摄。新生开学后的一个月，即10月，《火娃》拍摄完毕，并且，经过电影局审查通过，在国内开始发行。学院教师的电影创作与新生入学是同时进行的，说明"文化大革命"后的学院教师队伍已经具有了坚实的电影创作基础和水平。

紧接着，1979年3月，由学院实验电影制片厂负责摄制的、学院"文化大革命"以后的第一部自主投资、策划、出品的故事影片《樱》开拍，由导演系教师詹相持编剧并和导演系韩小磊老师联合担任导演，摄影系教师曹作宾担任摄影师，美术系教师吕志昌担任美术设计，这是北京电影学院在"文化大革命"以后，在恢复招生的同时，独立出品、拍摄的故事片电影，在学院学术建设上、在教师独立创作上、在学院教学形式上、在锻炼教师队伍上、在积累创作经验上、在北京高等艺术院校的学术建设上，具有划时代的历史意义。

5月，应新疆天山电影制片厂的邀请，导演系教师王心语、谢飞、郑洞天，摄影系教师孟庆鹏、张永安，美术系教师李居山等，担任故事片《向导》的主要创作人员，这一方面说明在"文化大革命"后北京电影学院的教师具有独立创作的能力，一方面说明社会上对电影学院的教师在电影专业上的认可程度。

与"78班"同时进校学习的学院表演师资进修班的学员，在入学学习的一年时间里，排练了话剧《雷雨》《哦！大森林》，并在北京开始公演。《哦！大森林》剧组的演出，在社会上产生了比较大的影响，在学院的整体教学安排下，8月份该剧组赴东北伊春小兴安岭林区进行慰问演出。

10月，学院的电影《樱》拍摄完成，同时，学院实验电影制片厂经上级主管部门批准，正式更名为北京电影学院青年电影制片厂，作为北京电影学院青年电影制片厂的第一部影片，经审查通过，准予在国内外发行。同时，该影片获得1979年文化部优秀影片奖。这是学院在恢复招生以后教师参加电影艺术创作所取得的第一个创作成就和学术成就，也证明了电影学院教师的艺术水平和教学实践水平。

1980年4月，由学院青年电影制片厂组织、策划，导演系教师张暖忻担任导演，摄影系教师鲍萧然担任摄影，美术系教师王砚缙担任美工的，反映国家体育战线排球运动员的故事影片《沙鸥》开始正式拍摄。

这期间，学院青年电影制片厂与峨眉电影制片厂联合摄制的故事片《竹》，由导演系教师汪岁寒改编，并和导演系教师司徒兆敦联合担任导演，摄影系教师廖家祥担任摄影，美术系教师王树薇担任美工，他们组成摄制组开始拍摄。

5月，学院青年电影制片厂与峨眉电影制片厂联合摄制的故事片《舞恋》，由导演系教师江世雄、文伦联合担任导演，摄影系教师曹作宾担任摄影，美术系教师何宝通担任美工，开始拍摄。

6月，表演系教学实习影片《百合花》（编剧：张昕、海音）、《端盘子的姑娘》（编剧：李茸茸）分别由表演系教师钱学格、张昕和马精武、刘诗兵担任导演，摄影系教师孟海峰、顾文凯担任摄影，美术系教师刘光恩和王兴来担任美工，先后成立摄制组，开始拍摄。

1981年8月，由学院青年电影制片厂组织、策划，导演系教师郑洞天、徐谷明担任导演，摄影系教师周坤、顾文凯担任摄影，美术系教师刘光恩、王鸿海、尹力担任美工的故事片《邻居》正式投入拍摄（我参加了该影片的拍摄并作为毕业作业）。

1981年，影片《沙鸥》获得了文化部优秀影片奖。

1982年，在第二届全国电影"金鸡奖"评选会上，由学院青年电影制片厂拍摄的故事片《邻居》获得最佳故事片奖、最佳道具奖（青年厂刘清标）；影片《沙鸥》获得导演特别奖、最佳录音奖（录音系张瑞坤）。

7月，导演系、表演系、摄影系、美术系、录音系"78班"本科生先后完成了联合毕业作品影片《结婚》《我们还年轻》《红象》（由儿童电影制片厂出品）及在指导教师参与下的由青年电影制片厂和潇湘电影制片厂联合摄制的影片《陈焕生上城》。

8月，由学院青年电影制片厂组织、策划的故事片《青山夕照》成立摄制组，由学院副院长赵明、导演系教师司徒兆敦担任导演，摄影系教师鲍萧然担任摄影（我那时刚刚留校任教，担任副摄影）。

上述情况的记叙，说明学院在恢复教学的过程中，两手都在抓，一方面，学院迅速恢复教育、教学秩序，使教师在各个教学岗位上迅速发挥自己的教学作用；另一方面，学院通过各种各样的方法和渠道给教师众多的艺术创作实践机会，使教师在很短的时间内，恢复电影创作的状态和水平，了解国家电影创作技术、艺术的情况，并使之完全运用到教学的过程中去。更为重要的是，这时在学院给"78班"担任课程的教师，都是电影创作上的佼佼者，也是当时社会上杰出的电影艺术家。

另外，学院在教师队伍的使用和安排上，也很有特色。在"78班"整体的教学上，有意识地在整体教学计划内，在一门课程当中，安排众多教师参与上课，开创了电影学院教学的历史之最，这也成了北京电影学院教学的一个重要特征。

1. 曾经给导演系"78班"本科担任专业课的教师名单：

汪岁寒、张客、司徒兆敦、陈文静、许同均、孙敏、徐燕、徐谷明、谢飞、郑洞天、田金夫、文伦、干学伟、王心语、韩小磊。

2. 曾经给表演系"78"班本科担任专业课的教师名单：

钱学格、张昕、孙铮、海音、张岱宗、文玮、李苒苒、李慧颖、齐士龙、王承廉、朱宗琪、马精武、吴青、刘绍荃、王承廉、安琪、张慧君、孙凤琴、陈德龄、侯寄南、李庆如、陶福庆、文婉琳、夏伯华、宗德新、马丁、陈珂、王淑玉、徐克之、龚中艾、王江、牟凤兰。

3. 曾经给摄影系"78班"本科担任专业课的教师名单：

姜增璜、吕国庆、潘益坤、廖家祥、张益福、孔祥竺、马松年、陈慧英、孙明经、孟庆鹏、沙占祥、刘国典、郑国恩、韦彰、赵凤玺、张永安、孟海峰、李景忠、曹作宾、裴治、张海山、鲍萧然、甘泉、邵荣、顾文凯、李丽麟、马延霁。

4. 曾经给美术系"78班"本科担任专业课的教师名单：

李居山、葛维墨、吕志昌、王树薇、何宝通、陈荣琚、李勇新、周登富、李书安、宋鸿荣、王砚缙、赵福谦、何重礼、邓淑民、刘光恩、邢正、康琳、程宗敏、倪震、郝国欣、蒋采凡、邬强、叶武林、虞伯旸、周美娟、钱运达、阿达、浦家祥、孙滋溪、王德娟、阎振铎、邹晶坤、卫祖荫、何重义、毛凤德、范曾、许麟庐、启功、王遐举、韩美林、李燕、刘勃舒、秦威、俞翼如、周菱、吴达志。

5. 曾经给录音系"78班"本科担任专业课的教师名单：

胡伟立、于海清、阮允斌、林达惆、徐健、李瑞南、武建、陈汀声、梁洪才、黄晏如、王俊之、苗正明、吴恩佑、孙良录、孙明华、隋锡忠、张瑞坤、李海涛、穆晓澄、张亚玲。

6. 曾经给"78班"本科担任过全院共同课、基础课、选修课及讲座课的教师名单：

舒晓鸣、余倩、白景晟、杨大伟、朱青君、张爱华、汪海、赵德龙、姚辉翔、胡履贤、王明哲、吴达志、程永江、周明、汪流、王迪、汪岁寒、郑国恩、张暖忻、王树薇、吕志昌、王言晋、谢飞、齐士龙、林洪桐、王铭、周传基、杨大伟、王金山、尹一之、周明、何为、颜长珂、丁力、傅正义、王雄。

（注：上述教师中有一些是其他高校的专业教师，也有艺术界和相关领域及各个电影厂的专家。）

上述教师的名单是根据学校"78班"部分同学的回忆整理出来的，难免挂一漏万，如遗漏掉部分教师，在此表示歉意。

其中，由于学院的教学安排，上述各个系的教师，有的分别给其他系的"78班"的同学上过各种各样的课程，我们就不在这里一一列出了。

那时学院的教师年龄差异比较大，但是均学有所长，专业对口，或者是有比较多的电影创作经验，他们虽然来自不同的地方，却彼此精诚团结，竭力工作，没有成见，没有矛盾，互敬互谅，团结协作，都真诚希望"78班"的学生在专业基础上能扎扎实实地学习到东西，继承学院从各个方面传承下来的传统，学会做人，学会做事，有端正的文艺理想，不但学习新中国成立以后的优秀电影精髓，也要研究"文化大革命"期间电影中出现的问题，恢复电影的神圣，掌握电影的技术，了解电影的艺术，掌握各种各样的风格、流派、方法。

朱辛庄时期教授"78班"的老师们，他们的教学态度是严肃的，对教学计划贯彻坚决、彻底，对同学有责任心、宽容心，充分理解和允许同学自由思考，充分放手和帮助同学自己进行创作，注意基本功，注意技术的运用，注意元素的学习，为"78班"日后的发展打下了坚实的基础。正因为如此，才有了"78班"后来的艺术创作上的突飞猛进和创作个性的发展。

在学院学习的时候，"78班"同学太年轻了，并不能感受到教师的辛苦。当时的教师早上要很早起来，坐四五十分钟的班车到朱辛庄，然后马上上课，中午没有地方休息，很快就上下午课，4点多再乘坐班车回城里，到家也都是6点左右了，无论冬夏，风雨无阻。

正是由于学院教师有如此优秀的品质，并精心培养，才有了"78班"的成长。坦率地说，"78班""第五代"中国电影人之所以有今天的成就，除了历史、经历、时代、社会、磨炼，给了他们无法形容和无法比拟的东西，主要是因为这些教师慧眼选拔了他们，又是这些教师培养了他们。正是这些教师成就了这所著名的电影学院，才最终创造了科学而又完善的教育、教学体系，也正是在这些教师的辛勤浇灌下，"78班"的学术之花才得以绽放，才最终创造了中国电影的辉煌。

2002年2月17日下午，82届（"78班"）同学20年聚首的时候，陈凯歌感慨地说道："我们都经历过人生中最为重要的时刻，其实，我们和老师的关系十分地密切，热爱他们是肯定的，我们从心底怀念他们，特别是那些已去世的老师。我们上学的时候，与老师也不是完全没有矛盾，也别说什么都好，什么都没问题。但是总的来说，老师给了咱们很多东西，而且，这些东西都是不便在别人面前流露的。咱们大学四年学了什么，自己心里清楚，内心非常感激老师，这个是没问题的。但是，今天确实很遗憾，特别是我们导演系好多老师不在了，我们总觉得有点缺憾，其实我们特别需要这些老师，没有老师，我们哪有今天呀？哪有'78班'？哪有'82届'呀？"

1982 年，毕业典礼后表演系师生合影

1982 年，毕业典礼后美术系师生合影

1982 年，毕业典礼后摄影系师生合影

1979 年，王左、张艺谋、张会军、顾长卫与广院老师合影

1980 年冬天，摄影系全班合影

1980 年冬天，摄影系全班合影

录音系全班合影

教学实施

1978 年，北京电影学院的教学，实际上也正处于中国改革开放和思想解放运动的热潮中。改革开放，给科技、教育带来了强大冲击，人们听到的是国际、国内各种各样的信息，面临着各种各样的选择和实验的机遇，教师可以随时随地感受到西方政治意识、教育思想、文艺思潮对我们学生的影响。这使得许多高校负责人，也在考虑刚刚恢复的高等教育的路子怎么走？"文化大革命"以后的电影高等专业教育面临百废待兴的局面，特别是电影创作（制作）人才青黄不接，电影的拍摄数量极低，电影水平相对也比较低。电影观众的数量虽然多，但是，当时的电影只有教育功能，严重缺乏娱乐的因素，那时的中国电影市场非常大，而我们生产的电影远远没有办法满足广大人民群众的需求。

当时，正值国家刚刚改革开放的时候，教师上课，不可能不谈及思想解放、文艺思潮，所以，在课程主要内容完成的情况下，也对其进行一些介绍。"78 班"的同学在当时的情况下，迫于"文化大革命"后的电影专业环境，也基于当时国家的物质生活严重不足的事实，学生似乎对这些所谓的新思潮、新观念没有过多的盲目和崇拜，只是将其作为学习的内容之一进行了解和学习。在这样的情况下，同学们还是热心于传统的教学与课程，也比较关注学习，而不过于关心其他的东西，因为"78班"的同学已经在社会上看到了更多虚的东西，也在社会底层经历了人生最有意义和最困难的时光，所以我们有一些自己的判断，有自己的认识。随着电影学院恢复招生以后，学院领导和教师首先想的就是，我们的教学和人才的培养定位在什么地方？教学上采取什么样的方法实施？怎么样有效解决新的社会思潮、文艺思潮与电影传统专业的关系？如何马上在教学计划上、教学进程上可以使学生尽快进入学院营造的教学环境。实际上，教学氛围是学校和学生自己营造的，一旦建立了，同学就开始进入这样的学习氛围，就开始如饥似渴地潜心钻研。

由于"文化大革命"的原因，北京电影学院的教师和当时全国很多的高校教师一样，干什么的都有，他们失去了教书的机会。1978年的招生，像吹响了冲锋号一样，使他们重新焕发出活力，老师们终于可以把积攒和压抑了十年的激情都释放出来。

这些教师的确很优秀。当时，教我们各学科的老师，有着各种各样的想法，有着十八般武艺。"文化大革命"当中他们憋了十年，社会不让他们教书，让他们去种地、种树、盖房子、种白薯、种玉米，这些老师在那个时候简直就是报国无门。1978年，北京电影学院招生使他们重新获得了教书的机会，他们将自己的全部精力都放在了"78班"的学生身上了。在教学中，正是由于有了这些教师，使得教学计划得到了全面的实施。

在艺术院校教学实施的过程中，有的专业（表演居多）一般都实行"主任教员"制，所谓的主任教员，实际上就是负责带某个班级（一般是四年）的教师，招生工作、教学实施、班主任工作、辅导员工作、教学组织、教学协调，全都是这个"主任教员"进行管理。而实际上，招生工作并不是这个教师说了算，教学安排也不是这个教师说了算，都是由系里的系务委员会集体讨论决定的。所以，一些学生考上艺术院校的某些专业以后，都说要感谢这些"主任教员"，这是目前我们一些艺术院校的学生最不切合实际的看法，是一种错误的理解。考生录取，固然"主任教员"有部分作用，但是，招生考试小组的教师集体判断和考试价值取向，以及最终系里领导的讨论影响着录取结果，这些才是决定的因素。一个学生的成长，是这个学校集体的智慧，也是学校教学环境培养和氛围熏陶的结果，不是一个系、一个"主任教员"的功劳。

其实，从"78班"开始，电影学院就开始实行这样的教学管理和实施模式："主任教员"只是负责一个本科班四年教学的实施工作，教学计划、课程设置、教学过程，都是系里安排好的。一个主任教员，不可能完成全部的专业课教学工作，如果这样做，既不利于学生汲取不同教师的经验、方法，也不利于专业课的教学。教学中的任何问题，都是在系里的领导指导下予以解决的，主任教员是负不了这个责任的。所以，电影学院从招生开始，就执行由系里集体制定教学计划，由"主任教员"具体负责实施，最终系里教师接力完成教学环节任务的模式。

当年各个系的教学实施，非常具有个性，根据自己专业的目标、要求，选择自己的标准、经验、感觉、判断来进行落实。各个系很关注教师的个性化教学，关注学生的这种很个性化的思维方式，不搞表面化，不喜欢随大流的那种东西，就是进行完全实用、完全个性化的教学。现在回过头来，很多人都在问，说你们"78班"上学的时候是不是非常幸福。可以这样说，第一，我们教师多，当时，"78班"所处的环境，生师比是全国高校最好的；第二，教学方法灵活，形式多样。同时，我们学习很刻苦，很执着，也是很认真的，同学们首先很热爱这个专业，在教师实施教学的过程中，认真跟着老师学习教学内容，把老师的方式和方法学会并把它贯彻到底。我们学习的时候没有任何口号，也没有那么多表面文章，就是像海绵吸水一样拼命地吸收营养。学校有一门课叫《中国电影史》，把从1905年到80年代的中国各个时期的电影，除了"文化大革命"当中一些很少看到的电影，几乎将一遍，讲、看、分析、讨论，能看到的就看，看不到的就讲，使同学们对中国电影有了一个非常全面的认识和了解。

当时学院在教学上的师资是十分齐备的，同时在教学课程的教材上也是非常齐备的。除了有国家统一的教材外，还有教师编写的教材，形式有油印的和手写的，所编写和刻印的教材编排非常精细，钢板字刻写得非常漂亮。

30 年后的今天，许多"78 班"的同学对于当年上课的具体情况和具体课程已经记忆不清了，但是，当年我在上课的时候，有比较详细的课堂笔记，所以得以查阅了全部的资料，记录了当时在学院给摄影系"78 班"（也有部分其他系的同学）上课的教师名单和上课的课程。值得指出的是，摄影系的这些课程，大多数是和导演系、美术系合班上的，甚至所有安排也是完全一样的：

《艺术概论》是学院几个老师（包括外请的教师）接力完成教学的，当时的《艺术概论》，文化部有一个范本教材。老师特别对艺术原理的东西讲授极为细致，也比较客观，介绍了作为艺术的文学、美术、音乐、戏剧、建筑、舞蹈、电影的特点和基本发展，对于学习艺术、学习电影的同学认识艺术、认识历史、认识电影有非常大的帮助。

《影片分析》课程：

汪岁寒老师讲授《南征北战》。他讲述了有关这部电影的历史与创作过程及影像的最终完成情况，述说了制作上的技巧；同时，将中国的历史和电影风格结合起来讲解了一番。

白景晟老师讲授《罗马 11 点钟》。他对这样一部风格独特的电影给予了细致的分析；同时，还讲授了意大利新现实主义电影，他把这部电影与西方其他电影进行了对照，从而对意大利新现实主义电影的经典特色进行了系统总结。

郑国恩老师讲授《夏伯阳》《小花》。他就苏联电影的诗意和中国新时期电影的浪漫情怀分别给同学作了影像效果上的技术分析和艺术分析。

张暖忻老师讲授《小花》。她的讲授刻意将新时期电影与自己关于电影的观念和视听思维结合起来，对于导演的叙事结构、表现风格、影像表达进行系统的总结。

北京电影制片厂刘义（美术设计）老师讲授《小花》。由于《小花》在当时的电影语言表现形式上充满诗意，所以老师主要讲授了在美术设计和视觉造型的处理上怎样帮助导演完成影片的视觉表现的问题。

白景晟老师讲授《生死恋》。《生死恋》是当时从日本引进的在中国影响最大的电影，男主人公的忠诚与谦和，女主人公的漂亮和纯情，为中国的观众所喜欢，特别是女主人公的扮演者栗原小卷，给中国观众留下了十分深刻的印象。白老师对电影的主题进行了分析，同时，对于电影中高速摄影对于往事回忆的表现，达到了极为煽情的作用进行了全面的讲授，特别是对电影中所运用的声画对位、声画对立、画外音运用等具体手法，进行了非常详尽的解释。

其他系的专业教师或者外请教师，分别或者单独给我们"78班"上的一些专业基础课程：

《电影美术构图创作》由美术系王树薇老师讲授。他主要讲授了怎么样给导演和摄影的拍摄提供更多视点；在一个有限的空间里创造无数的构图；同时，从营造画面的角度，探讨了摄影如何设计画面和构图。

《电影美术设计、制图、识图》由美术系王言晋老师讲授。在教学中，他让学生在各自专业的基础上，知道美术设计的意图，知道美术场景的制图，知道美术设计的标图方法和方式，在原始拍摄的阶段，就对未来的电影表现空间有一个基本的想象。

《电影美工》由美术系吕志昌老师讲授。重点介绍电影美术于拍摄阶段在现场的工作任务和程序。由于拍摄的阶段性，每一个镜头都要进行布置和整理，所以，电影美术工作是随时随地的。

《电影美术设计》由美术系李居山老师讲授。他从电影的整体美术形象和观念的角度，讲授了电影美术设计的重要性和意义，重点阐述了其与其他部门的关系，怎样完成从设计到实施的过程。

《导演概论》由谢飞老师讲授。他对导演这个专业的性质、任务、目的、责任、工作、范围、程序进行了详细的讲授，同时，对导演在拍摄现场与其他各个部门的协调等问题进行了深入的分析。

《电影表演艺术》由表演系孙征老师讲授。他主要是讲授表演观念上的东西，使我们对表演有了一个宏观的了解，也对表演的创作过程有了一个清晰的认识，对什么是表演艺术有了一个深刻的理解和认识。

《电影演员的表演形象创作》由表演系齐士龙老师讲授。在上课的过程中，齐老师除了进行细致的表演创作、形象塑造等方面的理论讲述之外，还特别带着"78班"摄影系的同学，排练了一些表演的片段，进行了一些必要的表演练习，增加了同学对表演的感性和理性的认识。很多同学在表演的过程中，对人物的塑造、信心的建立有了新的认识，特别是对如何进行摄影镜头的调整和拍摄，如何进行光线的处理，有了全新的认识。

《电影表演的特性》由表演系林洪桐老师讲授。从理论的角度，对表演的特性、特点、特征、特殊意义进行讲解，结合戏剧、戏曲舞台表演技巧，给了我们很多理论上的关注，很大程度上帮助我们在理论上认识了表演创作的核心。

《电影音乐创作》由中国电影乐团王铭老师讲授。他首先是一个作曲家，他结合电影的特性和音乐的特性，结合自己在电影中的音乐创作作品，进行了视觉和音乐的分析，使我们对画面、声音有一个特点和特性的比较，知道在创作的过程中，应该怎样在技术上、艺术上使劲儿。

《科教电影创作》由科教电影制片厂张清老师、摄影系甘泉老师讲授。科教电影创作是摄影系四年级的专业课课程，讲授的学时比较多，时间比较长，基本上都是在新街口的科学教育电影制片厂上课和实习。早上跟学院的班车到城里，晚上跟班车回到朱辛庄，比较辛苦。张清老师是科影的著名编导，甘泉老师是学院摄影系在科影进行创作的老师。那时的中国电影在世界电影节上获奖最多的是科学教育电影，这两位老师拍摄的科教电影作品都在国际电影节荣获了比较高的奖项。他们从科教电影的创作规律上，从科学与视觉的结合上，给我们进行了具体的讲授。

《电影声音》由电影理论研究室周传基老师讲授。对声音要素中的对白、音乐音响进行了理论分析，对不同时期、不同国家的电影声音风格进行了解读，使同学们知道电影声音在 20 年代（1927 年出现有声电影，1928 年电影解决了声画同步问题）的出现，对电影历史的贡献和对电影表现手法的丰富。

《西方电影史》由电影理论研究室周传基老师讲授。周老师是一个信息量大、观点尖锐的教师。由于他懂得外语，所以在讲授的过程中，经常是看着原文版的片子进行上课，不但讲通常的观点，也讲授自己的观点，还介绍一些比较偏激的观点。由于在他的西方电影史课程上看了比较多的典型片段，又听了他细细的分析，对于我们了解电影创作的中国化，把握影片结构有非常大的帮助。

《电影技术概论》由杨大伟老师讲授。他系统地介绍了电影发展的技术历史，使同学们知道电影制作对技术的依赖。其主要的章节是：第一章：电影技术发展简史；第二章：电影影片生产组织及工艺过程；第三章：电影摄制过程。

《文学作品分析》是由多个教师接力完成的。我现在仍然认为，这样的教学，在大学是最理想的教学方式，但是，所开课程的教学计划要十分详尽，教学内容的界定要十分清楚。这样学生在接受信息的同时，可以感受到不同老师的讲授风格，也可以感受到对同一问题的不同看法。

《外国电影概论》由白景晟老师讲授。主要讲了电影的诞生及其先驱者；"先锋派"电影、苏联（俄罗斯）电影——普多夫金、爱森斯坦、好莱坞电影；电影样式（西部片、歌舞片、喜剧片、强盗片、战争片、恐怖片、伦理片、探险片、传记片、侦探片、儿童片）。同时讲授了《当代电影》（新现实主义、法国新浪潮电影）。

《中国美术史》由中央工艺美院程永江老师讲授。他非常具有激情和细致地讲授了俄罗斯画派，讲授该国美术的历史、特点。画家给我们留下了深刻的印象。他给我们开出了关于中国美术史方面的参考书目有《古画品录》《历代名画记》《唐代名画录》《图画见闻志》《画继》《画鉴》《画

1982 年，日本录音专家高岛先生给录音系学生讲课

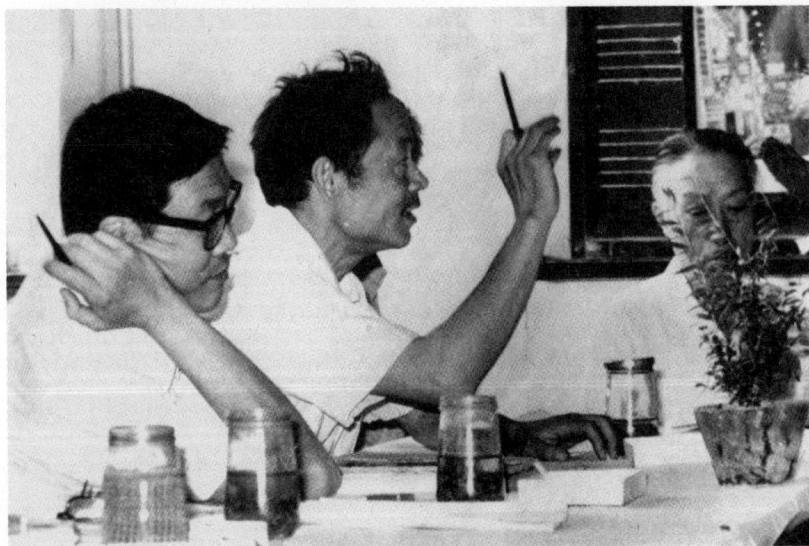

80 年代初期，赵明副院长（右）与美术系吕志昌（左）、李勇新（中）老师一起研究教学工作

外国电影专家给摄影系 78 班的同学上专业基础课

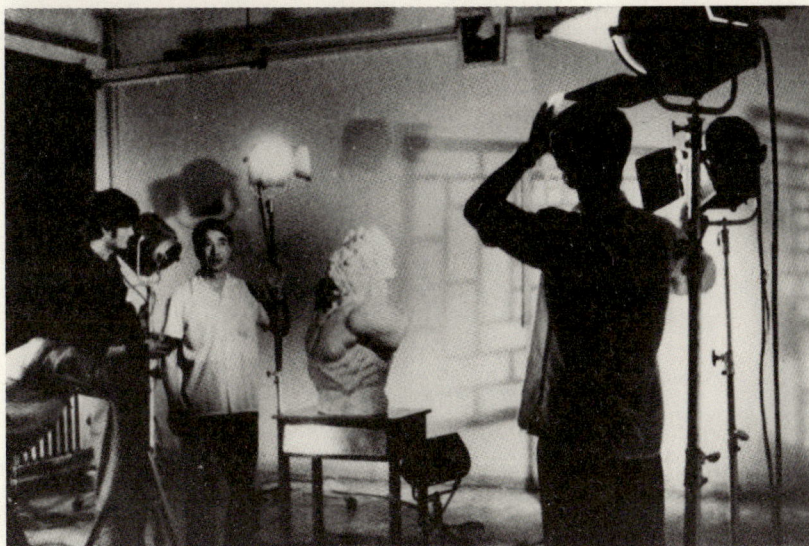

孔祥竺老师指导摄影系 78 班的学生拍摄作业

绘宝鉴》《读画录》《画语录》《对中国画的六法研究》《文物》《美术研究》《美术》《广艺舟双辑》《书法论丛》《中国通史简编》《中国文学史（插图本）》《人间词话》等。结合课程，讲授了中国博物馆馆藏中国画作品，几位教师分别分析了顾恺之、陆探微、张僧等人作品，还讲授了中国书法史，分析了王羲之等书法大家的作品。

《西方美术史概论》由吴达志老师讲授。他极其详细地介绍了一遍西方美术的发展，特别是结合各个国家的历史、文化、经济、民族讲授了美术作品对国家文化的贡献，让我们细细品味了西方著名的美术作品。

《电影剪接》由北京电影制片厂傅正义老师讲授。他重点讲授了电影生产创作方面的三个问题：电影剪接的性质、任务和电影的组接（镜头的组接）。

《电影的配光技术》由北京电影制片厂王雄先生讲授。他讲的主要是以下问题：电影后期样片制作，一校、二校、三校拷贝制作的调色、调光的处理，翻底拷贝和对于大量样片的制作的技术流程和控制方法。

学院的课程中包括《外国电影史》《中国电影史》《艺术概论》《美术作品分析》，基本上各个系根据专业的情况设置不同的课程。

电影学院的课堂，是教师进行人生观、世界观、价值观教育的主要场所，所贯彻的是教书育人的宗旨，也就是说教书先教学生做人，同时，对学生进行独特的艺术思维和观念的培养。

在学院广为流传的导演系的一个经典故事：司徒兆敦老师在"文化大革命"中惨遭迫害，在监狱被关押数年，但是精神仍然十分矍铄，他在给导演系"78班"上第一节课的时候，开口就说，"今天我在这里教你们，希望你们在电影学院学习后，在你们毕业的时候，在各个方面要超过你们的老师，假如那个时候你们仍然是28个'小司徒'，你们也就彻底完了，那么就对不起这个学校。"这席话充分反映当时从干校、农村、工厂回到校园的教师的想法，也看到了作为教师对学生的期待。导演系司徒兆敦老师的这种希望和追求，也体现了学院"尊师重道"对学生的要求和影响。

今天说起这段故事，仍然令导演系的同学们感动和回味。

导演系张客老师，是一个资深教员，不但有着非常丰富的导演、表演经验，在教学上也有着独到的方法。他对教学非常认真，讲述非常细致，在辅导导演系学生实习和排演话剧《骆驼祥子》的过程中，多次进行讲解。例如：在胡玫表演和排练时，张客老师在现场进行指点，给她和其他同学讲解什么是规定情景，什么是设计和组织，讲授真说、真听、真看、真感觉的意义，帮助其分析戏剧情节、人物关系，告诉学生学习的方法和窍门，告诉学生处理正常事件、反常事件的方法，同时告诉学生"规定情境"、"情理之中、预料之中；情理之外、预料之外；情理之中、预料之外；情理之外、预料之中"的辩证与因果关系，使同学有比较多的现场感受，事实证明，艺术院校的这种现场讲授和边讲边做的方法，对同学的学习是十分有效的。

徐谷明老师是一个快言快语的老师，她不但具有非常好的俄语基础，而且对苏联电影有比较独特的研究，她在学生观看了苏联的经典电影《战舰波将金号》《母亲》《夏伯阳》和《我们来自喀朗斯塔得》后，便对苏联的各个时期电影和导演的风格进行了理性和感性的分析，并结合苏联表演学派和蒙太奇学派的基本理论和电影具体创作技巧，给导演系的同学讲解了诸多技术、技巧，灌输了其无限的创作希望，也使同学对苏联电影的特点有了非常多的了解，知道了电影创作的风格和表现形式，这对于导演系同学后来的创作有着启发和引领作用。

摄影系的基础技术课程，可以说是奠定了摄影系同学扎实基础的课程。其中，感光化学、胶片原理、镁光基础、镜头技术、滤色镜原理、照明技术、电影摄影机等，为同学们学习摄影艺术做了非常扎实的铺垫，也为同学们后来的创作解决了许多根本的问题。

北京电影学院在1978年的教学实施，具有非常鲜明的特色，其教学实施包括三方面内容：（1）课堂教学实施环节；（2）电影系统观摩环节；（3）课程实践教学环节。其中，课程实践教学环节包括了作业拍摄和毕业电影拍摄两方面内容。

尤其是在课程的课堂教学实施环节上，是讲授与实践的形式并行实施，其讲授、示范、实践、讨论、实习、实验和拍摄都取得了相应的效果，同时，在课程的内容安排上，也尽可能地丰富多彩，在技术、技巧、技能训练方面，实用性和科学性的结合方面，特别是电影制作专业的教学条件方面，无论是当时还是现在，都是相当优越的。当时国内一流的学者经常被请到学院讲课。

据著名导演、导演系"78班"学生吴子牛回忆，"78班"的课程，在课堂教学实施环节体现了整个的培养方案和教学计划，讲授与实践基本上同时并行。导演系的表演课讲授和实践，似乎训练得更为扎实，也对同学们有更多的关照，整整持续了两年，基本上是循序渐进、扎扎实实的过程，教师对这些课程和基础教学以及对学生们倾注了心血和汗水。吴子牛说："所有表演课程的讲授，给我们留下了宝贵的财富。我们28个人都有自己的起步，至今还记忆犹新，比如赵劲在地上用粉笔画了一条线，一步跳过去便完成了小品'过桥'的表演；田壮壮收拾东西，翻过窗户回身喊了句：'我去延安'；李晓军做出挎枪状，在课堂上呆站了五分钟，弯腰捡起一张纸，便去追特务……"

教学实施的另外一个重要的环节，就是电影系统观摩环节。"78班"在学习的过程中，对中国电影的"占有"是当时全国最"得天独厚"的。首先，由于文化部管电影，所有每年新出的电影，我们一个都不少地全部"一网打尽"，这对"78班"在四年学习期间对"文化大革命"以后的电影创作了如指掌，也决定了他们对中国电影的"取舍"与"扬弃"。当时，对中国电影的系列放映，使"78班"的学生至少比所有的电影人能多看几百部中国影片，其中不乏国内一些优秀的影片，使得他们知道了近现代电影的走向和审美风格。对这些电影的定量、定时、系统的观摩，在一定程度上影响了"78班"的电影观念，导致后来"78班"毕业以后的电影创作与中国电影中的那种缺乏真实性的电影风格彻底"决裂"，才产生了例如像《一个和八个》《黄土地》《大阅兵》《红高粱》等与传统中国电影完全不同影像和风格的比较现实主义的电影。

从电影历史上研究，"78班"的毕业其实与中国"第五代"电影没有什么因果关系，但是由于学院电影中电影系统观摩环节的作用，所以在因果关系上构成了联系，集中出现了"集体反叛"，标志性地出现了风格样式基本相同的电影，出现了对社会思考与反思的电影，出现了与中国其他电影样式不同的电影。这样，在效果上，体现了中国电影专业教育的另类成果，表达了对中国传统电影制作的集体"越轨"，实际上成了"学院派"的集体宣言。

这种结果体现了中国电影专业教育的"异军突起"，也显示了中国电影教育与世界的接轨，虽然今天的中国高等电影专业教育已经"百花齐放"，已经不再具有独家经营的色彩，但是中国电影专业教育的这种非常鲜明的特色，学院电影教育、教学实施过程中的课堂教学实施环节、电影系统观摩环节、课程实践教学环节三方面内容，已经成了中国电影教育的经典，使北京电影学院处于世界电影教育的特色状态和领先水平，具有独特的教学优势。

摄影系的课程之难，是我们所想象不到的，是一个"炼狱"的过程。从基础课程的《电影胶片原理》开始，就要学习感光化学，学习卤族元素，背诵门捷列夫周期表（化学元素表），还要用到化学的各种各样的方程式，例如"氧化还原反应、置换反应、复分解反应"，要求会进行计算、进行分析，会写出反应方程式，对相应的2价、3价的元素会背出来，甚至在技术课程中，不但要进行数学方程运算，还要运用到对数的原理，这些东西，对于一个没有中断学习的高中毕业生是没有任何问题的，但是，对于我们这些在社会上闯荡了多年的非应届毕业生，简直是一个高难度的课题。但是，学习这些东西，对于我们后来的电影摄影技术控制，胶片性能的掌握，后期的洗印，具有至关重要的作用。而后面的《照明技术》《摄影镜头》《光学镜头》《电影摄影机》等课程，涉及电学、光学、机械学、物理学等自然科学的知识，对摄影系同学来说，在自然科学的技术层面上压力是比较大的。

　　记得第一次全班摸底，对班上的同学进行关于物理和相关技术方面的测验，有一大半同学考得不好，我和张艺谋测验都不及格。说实在的，我俩的年龄在班里算大的，一时间弄得压力挺大。当时，我们俩全傻了，我看张艺谋好几天晚上都不说话，因为我是班长，竟然考试不及格，也脸上无光，一个多月抬不起头来，思想压力非常大，也没有地方可以去诉说，更没有什么办法可以补救，只有从头学习，争取下次考好。我和艺谋下了狠心，玩命学习，别人都回宿舍了，我们还在教室复习，复习的时候，互相提问，相互解答。最后，甚至可以对技术问题、数字、公式、推算，达到倒背如流、百问不倒的程度。最终，在该课程期末考试的时候，考出了非常好的成绩。摄影系的教学涉及化学、物理、数学多个学科，其应用的层面比较多，随着学习的深入，我们开始熟悉和掌握一些技巧、方法，学习成绩也开始逐步好转。当时，大家各有所长，没有一边倒的情况，因为学习是相互促进的。

　　在大学三年级，摄影系上《电影摄影创作》课程的时候，组织我们去北京电影制片厂拍摄现场参观。当时，北影厂著名导演崔嵬、陈怀恺在拍一部电影叫《铁弓缘》（京剧类型），当时的摄影师聂晶是北京电影制片厂非常有名的摄影师。现场拍摄非常有秩序，我们看到了整个拍片子的过程和制作方法，也集中观看了片子的拍摄过程中，导演工作和摄影师的工作步骤。这时，我们发现，给摄影师当摄影助理的人（也是北京电影学院摄影系的毕业生）年纪已经很大了，大概有五十多岁了，但还仅仅是一个副摄影，还在给做着量光这样的工作。因为此事，我们回到宿舍以后心情特别沉重，觉得摄影这个职业非常严格，要论资排辈，就是说，即使我们作为摄影系的毕业生毕业了，也还是要像这样，在开始几年要熬时间，直到有机会才有可能当上摄影师。如果按照这样的电影体制的话，我们得到一个很大的年龄才能胜任摄影工作，才能拍上电影，想到这些，大家心情很沉重，但即使是这样，也觉得不管怎样也得坚持好好学习，也得把学的东西掌握住。

从历史上看，"文化大革命"以后中国社会的复苏，首先是文化先行和文艺开放，各种各样的图书、音乐、电影、绘画、服装等率先在国家和人民中产生影响。在那个时代的影响下，我们对电影学习中的电影历史开始痴迷。当时，对我们产生重要影响的有以下几种类型的电影。

（1）好莱坞 20 世纪三四十年代电影。那时的"78 班"，对美国好莱坞三四十年代的经典电影（看到的多数是黑白片）从新奇到平淡，随着观摩的增加，开始仅仅是记住了明星，导演、故事、情节则往往混为一谈，后来就觉得没有什么新的追求，并厌倦了他们那种没有创造、没有个性的影调、风格、构图，甚至开始唾弃这种程式化的电影拍摄和叙述方式。所以，我们在那个时候就认识到，国家和个人的电影创作，千万不能千篇一律，不能风格雷同，要求新、求变，否则自己也会厌倦和乏味。

（2）苏联早期五六十年代的电影。由于历史的原因，在政治和意识形态方面十分强烈，显示出导演对国家和社会的忧虑，特别是经历了斯大林和赫鲁晓夫时代，我们称之为"解冻电影"，苏联电影永远是沉重的主题，苦难的命运、英俊的外形、浪漫的环境、优美的构图、伤感的歌曲、娴熟的语言、凝练的剪接、个性的风格，这些对我们"78 班"的同学影响非常大，到了令我们痴迷的程度，甚至在以后的很长一段时间都影响到电影创作。

（3）意大利"新现实主义"电影。在西方电影史中，意大利新现实主义是战后非常重要的电影运动，对其他电影甚至产生了颠覆性的影响，虽然作品不多，但是产生的意义确实非常大，黑白的影像、纪实性的风格、现实主义的表现内容，让我们感受到了电影的另类风格，也奠定了电影写实主义的基础，它与好莱坞电影完全是风马牛不相及的东西，但是，给我们的是电影创作个人化的语言形式和叙述方式，让我们感觉到电影竟然可以这样去表现，其产生的意识影响和观念影响是深入持久和细微入化的。

（4）法国"新浪潮"电影。法国"新浪潮"电影运动，从头至尾尽管只有三五年，拍摄了为数不多的电影作品，但是其影响非常大，而且个性非常鲜明。"新浪潮"电影的叙事不是非常完整，镜头也不是十分流畅，人物、情节、故事、细节也不怎么讲究，整个电影没有什么鲜明的主题，在导演方法上、在整体效果上，完全是一些个人化的东西。这些电影的出现，是欧洲文化对美国电影的挑战，体现出了欧洲国家对美国电影工业的挑战，从而奠定了欧洲电影的个人化倾向和风格。

世界电影史上的各个国家、各个阶段、各个大师和各个风格流派，特别是他们的电影作品，成为"78班"学习和临摹的榜样，伯格曼、戈达尔、阿仑·雷乃、特吕弗、安东尼奥尼、费里尼、黑泽明等一些电影大师和精英的作品，以及他们的另类叙事风格，不向世俗低头、不媚俗的精神，不向社会妥协、非常风格化的表现方式，他们的所作所为和影像结果，都成为"78班"上学的时候教师讲授的例子，成为"78班"的潜意识和精神追求，无形之中，课堂里、校园里弥漫着教师、学生对世界电影大师们尊敬、向经典电影致敬的气氛。

"78班"有关个人出身困扰、艰苦经历、家庭变故、生活波折、就业困难等问题，没有人从自己的嘴里说出来，当大家进入到学院以后，这些问题就变得非常实际。因此，大家都觉得谁也不容易，生活不容易、上学不容易，就特别珍惜现在所处的状态，"存则，共存；亡则，共亡"，是"78班"共同的认识和心理基础。当时课堂教学的主要形式是由讲授、讨论、观摩、实践、作业等部分组成，所以，那时的"78班"学习上确实很刻苦，大家都特别单纯，一门心思要好好学习。

"78班"的同学在当时是比较爱闹的，也爱折腾，但是在学习上不敢怠慢。直到现在，北京电影学院的老教师仍然认为"78班"是北京电影学院历史上学习最刻苦的一届学生之一，而且具有整体性。在当时的环境和整体的学习氛围下，没有人敢偷懒，没有人敢懈怠，没有人敢放弃，没有人去放松自己。经过社会生活的磨炼，"78班"在思想上是成熟的，"78班"关注在学校和课堂的感受，更注重教师的点拨和教诲；个性化的性格和多元化的心理，从不在形式和深度上表现出来；即使对电影中的某种东西产生迷恋，也从不在作业中表现。因为他们知道，还不到自己展示和表现的时候，他们清楚自己的基本功还不够扎实，技术、技巧也不够娴熟，不过掌握了一些皮毛罢了。

"78班"的教学实施，不仅证明了电影学院在很短的时间内可以恢复电影专业教育的水平，也标志着中国电影专业教育的显著成果。学院教学中的学生，被教师精湛的教学效果所吸引，被课堂从容流畅的讲述所感染，学院的教学，正是在这样充满了教师自觉的工作热情中实施着，个性化的风格教学和经验型讲授，对所有的学生都是在心灵上的教育和影响，正是这些，积少成多地改变了"78班"。

1982 年 6 月，78 班摄影系毕业合影

1981 年，我在电影《小院》的拍摄现场

大学生活 ——

实际上，大学生活的主要内容就是：衣、食、住、行。

所有人的大学生活，都是年轻时最美好的记忆，都是永远值得怀念的，因为，大学的生活告别了青涩、鲁莽，大学的生活充满了欢笑、快乐，大学的生活突出了自由、随意，大学的生活充满了挑战、变化，在每个人的记忆中也永远是最清晰的。

那个年代，是物质贫乏的年代。对于物质，"78班"的同学没有奢望过，我们的关注点在学习上，正是这些平凡、朴素、平淡的生活经历，锻炼、成就了我们的这个团体，也为我们这一代人日后的辉煌，铺垫了一段非常难得的生活基础。在北京郊区4年的日日夜夜，这些片段记忆着"78班"的岁月，映衬着我们上学时的形形色色事件，什么艰苦、寂寞、乐观、贫乏、快乐都是我们后来生活经历的内容和形式，显示着"78班"年轻人的活力与创造力。

当年无数个学习、生活的片段，闪烁着"78班"求学时的艰苦与乐观，洋溢着年轻人的活力与创造力，也清晰地展现了"78班"对艺术的渴求和对美好人生的向往。

学院校园——

北京电影学院 1950 年建立，当时是在北京市东城区的石老娘胡同；50 年代中期，学院迁址到海淀区新街口外大街小西天现在的中国电影资料馆、中国电影集团所在地；"文化大革命"后，迁至北京农业劳动大学的校舍（今天的北京农学院）。就是这样的颠沛流离，电影学院仍顽强地生存下来。"文化大革命"期间，当时的中央音乐学院、北京舞蹈学院、北京戏曲学校和北京电影学院四所艺术院校全部被集中到朱辛庄，起名为"中央五七艺术大学"（"文化大革命"后解散）。"五七艺大"在"文化大革命"结束后，在朱辛庄只留下北京电影学院一家，朱辛庄北京电影学院的旧址现在是北京农学院，直到 1986 年北京电影学院才正式迁至现校址蓟门桥北西土城路 4 号的"蓟门烟树"东边的校园。

"78 班"四年大学生活的度过地，是当时校舍在郊区的为数不多的北京的大学之一。那时，校址在农村，被认为是对北京电影学院的惩罚，其实，这是"文化大革命"历史的遗留问题。"78 班"同学的大学生活是与北京电影学院 1978 年的旧址朱辛庄紧紧联系在一起的，1978—1982 年的北京电影学院，都被理论化、神圣化、历史化、精神化了，其实所有的"78 班"学生，都认为那里是一个温暖的地方，是一个自由的空间，是躲避社会的一个"世外桃源"。在这里，记忆了一代精英成长的过程，发生了多少故事，产生了多少想法，只有后来的历史知道。总之，当时的校园是培养、哺育、改变、影响、教育了中国电影一代人才的圣地。

学院环境——

朱辛庄在当时就是一个农村。距离城区非常远，城里是什么样，我们几乎不知道，这里的环境既安静又乏味，既幸福又单调。每天傍晚学院老师的班车走了以后，校园就成了我们的阵地。

当年学院的校舍简直就是一处风景秀丽的"世外桃源"。今天的回龙观城际铁路到朱辛庄已比较方便了，若不是现在城市发展了，在回龙观和朱辛庄之间原本就是非常开阔、平坦的土地，现在却有了很多高楼大厦。如果没有高大建筑的遮挡，出了回龙观城际铁路站，应该是非常容易能够看得见当年朱辛庄电影学院的校舍。

绿树环抱中的校园，建筑低矮，四周的野草、野花、树木、庄稼散发着田园清香的气息，田野的柴草焚烧的味道，让人们心旷神怡。在学院的周围，种有松树、白杨树、柳树、榆树、槐树、苹果树、桃树、梨树、枣树，还有向日葵、玉米、毛豆、红薯。在这样一个田园的环境里讲起 1905 年以后的"梦幻"电影艺术课程，简直就是神仙般的日子。

朱辛庄——

当时朱辛庄学院的大门，坐北向南，挂有教师用毛笔写的"北京电影学院"六个字，其中，"影"字是一个简写体，由一个"井"字和三撇组成，牌子很小，已经发黄了，挂在大门口，没有装饰效果，只有提示的意义，就是这个校牌，频频出现在各个系的集体合影和个人照片中。朱辛庄以前没有围墙，学校周围全是钻天的白杨树和柳树，还有的就是一片辽阔的农田，春天是一片绿色和盎然，夏天是一片墨绿和燥热，秋天是一片金黄和收获，冬天是一片萧瑟和凄凉。冬天下雪的时候，给我们带来了无限的遐想。白天，同学们在校园和校园外的田野里，在雪地里留下一个个不规则的印记，像极了俄罗斯油画中的意境和效果，在雪夜里，在月光下，听着脚踩在积雪上的声音，格外清晰。

小西天——

用"78 班"同学的语言说，当时我们的大学生活是"冰火两重天"，导演、摄影、美术、录音系是因为在朱辛庄学习，所以，是在"地狱"里磨炼。而表演系是因为在城区的原学院校址小西天学习，所以是在"天堂"里驰骋。

表演系当时在城里的小西天上学，教学的环境、条件，其实比朱辛庄

78 班同学参加毕业创作，彭小莲、赵大陆、江海洋、穆德远、王雁等人

1980 年，78 班同学在朱辛庄车站留影，王雁、王左、邓伟、梁明、孙诚、穆德远（从左到右）

1981 年，摄影系穆德远和导演系李少红

1981 年，吕乐、侯咏、智磊、麦燕文、王子音等在教学楼前

1980 年，摄影系穆德远与沈星浩合影

也好不到哪里去。住的地方阴暗、潮湿，学校在小西天的院子内建造了几间平房，用于教学。

在教学上，表演系的教学硬件条件比较差，他们的教师就和学生因陋就简、就地取材，自己动手布置学生们教学、学习的环境，甚至教师自己设计教学的布景、道具、服装。

表演系的同学，为教师的这种精神感动，尽管教学硬件条件比较差，但是他们在形体房、在教室、在树下、在排练间、在院子里，度过了许多学习时光。那时的表演系同学，与其他系的同学在学习上是孤立的，没有什么交流。所以他们上课、排练、学习，都是在有限的班级范围内进行的，就是这样，在跨系交流上，比起朱辛庄的"78班"其他同学，有一些别人体验不到的困难。但是，表演系的教学是非常严谨的，也是非常规范的，教师教学是非常认真的，同学学习是非常刻苦的，正是这些特殊的因素、环境，为他们日后的成长奠定了非常坚实的基础。

上体育课由于没有操场，练功房就是最好的场所。当然，与朱辛庄的同学相比，表演系学生的生活同样也是上课去教室，下课去食堂，完了事以后回宿舍的三点一线的单调生活。由于专业的特点，他们用大声地朗诵，反复地唱歌来巩固专业的知识、排遣自己的苦闷。

但是，在朱辛庄的"78班"同学，仍然坚持认为表演系同学所处位置毗邻城市，他们还可以上街，还可以去餐厅吃一些食堂里没有的东西，还可以买他们需要的生活用品，甚至在春天，在周日的时候，可以相约结伴去北海划船照相。比起朱辛庄的其他系的同学，表演系的同学，就像生活在天上。当然，表演系的同学因为上课、看电影、听报告、听大课、搞演出，还是要经常回到沙河朱辛庄的学校本部，也与其他系的同学接触一下，与其他系的同学交流一下学习的心得。

学院操场——

那时的学院操场只有朱辛庄有，小西天没有。朱辛庄的操场是同学们驻足最多的地方，也是年轻人"生龙活虎、充分展示"的场所，这个操场好像也爱和我们作对似的，每到了春天、夏天，几场大雨就使得杂草、蒿草不断地疯长，我们要经常对操场进行除草。说是除草，那时几乎没有什么工具，完全是用自己的双手进行拔草，经常是手上全是血泡，膝盖也都磨出了血印，腰更是受不了——长时间的拔草，腰都直不起来了。

每天下午4：10以后，教师们下班回城的班车一开动，朱辛庄学校校园里就成为学生的天下，偶尔有几个教师、员工，也都是为学生学习和生活服务的，那时的同学，开始了在操场打篮球、踢足球的活动，操场成为各个系学生之间唯一交流的场所。

我们早上没有人睡懒觉，每天都是早早起来打篮球，我们拼命地用体育锻炼，来排遣青春的苦闷和躁动。

周末舞会——

当时，舞会是大学生主要的娱乐和交往形式，远在农村的北京电影学院"78班"，也自己搞舞会。舞场是在学生的大食堂（也是我们看电影、开会的礼堂），准备工作经常是在下午开始，基本上是由团委和学生会操持，在上空拉一些彩色的纸带，在四周放上四张桌子，在上面支上四个大灯。舞会的音乐伴奏，一般是用录音带，只有在非常特殊的情况下，才会由录音系的同学亲自操乐器伴奏。舞会的形式有月光舞会（一盏灯模仿蓝色的月光），烛光舞会（局部的灯忽明忽暗），阳光舞会（灯火通明，云雾弥漫）。举行舞会的时候，其他系的同学都在跳舞，摄影系的同学基本上是在做奉献型的工作，拍照、打灯、搬运。

记得有一次是我和顾长卫、张艺谋负责打灯，在团委和学生会干部的允许和配合下，我们向同学们宣布下面可能要关一会儿灯，然后，灯就马上熄了；接着，黑暗的人群中，就听见发出了"亲吻"的声音。我们突然把灯打开，发现其实是有不少人在跳舞的过程中在拼命地亲自己的手背，发出夸张的声音，大家哄笑。每次开灯、关灯的过程，都会有各种各样的笑话发生。

后来，随着社会舞会举办得越来越多，在北京的文艺院校也开始搞学校之间的舞会。记得我们几所艺术院校在朱辛庄的学院操场搞篝火舞会（晚会），电影学院的男孩比较多，也都比较帅，其他艺术院校的女孩全喜欢和电影学院的男孩跳舞，所以，弄得其他艺术院校的男生特郁闷，也不高兴，甚至之间也有小的摩擦。那些舞会给了我们与其他学校学生相互认识的机会。

球队赛事——

那个时候，我们对足球还没有什么兴趣，更多的是玩篮球。我印象最深的是当年跟张艺谋、陈凯歌、田壮壮几个人是学院篮球队的，经常代表学校到外边和其他的高等艺术院校打篮球赛。凯歌打中锋，艺谋是右前锋，我是左前锋，壮壮是后卫。感觉壮壮在我们几个人中脑子活、组织能力强，反应快，在每一次的进攻指挥上，经常是"遇事不慌"，点子比较多，控制整场进攻的节奏和局面的能力比较好。在学院的四年中，我们学院的篮球队赢得了许多次文化部在京艺术院校篮球赛的奖杯。

周边作物——

在学院周边的各种各样农作物是我们最最亲近的东西，因为它们可以吃。在宿舍和教室的周围都种有苹果树，学生们最大的乐趣就是偷苹果。其实，那种苹果树由于常年没有人剪枝，树木没有得到很好的养护，结出的苹果又小、又青、又酸、又涩，绝对不好吃，但是，那时候大家就是好动，爱寻求刺激，偷苹果便成为我们的最大乐趣。每当有同学偷苹果的时候，学校管保卫的人就牵着大狼狗来抓，但是，没有同学被抓到。

我现在想起来当年的那些同学，可以说没有一个不闹的，因为搞艺术的人性格活泼起来非常活泼，沉静下来特别沉静，所以当地的苹果、毛豆、玉米、红薯，所有的作物一个也不放过。

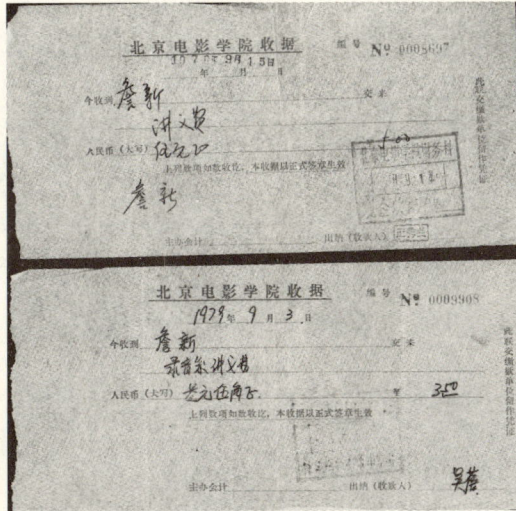

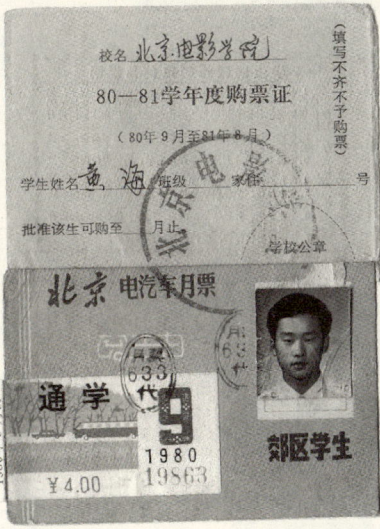

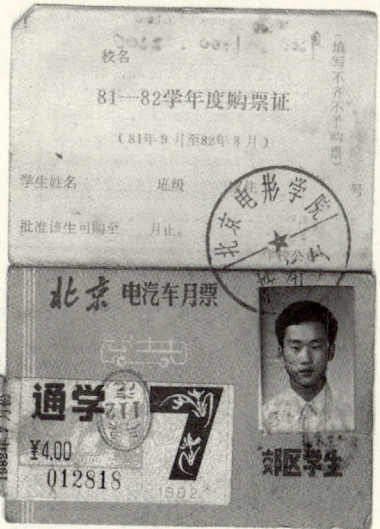

78 班同学保留至今的一些证件、票据等

132

游泳是一项很好的运动，应该提倡。

姓名 骆 新
性别 男
年龄
单位 北京电影学院
深水合格证号码

北京市游泳体格检查证

1979 1980

体格检查合格后，医务部门盖章。

注意事项

1 要贴本人最近照片，体格检查合格后，须由医务部门盖章。

2 游泳证过期后，可凭本证到公共游泳场（池）办新证手续。

3 此证只限本人使用，不得涂改和转借。

中国电影公司
大放映室
19排 6号
地址：新街口外大街

副券

中国电影公司
大放映室
22排 29号
地址：新街口外大街

副券

资料影片观摩券
业务观摩 转让无效
21排 10号
地址：中国电影资料馆（新外大街小西天）10—

中国电影资料馆影片观摩券
（中放映室不对号）
业务观摩 转让无效
地址：新街口外大街小西天

资料影片观摩券
业务观摩 转让无效
21排 22号
地址：中国电影资料馆（新片大街小西天）10—23

付1券

中央办公厅礼堂
楼上 9排 11号

中央办公厅礼堂
楼上 4排 13号
地点：西四半壁街胡同

东单外交部街乙31号
38排 30号
一律凭票入场 场内严禁吸烟

存根
38排
30号

副券
6

广 播 礼 堂 (德外北郊市场)

副券 4

24 排
27 号
19—13

8
午 1 40

19—13

凭票入场，每票一人。当场有效，票售出概不退换。

广 播 礼 堂 (德外北郊市场)

副券 0

42 排
9 号
13—51

7 7
午 2 50

13—51

凭票入场，每票一人。当场有效，票售出概不退换。

楼下
24 排
7 号

水电部规划设计院礼堂

7月1日 下午12时20分
7月1日 下午12时20分
7月1日 下午12时20分
日 下午12时20分

副 券 20

每券一人 地点：六铺炕

存根
11 组
13 号

中央音乐学院礼堂

楼上
1 排
25 号

场 7点15分
票价 陆 分

照准时入场

音乐学院
付券 6

11组13号

凭正副券入场

一米以下儿童谢绝入场，一米以上儿童凭票入场。

存根
8 组
43 号

中央音乐学院礼堂 (西单鲍家街43号)

楼下
22 排
25 号

晚 6 2
场 7 点
票价 角

照准时入场

音乐学院
付券 1

8组43号

凭正副券入场

一米以下儿童谢绝入场，一米以上儿童凭票入场。

首都体育馆
西外白石桥

副券 7
乙 25

南 台 23 排 156 号

南门入场

(双) 南 区 28 排 110 号

北京
工人体育馆

副券 6

西门入场

饥饿难耐——

由于物质生活贫乏，我们经常吃不饱，就会到附近的田里去偷蔬菜、偷苹果、偷桃子。各个班的同学，晚上饿得受不了，就摸到地里弄些毛豆、玉米回宿舍用洗脸盆煮着吃，甚至到厨房的菜窖去偷白菜。打开菜窖的盖子，菜窖太深了，没有梯子根本下不去，我们就叫来女生，让她高举双手，两个男生分别拉着她的一只手，把她放到菜窖里；然后，让她往筐里放白菜，男生用绳子拉上来。几个回合，就可以弄几棵白菜。回去以后，各个宿舍用水煮着吃，虽然没有肉、没有盐，但是，同学们仍吃得很香，那味道至今还很难忘。

穿衣时尚——

在导演系和摄影系，自己当过兵和军人家庭的同学多，因此是穿军装的就多，田壮壮则永远是一身军装，背着军挎包，穿着军步鞋。美术系的同学的显著特征是服装比较新潮，但由于他们每天要画画，所以看起来衣服永远脏兮兮的。美术系的同学，头发应该是所有艺术院校同学中最长的。录音系的同学，由于应届的同学比较多，衣着比较学生化，也比较干净、规整。其实那时候所有的同学的头发都是长的（主要是因为没有钱去理发），摄影系的同学经常自己理发，顾长卫常常免费为同学理发。

消费水平——

学院学生的基本生活费大约在20—30元左右（当时的助学津贴就是20—30元左右）。一个菜在5分钱到1角钱之间，食堂的主要菜基本上没有什么肉，萝卜豆（黄豆、猪肉皮丁、胡萝卜丁），煮茄子（没有油），炒三丁（土豆丁、芹菜丁、萝卜丁），熬白菜（基本上白水煮白菜）。我们上学的时候物质生活特别贫乏，为了能够吃饱，偷过白菜、偷过苹果、偷过老乡和老师的鸡，晚上到地里弄一些毛豆，回来拿脸盆煮。大部分同学都抽烟，但是最好的是香山牌香烟（2角3分一盒），一般同学抽打仗（战斗牌香烟,在北京买2角,在天津买1角9分);最后,连买这些烟都没有能力了,只好大家凑钱,让同学导演系的张军钊回新疆的时候买漠河烟丝(其实就是烟梗颗粒),用《参考消息》卷上抽。

偷鸡吃肉——

当时,由于生活条件和经济的原因,同学们很少有机会吃到肉。肉是当时最最奢侈的东西,是要凭票证供应的。对于学生来讲,提到"肉"字,眼睛都会泛绿光。大家都处在青年时期,身体对肉的渴望是无法用精神来控制的,只有"放纵"了,"穷则思变",我们就在校园的周围想办法。先是晚上偷老乡的鸡,抓到以后,拧断脖子,马上塞到书包里。后来,周边的村里,鸡被偷得差不多了,老乡也防范得更加严格了,基本上没有什么收获了。于是兔子开始吃窝边草了,在教师宿舍,在学生宿舍垃圾堆处,开始用气枪打老师的鸡。老师没办法竟然派自己的孩子到宿舍楼里侦察,用鼻子闻,看看谁在炖鸡。味道是最好的侦察来源,虽然有时能发现谁在炖鸡,但因为抓不到现行,也没有什么证据,老师也无可奈何,只能说一说,谴责一下。这是我们印象最深刻的肉食来源。

捉打麻雀——

那时,校园操场后面,有几排平房,有一些窗户没有了,天冷的时候,麻雀就进去过夜。我们发现了这一情况,就开始策划"围攻麻雀"的战役,我们准备了电筒、扫帚。我和张艺谋参加过捉麻雀的集体行动,也单独行动过。麻雀捉回来以后收拾干净,我从家里拿来油把它炸了,惹得全楼都能闻到炸麻雀的香味儿。后来,这个方法大家都知道了,就都去捉麻雀,一来二去麻雀也就没有了。

半夜钓蛙——

没有了麻雀,摄影系又开始想新的办法。第二年的夏天,我们就开始晚上出去钓青蛙，一个晚上竟然钓到无数的青蛙。我们系紧裤腿，从裤腰上面往里放青蛙，直到装满了，就扛着裤子往回走。走到三楼的时候，裤口突然开了，所有的青蛙都跑了，青蛙躲在一楼的下水道里，躲在各个楼层的水房和厕所里，不停地叫唤，学生的宿舍楼顿时成了农村的稻田。灾难是持续性的，青蛙在楼道里整整叫了一个夏天，影响了所有同学的休息和学习，也遭到了所有的同学的谴责，这也成为后来无数次的笑谈。

制造画票——

画票，实际上是一个非常不好和不光彩的事情，完全是年轻人的无知与恶作剧。那个时候画票，已经成为"78班"美术、摄影系的业余工作。记得在一些同学的桌子上，每个月，要"出"好几张公共电汽车月票。同学们都非常爱看电影，无论是在学校，还是在城里，如果弄到了其中的一张票，那么，连续几天的票就都可以在桌子上画出来。

记不清在文化部还是在政协礼堂，有一个连续三天的新年迎春游艺活动，有猜谜、舞会、电影、演出等各种各样的活动，还有饭吃，为了吃饭和看电影，我们用笔画电影票混进了政协礼堂。同学们连续画了三天的票，结果，在第三天"东窗事发"。调查的结果，罪名归到了美术学院和工艺美院的学生头上。为此，电影学院"78班"窃喜了好几天，到了宿舍还为自己的创举和行为而激动，狂聊和庆祝了一个通宵。

男女示好——

当年北京电影学院"78班"各个系的女生比现在学校的女生要少多了。男生想方设法，通过各种各样的形式，向女生表示友好和爱慕，但是，基本上没有什么戏，女生根本看不上男生，一是年龄的差距太大，二是认为男生不够男子汉，三是认为男生不够成熟和浪漫，四是认为这些人没有什么钱。所以，真正到了"78班"毕业的时候，同学之间结婚的也仅仅是极少的部分，坚持到今天的更是寥寥无几。在我的印象当中，像现在的年轻人一样，当时有很多其他各系男生想追求表演系的女生，或者是追求录音系的女生，但是追不上，连话也说不上。在学院学习的过程中，唯有摄影系的同学还有点优势，可以接近各个系比较漂亮的女生，因为摄影系的同学要完成拍摄作业，要照相，所以，找这些女同学做模特，不会遭到拒绝。我们摄影系的男生就能把表演系的美女女生找来拍照片。当然，在拍摄完成以后，是要给这些同学放大好的照片，摄影系的同学没有食言，表现出了良好的信誉。

居住空间——

大学的宿舍是大学生的主要活动空间和生活空间。在那里，发生了多少的故事？多少欢乐和幸福？留下了多少惆怅和离别？由于国内大学招生人数和学校条件的不同，1977、1978 年入学的大学生住宿是千差万别的。

相比之下，北京电影学院"78 班"在朱辛庄学习和生活的导演系、摄影系、美术系、录音系的同学，住宿方面的条件是比较好的，在城里小西天学习的表演系的同学住宿，包括学习的环境和空间就没有我们的宽敞，条件相对比较差。

当时，我们所住的学生宿舍是一个四层的老式教学楼。上面其实全部是比较宽大的教室，不知道当年学院对学生宿舍分配的思路是怎样的，所有一楼为部分教工单身宿舍和管理的办公室，其他四个系的学生都集中在该宿舍楼的二、三、四层，二层全部是女生宿舍，三、四层则分别是摄影、美术、录音、导演系的男生。那是一个青春冲动的年代，也是一个喧闹的年代，在宿舍中究竟发生了多少"学习讨论"、"挑灯夜读"、"侃山吹牛"、"浪漫故事"、"宿舍舞会"、"喝酒聚餐"、"单人相思"、"作恶闹剧"、"拳脚相加"，只有我们自己知道。

表演系则完全是在"地狱"里生活。他们住的是条件比较差的平房，潮湿、低矮，夏天炎热难耐，同学们把床上的草垫铺在房顶上，并不断泼水，用以进行降温缓解酷暑；冬天冰冷刺骨，暖气不暖，同学们常违反校规在房间里点电炉子。

就住宿而言，我们敢断定，像我们电影学院朱辛庄这样宽大的住宿条件，在北京当时的任何高校也是绝无仅有的。

306 宿舍——

这里主要是指摄影系当年居住的宿舍。当时是在一栋老式的教学楼内，我们住在 3 层的 306 房间，偌大的空间，让我们不知所措，我们宿舍的成员有六个人：张会军、张艺谋、顾长卫、赵非、王左、王雁，每个人两张单人床，一张床作为一个大的桌子，可以作学习、吃饭、写字、放一些书本、杂物等使用，另外一张单人床则是专门睡觉的，由于床太低，床腿儿分别用两块砖架高起来。每个同学还另外有一个小课桌，板面上有合页的那种，可以自由掀开，合上便可用来写字，这个桌子是可以上锁的。可以说，在"生活设施"上我们"极尽之奢华"。另外，宿舍的其他空间也非常大，凡是在朱辛庄上学的其他各个系的同学，基本上都是这个待遇。那时的宿舍给了我们自由折腾的空间，也让我们不知不觉狂妄起来。

生活习惯——

"78 班"同学在学校的宿舍生活有如下的一些重要特点：

（1）凡是可以吃的东西、好吃的东西，基本上是锁在箱子里，锁在桌子里，防止自己不在的时候，被别人吃了。那年月是一个"饥饿"的年代，同学经常处于半饱或者饥饿的状态，"天上飞的不吃飞机，地下跑的不吃火车，带毛的不吃掸子，带腿的不吃板凳"，剩下的什么都吃，看见什么吃的，不问是谁的，先吃了再说，即使这个同学回来知道了，也没有任何办法，大家彼此彼此。

（2）鞋袜的味道大。男生的各种各样的鞋子，球鞋、棉鞋等的味道，成为男生宿舍的"值班常态味道"；袜子也基本上不洗，硬邦邦的，可以直立起来，味道也很"丰富"。在夏天，宿舍里基本上没有什么蚊子，因为蚊子在这样的味道环境中根本生存不了。

（3）吃完了的饭碗，从来不洗，美其名曰"节约用水"。而实际的情况是，只要是你洗干净了饭碗，就会有人在吃饭的时候用它去买饭，因为它干净。吃饭以前不用洗，吃了以后也不用洗，多好的一件事情。

（4）从来不叠被子。这样的做法有一个非常好的称呼，"保持生活的常态"。而实际的情况是，只要是你叠了被子，说明你人不在学校，马上就有人来在你的床上睡一个晚上（当然，你的床要比较干净），睡完了以后，掀开被子就可以走，不用叠，这是多么省事的一件事情。

（5）下午、晚上在教室、图书馆上自习。在这些地方学习的时候，同学都可以做到安静学习，不影响其他的同学；但是，在宿舍休息和待着的时候，却没有一分钟的安静，整个的宿舍，如同一个喧嚣的"熔炉"。

（6）"78班"上学的时候，只有每周的固定时间可以洗上一次热水澡，这对今天的学生来说，是一件不可思议的事情，由于每天同学们都要进行体育锻炼，锻炼完了大汗淋漓，所以，在气候允许的情况下，经常是男生在水房用凉水"盆泼"裸体洗澡，伴随着凉水的浇下，传来一片令人毛骨悚然的叫声。

（7）那时的学生，在晚上（通常是夜里）吃方便面是一件非常奢侈的事情，每当方便面煮好了以后，香味就会传遍楼道，于是，就会有若干人来"蹭吃"，就出现了一个端下火的热方便面任人先吃10秒钟的规定，就会经常有人自告奋勇先吃10秒钟。其实，也就是能吃上一口，还烫得龇牙咧嘴。

（8）在贫瘠的年代，饥饿的人群经常遵循"饱吹饿唱"的法则。在楼道中，经常是各个系的同学在走路时，在水房时，莫名其妙的就会有人喊唱几句流行的歌曲，而且，总唱相同的一句，没有下句，而且，改编歌词、唱歌跑调是家常便饭。

（9）晚上经常"嚎叫"。学生宿舍的半夜，经常是被各种各样的"嚎叫"影响，一个是因为半夜学生饿得前心贴后背，二是由于学习压力比较大，三是寂寞和缺乏交流，所以，就像野外的动物，用莫名其妙和各种各样的"嚎叫"来表达自己的存在，来宣泄，来平衡各种不良的情绪。有时听着比较"恐怖"，其实，在年轻人中，这样的情况非常正常。

交通情况——

1978 年的北京，交通十分不发达，还没有二环路和三环路，出了积水潭桥往北的道路十分狭窄，也比较荒凉，更没有什么汽车，如果是在北太平庄桥，那就是在郊外了。

"78 班"表演系和导演系、摄影系、录音系、美术系是"两地分居"，经常是这四个系的学生惦记表演系的男同学和女同学，当然，主要是惦记表演系的女同学。摄影系的同学还有比较名正言顺的理由，给表演系的女同学拍照片、送照片，但是，无奈天高地远，其他系的同学没有办法，即使是去小西天电影资料馆看电影，时间也是非常短暂。

那时，"78 班"的学生，在朱辛庄根本不外出、不进城。坐 345 路（或者 344 路）汽车到德胜门，要花去 3 角 5 分钱，然后从德胜门到当时的西单商场，要再花费 1 角 5 分或者 2 角钱（那时的大学教师工资是 56—78 元不等）。对于我们学生来讲，如果必须到城里看话剧、画展、摄影展，返回学院的时候，就必须从德胜门（德胜门为始发站）乘坐公共汽车。当时的北京人口不多，郊区的汽车也不是十分发达，平均 10—15 分钟发一趟车。345 路公共汽车是"78 班"进城的主要交通工具。因为，345 路车是当时连接朱辛庄和城市的交通大动脉，通常人满为患，有时甚至因车厢无落脚之处需要"金鸡独立"。

如果是参加学校组织的活动或看电影，就坐学院安排的班车，如果是到城里看画展、摄影展，就早上 5 点多起床，6 点搭进城接老师的班车，白天在城里干完所有的事情和游逛一天后，晚上到小西天搭送老师下班回学院的班车返回学院，看话剧则先搭班车进城，然后再搭学院接学生的班车回朱辛庄。

烛光晚会——

我在78班的大学阶段，精神生活的最大内容是：去图书馆看书，看杂志，看为数不多的报纸；在学校或者是跟学院的班车进城到国家机关看各种临时调来的"内部参考片"（进口各个时期的外国电影，有翻译的，没有翻译的），看文化部系统的院团的话剧、戏剧（包括外国来华的演出）和文化部系统的全国文艺汇演和调演；在宿舍听邓丽君歌曲的录音带，那会儿我们主要是用单卡"砖头"录音机（松下、日立）和比较好一点的立式单卡录音机（开始是三洋的，后来有的同学有了最好的双卡、大功率日本夏普777录音机），听邓丽君的"靡靡之音"，各系同学从其他各种各样渠道翻录来的磁带，每天下课以后在宿舍里听。我们宿舍的同学（姓名暂时保密）在录音机上接上比较大功率的音箱，在宿舍楼放迪斯科等动感强的音乐"大声喧哗"，搅的各个系的同学"春心荡漾"。于是，因为有了邓丽君的音乐带，所以，跳舞、跳贴面舞、跳烛光贴面舞，就成了最高级"夜里私密活动"。主办的主要是导演系和摄影系的个别同学，（姓名在此郑重略去），地点在学校教学楼的阶梯教室，很少用灯进行照明，大部分是用蜡烛光进行烘托气氛。因为是秘密的，我们都去过，有一次是我去负责现场部分灯光和烛光的工作，见到来跳舞的有本校的女生，大部分是外校的女生，长的都还可以，也没有问她们是哪个学校和什么单位的，男男女女他们来去都是有摩托车接送，记得有一天，仅进城买吃的，半夜就派出五辆车次，其实想也不容易。

爱情苦恋——

那时我们"78班"159人，女生不多，我们摄影系才3个，全校总的感觉"狼多肉少"。我们系有的同学喜欢其他系（表演系、录音系）的女生。那时，北京没有现在的八达岭高速，地处郊外沙河的朱辛庄就是农村，一眼望去，全部是田野和荒芜，根本没有地方去约会和谈恋爱，也不可能请自己中意的女生吃饭、喝咖啡。特别是表演系的同学，除了每周在朱辛庄看电影，或者是上全院公共大课的时候，可以看见她们，其他时间根本没有可能。那时没有电话，我们系的个别人，就也没有办法进行爱情表白。所以，只有充分利用专业的方法，想方设法给表演系的女生拍照片，于是乎，只要我们在暗房放照片作业的时候，看到有各种各样的表演系美女的放大照片，就知道有情况，基本上都是"单恋""暗恋"和"单相思"，没有什么戏，也就是通过拍照片、放照片接近一下美女，安慰一下自己破碎的心。后来，我们在 2013 年"78 班"毕业 30 周年聚会的时候，我们把这些各个系苦苦相恋的同学，全部叫上了台，给大家亮相，让他们诉说当年"单相思"的苦衷，并在大庭广众之下，允许他们这些"老头""老太太"相拥合影留念，想想，也真是的，这么多年，容易吗？

脸盆多用——

我们上学的那会儿，是一个物质生活以及用品极缺的时代，也是生活用品消费和购买力非常低下的状态，也是缺乏食品的年代。那时，一是每月每人定量的食用油只有半斤，肉也是半斤，全部都交给学校统一采买。我们在食堂吃，也基本上感觉不到油和肉的概念，说是肉丝炒蒜苗，也就是可以看见几根肉丝。全体同学下课以后，基本上都是在学校的各个宿舍乱窜。不是像我们今天这样，来回走动是为了交流和锻炼身体，那时就是用一双充满血丝的"绿色"眼睛，在各个宿舍寻找吃的东西。我自己有一个橘黄色的洗脸盆，生产于 1954 年，写着英文的"中国制造"，据说是出口越南和柬埔寨的，这个盆，可说是"78 班"的历史时期的物品。对于我们来说，此盆具有非常多的功能和用途，我们基本上白天用它煮玉米、毛豆、白薯、土豆、白菜，炖鸡，晚上用它洗衣、洗脸、洗脚、洗袜子、洗屁股，甚至，还在晚上便溺用。现在成了中国电影和"78 班"重要的历史文物，仍然放在我办公室的柜子上。

熄灯害人——

1978 年代，那时的北京是一个比较缺电的城市，加上我们地处郊区，所以，停电是家常便饭。有的时候是白天停，没有什么感觉，有的时候是晚上停，长的停一两个小时，甚至更长，通宵都是漆黑一片，那种感觉是今天的学生无法亲身感觉到的。一旦宿舍停电，大伙先是一片绝望的"嚎叫"，那声音真是有点瘆人，也就是持续半个小时，然后大伙儿就该干什么就干什么。蜡烛成了我们必备的生活物品，全楼点了蜡烛，反而没有了"烟气"，同学抽烟的乌烟瘴气，全部被蜡烛给吸收了。全楼停电的时候，各系的同学，纷纷在各个宿舍门的上面布置水盆，回来的同学被浇得落花流水，引来一阵哄笑，我们宿舍经常是借着停电的时机，收拾回来晚的同学和张艺谋。因为宿舍没有灯，什么也看不见，于是，就在地上布置很多瓶子、脸盆、桌椅、板凳等，他们回来到处是"机关"，"稀里哗啦"响成一片，我们谁也不出声，躲在被窝里暗暗窃喜，现在想想也挺不是东西的。

满墙人体——

摄影系的同学，大部分都学过绘画，无论是素描还是速写，都有一定的绘画基础。问题是，我们宿舍为了把墙上布置得更加好看，没有挂照片和绘画，而是用超写意、变形、写实的形式，画满了各式各样的人体，结果，306 宿舍画"色情"画的消息，在同学中迅速传开，惹得各个系男男女女来我们宿舍欣赏。甚至，传到了学校老师和系里的教师那里，一天，学校学生处、教务处和系里的老师也来"参观"，还问我们这些是谁画的？为什么要画？什么意思？你们每天看着有什么样的感觉？结果我们没有一个人说话，生是给扛过去了。

叫假电话——

我们这个宿舍，是在三层最中间的 306 房间，门口有一个公用电话。那时不像今天，找一个人基本上通过写信预约和公用电话。我们宿舍自己打电话非常方便，拨通总机，可以直接接外线的电话。不过我们总得给别的同学叫电话，一开始还比较忠于职守，认真给同学传叫电话，时间一长，发现我们宿舍的所有哥们儿都有点"力不从心"，开始有点"消极怠工"。也发现来电话的越来越多，基本上都是女的，还都是固定找几个男生。有一段时间来电话找某一个人或者是几个人的特别多，一到下课、晚上和星期日的时间，基本上都是这几个人的电话，这些人接完电话也不说谢谢我们，据他们宿舍的同学说，几乎是周六晚上接了电话，第二天这哥们儿收拾、梳洗得干干净净的就进城约会去了。于是，我们开始琢磨，假装说一个女的给你来过 N 多次电话，你没有在，约你明天中午 12 点在美术馆大门口见，不见不散。结果怎么样，一概不管。还有知道谁在厕所"大方便"，就非常着急地喊有他的电话，结果是害的这些同学，没有擦干净屁股就赶来接电话，我们就告诉他，人家把电话挂了，这哥儿们只好回去"重新收拾自己"。

吓唬赵非——

我们宿舍的几个人，一开始就学会"捉弄"人。摄影系的78班，原来计划招收 22 个，结果一共招收了 26 个同学，其中 3 个女的，23 个男的。其中班里年纪最大的是西安来的张艺谋，最小的赵非也是西安来的，记得刚入学报到以后的第一个晚上，同宿舍的同学晚上都在宿舍收拾东西，还有在数（整理）饭票，艺谋、长卫、我，都是属于"老贼"级的，很快就收拾完和数完了，赶紧洗了就进被窝准备睡了。但是，看见赵非、王左、王雁几个年龄小的还在反复数，我们就吓唬他们，别数了，数完明天也会丢，大学丢饭票是家常便饭，吓得他们赶紧锁在箱子里。第一学期的期末，临近春节，学校给外地回家的同学集体订火车票。那时，临近春节，北京的火车票特别难订。我们宿舍的西安的张艺谋、顾长卫、赵非和其他的西安的几个同学，都在我这早早登记订了票。结果我在学校拿到票以后，其他同学都给了，我就和顾长卫撺掇好了，就说其他同学都有票，因为后面没有票了，火车站的人把赵非的名字丢了，所以没有赵非的今年回西安的火车票了，吓得赵非好几天心神不定，没有情绪，也不说话，我和顾长卫暗自窃喜。后来实在熬不住了，还是提前一天把票给了赵非。

苦学外语——

入学以后，随着时间的推移，我们就发现，摄影系同班的同学，在外语上比较好不是很多，从 78 班总的情况看，录音系的由于是应届同学多，整体外语水平比较高。虽然外语进行分班，但是，摄影系的同学大多数在慢班。开学后，我就在摄影系 78 班当班长，张艺谋年龄是我们班最大的，我的年龄也是比较大的，与其他同学比，我们俩开始学习不是特别适应，学习也不算特好，我们的外语当然也比较弱，我记得在上课的时候，老师写一黑板外语，把我们俩给急的，不知道该怎么办好，在这种情况下，没有别的选择，只能是自己暗自着急和特玩命地学，到了后期，讲授摄影的录像技术，摄影系的孙明经老师，更是给我们写整黑板的外语和专用名词，我们别无选择，只有好好学习。我们毕业了还在学校请周传基老师给我们留校的同学补外语，也督促我学习外语，后来，自己的外语水平有了突飞猛进的变化，后来还发表了翻译、校对的众多图片摄影和电影摄影专业的论文和译文。

看片生活——

改革开放，西方文化的东西，特别是电影极快地涌入我们的社会和生活，那会儿，我们能看到很多的"内部参考片"，基本上是美国三四十年代的电影，而且是被上海电影制片厂、长春电影制片厂翻译过来的影片，在不同的场合，能够看到很多很多片子，甚至是被重复观看，看片实际上是等于我们上课，使我们很快可以了解西方电影史，使我们能够近距离了解一些国外的电影文化，使我们迅速开阔了眼界和视野。那时看片的形式主要有几种：1、坐学校班车进城看内部参考片；2、在学校看专门租来和借来的电影；3、毕业的学校校友自己拍摄完成的电影来学校交流；4、学校自己安排的西方电影史影片的 3/4 制式的大录像带；5、在课堂上老师为了上课给同学们播放的 1/2 制式的小录像带。在那样一个环境下，我们看片的情况有点饥不择食，囫囵吞枣。甚至看电影到了一种痴迷的程度。看了电影以后就和同班或外系开始争论。实际上，在上学阶段，看电影已经成为我们受电影教育的非常重要的方式，看电影成为我们上课的主要内容，我们有机会看大量的早期经典欧洲电影，也可以看到美国的一些经典电影，还可以看到苏联、亚洲一些国家不同时期的电影。看片前有教师辅导，放完了以后老师还要给我们详细讲解，我们所有对于学习的兴趣，都已经转移到了在讨论中的精神享受。

课堂故事——

现在回过头来说，我们上学的时候还是很刻苦的。没有迟到，没有早退，没有旷课，因为我们所有的同学非常热爱电影这个专业，甚至，拿电影当自己的命，这就是那个时代的风气。

那时学校的课堂学习，就已经不是老师在上面讲，同学在下面听的局面了，在课堂上就开始讨论（其实是争论）。我们就养成了爱争论的"毛病"。我们摄影系，看完任何一个电影，包括老师讲一个东西，都争论得特别厉害，从课堂一出来，一直到宿舍，一直到饭厅，甚至都可以急了，我要坚持我的观点，你要坚持你的观点，争得"面红耳赤"。那时，在校园里很少有人瞎逛，我就没有听到谁说，或者是我自己亲眼看的我们这些同学在什么地方玩儿，没有。要么就是在图书馆，就是在教室看书做作业，或者说一块儿在教室和宿舍争论和讨论问题。后来，因为同学在教室学习太久，到了不守规矩的程度，不回宿舍，在教室通宵看书。学校考虑学生的健康，怕这样久了不行，要伤身体。于是，做了一个硬性的规定，到晚上11点，所有教室、宿舍都拉闸限电，全都是黑的，从课堂到宿舍都没灯了。教员就去教室把学生往宿舍撵。

同学关系——

表演系被遗忘在城里的小西天，与我们很少来往。在"世外桃源"学习的导演、摄影、美术、录音四个系，就像一个大班级，经常一起上课、一起看片、一起考试、一起打球。在学习的过程中，各个系的同学迅速熟悉起来，同学的关系非常融洽，许多同学都彼此认识，但是，我们那时跟女同学还是有疏远感，基本上没有什么来往也很少说话（同班的同学还好。大家并没有班级的概念，有的同学，吃喝不分你我，有的同学，整天混在一起。最大的特点是，在看外国电影的时候，一定是凑在一起的，一起讨论，一起侃山。我们当时在学院看了电影后，就觉得怎么在电影中能把人物塑造的那样完美。人物命运那样的跌宕，实在让我们感叹，有时为人物的命运伤感，很多故事和人物给我留下了特别深刻的印象。但是，在艺术的创作上，似乎好像我们都有不同程度的反叛精神。

上学的时候，在教师的带领下，我们这些78班的同学跟着参加故事片的拍摄。青年厂出品，导演系郑洞天、徐谷明导演的《邻居》，摄制组里有美术系王鸿海、尹力；表演系有陈泊、袁牧女；摄影系有我、王左。还有，青年厂出品的电影，导演系韩小磊导演的《见习律师》，摄制组里有导演系李少红、彭小莲、赵劲、江海洋、蒋卫合，摄影系有穆德远，美术系有何群，由于有了这样同学之间的合作，各个系之间迅速熟悉了起来，亲如家人，感觉也没有班级之分。

同学毕业——

1982年7月，即将毕业的导演系的张军钊，摄影系的张艺谋、萧峰，美术系的何群，被分配到地处祖国边陲、远在祖国之南的广西电影制片厂。在我们看来，他们虽然分配了工作，但是非常压抑，因为他们觉得是很悲壮的，有一种被驱逐的感觉，有一种离别的伤感萦绕。在那个年代，我们就觉得这些同学永远见不到了，纷纷到火车站去送行，什么也不说，只是彼此用眼睛注视着。记得去广西的这帮哥们儿，坐的是北京火车站的晚上近12点的慢车，车票便宜，在伤感的情绪下，各个系的同学来送行，有点诀别的意思，甚至有的同学，例如，北京的何群，从小在北京长大，结果电影学院上完了，分到广西电影制片厂，户口就被注销了，用火车托运了若干书籍和生活用品后，提着一个手提包、背着一个铺盖卷，就永远离开了北京，就再也不是北京市民了。当时的时代和环境就是这样，没有办法改变，也没有能力改变，只有顺从和执行。他们去广西的几个同学，我们就觉得有点像当年充军十万八千里的意味，离家越来越远，都快到越南边境了。

而日后享誉世界的摄影师顾长卫、赵非、侯咏、智磊，则去了黄土高原的陕西电影制片厂报到，著名的导演和摄影师张黎，则被发配到了湘江边上的湖南电影制片厂。至于那些能够幸运地留在首都北京的同学，也并不能高兴起来，因为学生们前途也并不是一片可喜和光明。那是改革开放初期的中国，一切都刚刚起步，机会不少，让人充满了希望，体制僵化，而一切又都远得让这些刚毕业的学生觉得遥遥无期。

其实，现在用一句老话，"有得必有失"，那么我们就是"有失才有得"。回想起当时如果没有他们分到广西，也就没有机会拍摄《一个和八个》，以及《黄土地》，后来，又有《大阅兵》这样的电影，这三部片子对我的影响实在是太大了，这可能也是影响我们其他同学创作的重要原因之一。

顾长卫在校期间的作业（组图）

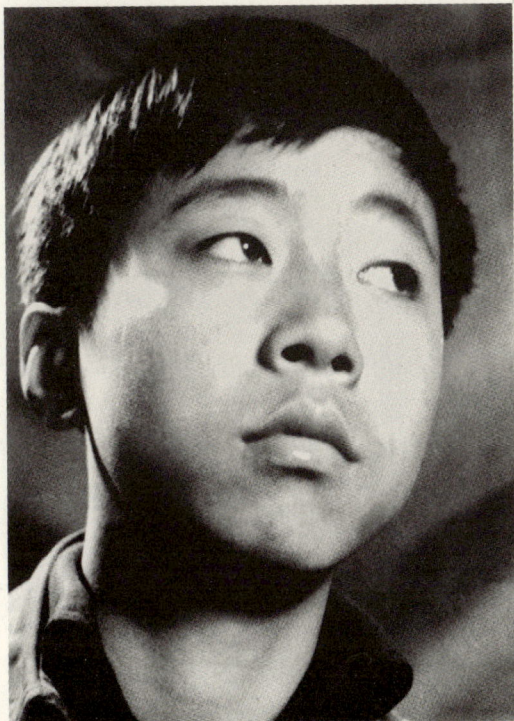

78 班部分同学在校期间的留影
（依次为录音系陶经、摄影系王小列、
录音系孙欣、美术系冯小宁、导演系陈
凯歌、导演系胡玫、美术系王小燕、录
音系吴凌）

美术系石建都所绘部分 78 班同学素描

（依次为李少红、田壮壮、陶经、尹力、穆德远、王鸿海、顾长卫、张艺谋）

156

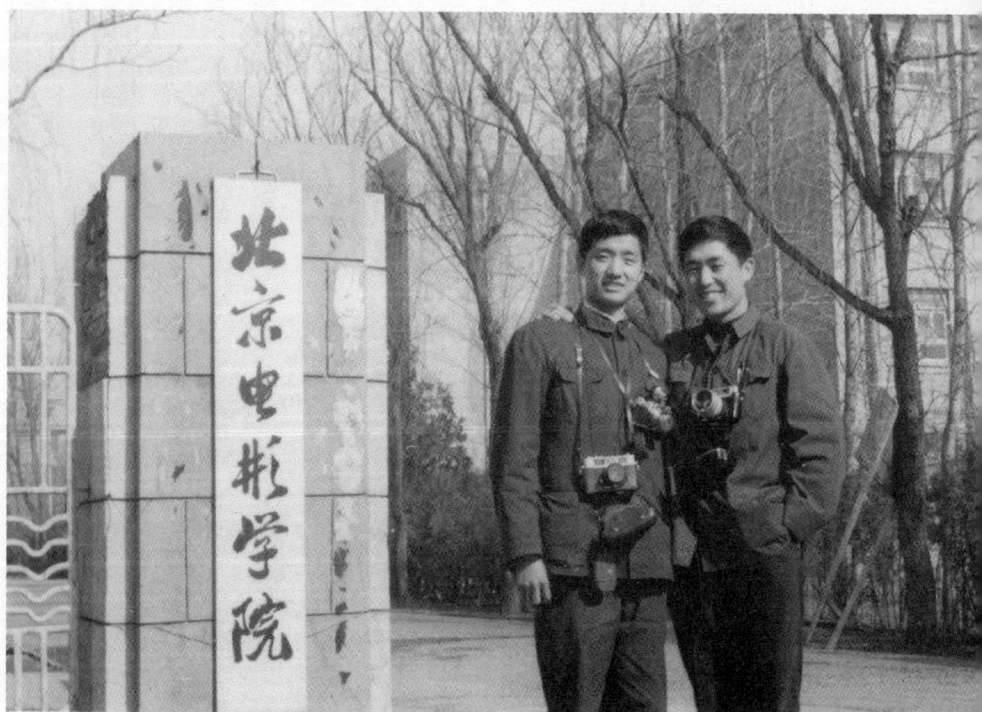

1978 年入学时，张会军与张艺谋合影于学校门口

我和艺谋

————

我和艺谋是大学 4 年的同窗好友。关于艺谋，媒体其实都是在瞎忙活，根本写不到点上，更多的东西也是在道听途说，这是今天做记者的悲哀，很少进行深入调查，完全是凭着一些信息来编稿子。很多人都让我写一写艺谋，我不敢，总是保持着矜持和谨慎。因为知道的太多，写出来、说出来，肯定会惹麻烦，首先是怕他有麻烦，其次是怕我有麻烦。

大学宿舍，摄影系的其他三个宿舍全部在四楼，唯独我们是在三楼306 房间。大学同班 4 年在一起学习，因为我们两个在一个宿舍头对头（其实是都朝南一个方向）一起住了 4 年，是同学、朋友、同行，我们太熟悉了，所以一直是比较了解，也说得来，彼此同学情谊也比较深。

狂抓复习——

艺谋在大学时，是一个外表平和、内心非常忐忑和复杂的人。1978 年开始上学，他虽然被摄影系破格录取，其实大部分同学不知道只是让他跟班读两年，根本没有正式录取，只有系里老师知道。老师也不会说这事，所以等于谁也不知道，也就在稀里糊涂中度过。但是，张艺谋觉得别人谁都知道。其实，我作为摄影系 78 班的班长，都不是十分清楚。他似乎有一口气没有呼出来，他的作业非常注意造型形式和影像的形式主义风格，其实我心里知道，这是他压抑的结果，他似乎在用这样的方式来排遣自己。

入学以后，刚开始，我俩对学习不是特别适应，牵扯到文化课比较多的，就总是有问题，学习也不算特好。我们的外语也比较弱，涉及高中文化课多的内容，总是我们俩的成绩垫后，在这种情况下只能是特玩命地学，别无选择，于是在期中考试和期末考试的时候，狂抓复习，给自己出各种各样的题，相互提问，相互回答，最终复习到可以全部背诵下来。虽然方法笨，但是非常有实效，很多其他的同学也加入到我们复习的行列。

拍摄短片——

记得"78班"导演系和摄影系在 1981 年拍摄实习短片作业《小院》，导演系的有张建亚、田壮壮、谢晓晶、崔晓芹；摄影系的有我、张艺谋、吕乐、侯咏、梁明、王左等，美术系的有杨晓文等。艺谋和我（还有摄影系其他的同学）都是第一次拍摄短片，主要拍摄场景地在今天的积水潭桥二环内的靠近后海的一个中央新闻电影厂的家属宿舍里，因为电影是改编自小说，就格外的重视。那时候，我们拍片子的态度特别地认真，由于是用黑白胶片拍摄。艺谋在这个短片的拍摄过程中，绝对是主心骨的角色，我们也始终是在艺谋的带领下，每天跟导演组讨论拍摄的条件、时机和具体的方案。我们甚至每一句台词都能背下来。摄影的同学纷纷研究自己所承担的部分，甚至每一个镜头的机位、拍摄方法、构图都画出画面来。艺谋和侯咏，为了保管摄影机，晚上就住在那个院里非常破旧的房间里。同样，在每一次样片洗印回来以后，艺谋也是组织同学一起讨论我们摄影的技术和艺术问题，经常沟通，注意克服我们自身的问题。那时，这部影片导演系是4个同学、摄影系是8个学生分别完成和拍摄这点戏，对摄影系同学来说，平均每一个人能拍上4分钟。从今天放映的效果上，能看出来那时我们是很认真的。

拍摄作业——

灯光房作业是我们最开始接触的拍摄实践作业，同学完全没有什么经验，艺谋也没有什么经验。我看见他借了很多的素描作品和摄影的杂志，在考虑借鉴如何使灯光的东西，在比较发脏的石膏像上，可以拍摄出白色合作是黑白灰的关系。有一次，他拍摄的时候，我特意去看了一下，他打完的光，我也量一下，也就知道他的技术控制，很多东西是在现场学习到的。所以，很多艺术的东西、技术的东西，只能心领神会，不能言传。

考人像作业是我们整个照相摄影中比较难的工作，拍一个活人，在各个技术方面要比较符合作业的要求，在构图和人物造型方面还要做神形兼备，有点难度，但是艺谋所有的人像作业，技术上、构图上、控制上，表现上，都是比较有新意，而且显示出其有非常扎实的功底。

艺谋上学的时候，是班上做作业认真的模范，从开始构思、设计、制作、完成，都表现出前所未有的重视，上学时，他一直对摄影的技术十分关注，在艺术上坚持着自己的观点和风格，不为别人的意见和思想所左右。艺谋最可贵的是他永远都是在思考自己将表现什么？怎么样去表现这些东西？甚至经常是几天几夜不语，一旦他开口说话了，他的作业基本上就是已经设计好了，记得在上学的时候，他拍摄一幅静物的摄影作品《借问酒家何处有，牧童遥指杏花村》的作品，他特意在城里买了一个陶瓷的牧童和耕牛，我帮助他打下手，看见他在配制乳胶漆的浓度和墨水的比例关系上反复进行实验，控制水面的白度和质感，几经实验、配制，直到基本满意，同时，不断调整摄影的构图、光线的效果、技术的控制，一直达到满意的结果，他才按动快门。他在整个的画面处理上，注意尊重中国传统绘画的特点，注意在自己的作品中表达那样的意境，创作中构图上的处理独到，结构上比较突出牧童的重点，在视觉上取得了摄影的视觉冲击力。

外出拍摄——

开始的外出拍摄，基本上是我们宿舍集体出动，随着后来拍摄、看展览等活动多，宿舍的同学基本上都是小范围活动。于是，我和张艺谋结伙出去的时间就比较多。为了第二天在城里拍东西，多数他星期六就住到他在月坛附近的亲戚家，然后我们两个骑自行车去公园拍摄，现在艺谋的作业里，就有我们在紫竹院拍摄的老人的照片。

有一次我通过家里的人，联系了到军博对面的新华社幼儿园拍孩子，人家幼儿园还做了比较充分的准备，我们去了以后，还真是拍了不少好照片。

当年的圆明园，一直是北京最为神秘的地方，也是普通老百姓很少去的地方。我们就从夏天开始，一直拍到秋天、冬天，反复去拍圆明园的风景变化。

记得有一次，我们约好去紫竹院拍摄冬景，结果我睡觉起晚了，当时由于没有联系方式，也不知道去哪里找他，自己只好就在城里随便拍了一些东西就回朱辛庄了。在那时，在北京公共交通还不发达的情况下，我和艺谋骑着自行车跑了很多的地方，一方面完成了作业，一方面也了解了北京城市的变化。

暗房制作——

在大学一二年级的时候，照相课程和暗房作业，是我们经常性的作业任务。每次艺谋在暗房洗印底片、放大作业，都是十分仔细和小心翼翼，动作非常轻缓，有规律和节奏。不像班上一些年纪小的同学，比较随性和鲁莽。特别是在放大黑白作业的过程中，由于我们发的大部分放大相纸都是2号相纸（一种反差不是很大的相纸），放大出来会有一些发灰，很多同学就自己买一种反差比较大的3号相纸来用。艺谋不是，我总看到他在药液的温度、搅动的次数、曝光的时间等方面进行反复实验。有一次，我特意在边上从头至尾认真观察了一遍，他真的是在用非常小的相纸在试，然后在本上记着什么，改变数据以后，再试，直到满意为止。所以，他的照相和放大作业都比较讲究，成绩比较高。今天我们看到艺谋上学的文字作业和照相作业，我们仍然可以从作业完成的形态上，看到他的用心和认真，这不是一般人可以理解他内心所承受的思想和学习压力。

完成作业——

上学的时候，艺谋总是保持勤奋学习状态，作业格外认真，也显示出比较前卫的思维，他一直主意比较正，作业总是思考很久，他也征求别人的意见，但是一般人很难改变他，一旦完成就非常具有新意和质量，他学习和创作的认真态度，不是做给别人看的，是完全做给自己的，他永远都是保持着这种心态和创作的激情。

从艺谋的工作态度和认真的程度，可以知道他注定要付出比别人多的东西。所有放大完成的照相作业，艺谋都是先将照片摊在自己的单人床上，反复对比和挑选，然后叫上我们同宿舍的几个同学帮助参谋，让我们说出对这些作业的感受。甚至，他还找美术系的尹力、李耕等同学，征求他们对自己作业的意见，决定最后交什么。每次作业，他在班上都是水平是比较高的一个。

现在我们看到了艺谋的作业，会给我们留下两个深刻的印象。文字作业非常工整，字写得很漂亮，关键是可以看出他做事的认真。照片作业，非常讲究和富有艺术气息，拍摄的题材很多，风格也完全不一样。

稿费请客——

艺谋在上学的时候，就不断通过邮寄的方法，将自己拍摄的作品投稿，他的一些摄影作品先后在国内的摄影专业杂志和期刊上刊登。那时这类杂志非常少，我们一般买不起，大多数是在学院的图书馆期刊室里看到，每次看见张艺谋的作品都会对他多一些敬佩。上学的时候，他还参加了"四月影会"，以及当时在中山公园举办的摄影展。随后，他就开始在国内的其他省的各个摄影和文化刊物发表摄影作品。因为我们上学摄影系出去拍作业，基本上是我们同宿舍的同学结伴出行，所以经常遇到"饭口"的机会，更多的时候，艺谋是用稿费请同宿舍的同学"撮一顿"。时候长了，同学们有些过意不去，但是艺谋老同志总是淡淡地说，"没有关系，我是用稿费请我们宿舍的大伙聚餐"，他的这些话打消了许多同学犹豫的念头，结果大伙吃得更加坦然和肆无忌惮。

认真学习——

艺谋在学习和做事中，总会做非常多的调查研究，才会发表自己的意见。他总是有条不紊，稳扎稳打。即便是参加宿舍同学的讨论，也都是先在边上听，想好了以后再说，话语不多，但说的问题和看法都非常准确和到位，

上学的时候，艺谋在学校一开始就是一个被关注的人物，因为他没有经过考试，是靠自己作品的水平，被领导批准破格录取的。随着时间的推移，他在学习上比其他同学更认真和细致，成绩也是不错的，各个方面也显现出与众不同。

我们宿舍的人都知道，张艺谋是宿舍里看书是最多、最勤的人，他基本上看两种类型的书：一是期刊，电影的、摄影的、国外技术的；二是看各种各样的小说和文学杂志。上大学时养成的看小说和文学期刊的习惯，对他从文学中汲取营养有十分重大的帮助，对他日后的电影创作选择故事和题材，有决定的作用。现在如果我们去北京电影学院图书馆查，大多数的小说都有张艺谋借过的借阅登记。

1979 年，摄影系 306 宿舍同学在紫竹院拍摄作业，赵非、王左、张艺谋、顾长卫、张会军、王雁（从左至右）

1992 年，十年聚首时 306 宿舍几位同学再次合影，王左、张艺谋、顾长卫、张会军、王雁（从左至右）

1982 年毕业后，张艺谋与张会军的部分合影

二十年聚会时的张艺谋与张会军

张会军在校期间的作业（组图）

作为学生，技术的掌握、艺术的创作既受是否勤奋的学习、认真钻研的影响，也受时代、社会和自己主观条件的约束。终日只求一知半解，不思进取的人，既使对自己所学的专业有很大的偏爱，也很难迈近开新的一步。

—— 自序

"小白兔"

4. "小白兔" 张会军 北京电影学院 摄影系
海鸥 205. 保定 135 胶片 ASA 400
摄于七九年十一月. f 5-6 1/60

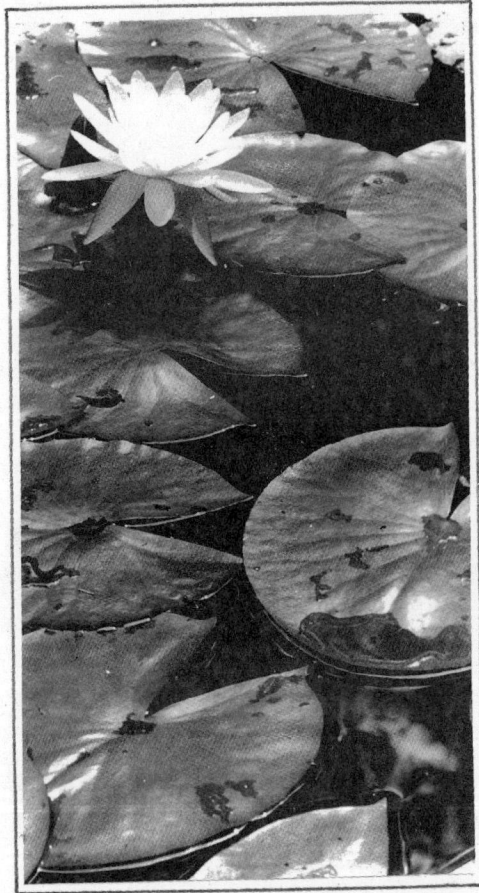

5. *独秀* 张保军
北京电影学院摄影系
莱卡 3F 135mm 镜头 保达135
胶片 摄于八0年九月
f8 1/100

独秀

* 生活中的我 *

* 竹 *

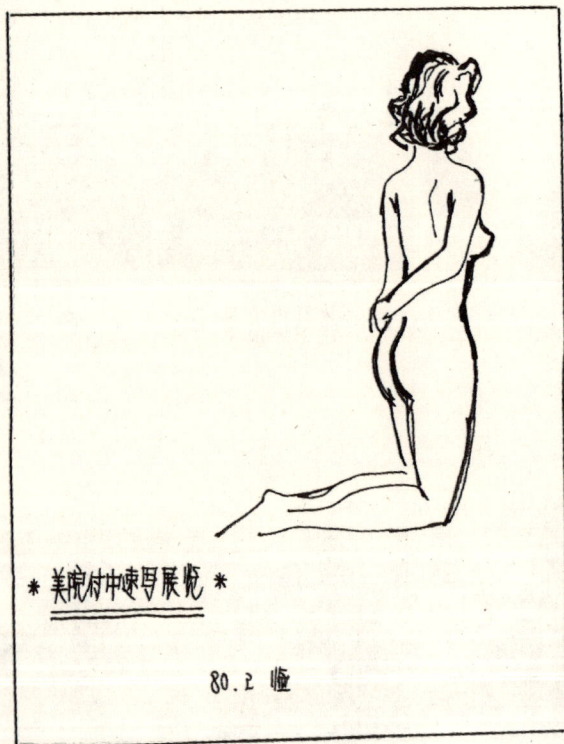

张会军在 1980 年画的人体作品

* 升腾 *

* 恋 *

* 望 *

* 星光 *

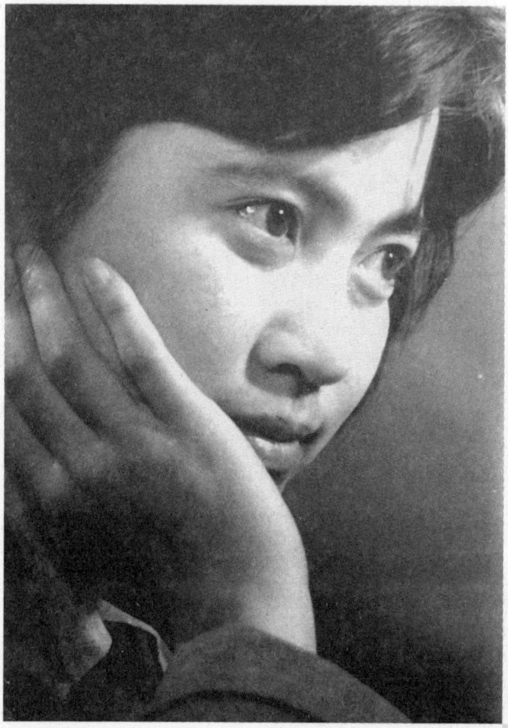

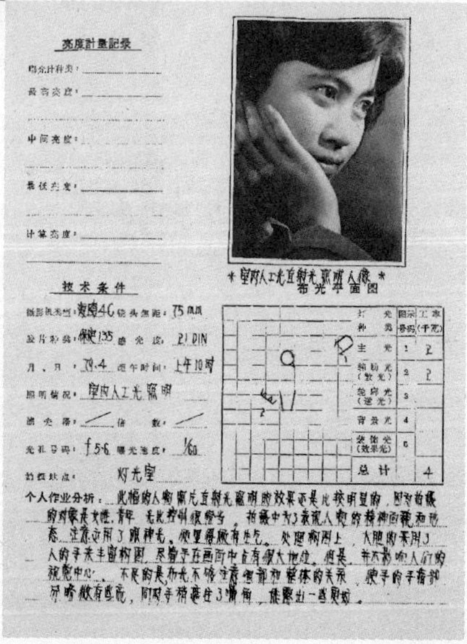

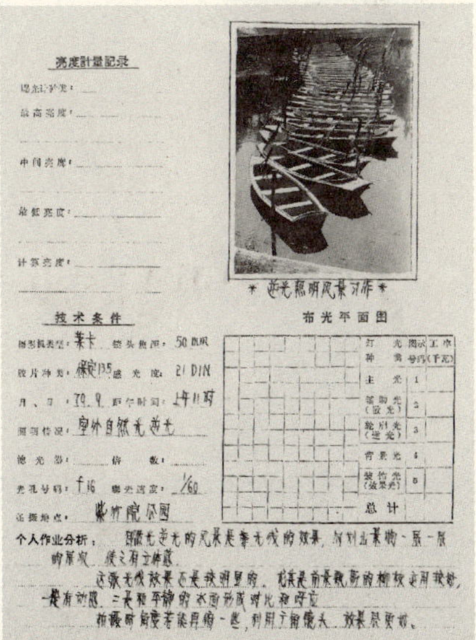

亮度计量记录

曝光计种类：

最高亮度：

中间亮度：

最低亮度：

计算亮度：

* 逆光照明风景习作 *

技术条件

摄影机类型：莱卡　镜头焦距：50毫米

胶片种类：保定135　感光度：21 DIN

月、日：79.9　拍摄时间：上午11时

照明情况：室外自然光逆光

滤光器：　倍数：

光孔号码：f16　曝光速度：1/60

拍摄地点：紫竹院公园

布光平面图

灯光种类	图示号码	工作(千瓦)
主光	1	
辅助光(副光)	2	
轮廓光(逆光)	3	
背景光	4	
装饰光(效果光)	5	
总计		

个人作业分析：　阳光逆光的风景是靠光线的效果，刻划出景物一层一层的层次，使之有立体感。

这张光线效果还是较明显的，尤其是前景飘荡的柳枝运用较好，一是有动感，二是和平静的水面形成对比和呼应。

拍摄时角度若能再偏一些，利用广角镜头，效果会更好。

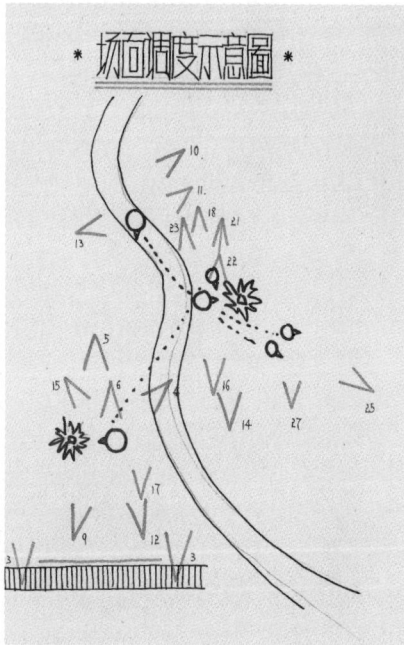

* 场面调度示意图 *

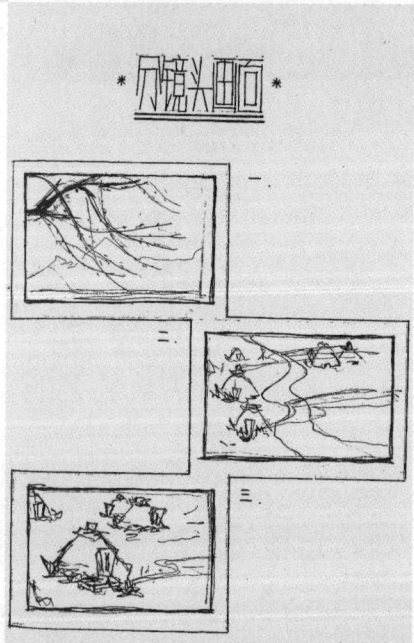

* 分镜头画面 *

创作实习 ▍

　　艺术院校的教学实习，是一个整体的概念，其中包括课程作业、自由作业、社会实践、阶段作业、毕业作品（创作）。在我们国家的艺术院校中，形成了一个非常有效、固定的模式，一方面丰富了课堂教学的内容，另一方面锻炼了学生自己动手的能力，同时又创造了学生自己总结、自己学习的机会。

　　电影学院"78班"各个系的教学，根据课程的不同，安排了各种各样的实习，防止由于教学的缺乏造成直观和感官的不足，也防止教学完成以后学生仍然不能胜任工作，更为主要的是解决教学的闭门造车、空洞操作上的问题，通过教学实习的操作，建立电影专业教育与电影专业创作的直接联系。

　　各个系教学实习的内容、方法、规格、形式是完全不同的。导演系的同学收集故事，观察人物，练习写片段；表演系的同学深入生活，观察生活；美术系的同学下乡写生，画速写，临摹，创作等；录音系的同学录制参考声音、自然声响及各种各样的奇妙音响；摄影系的同学拍片实习在日常的教学活动中，有非常充足的机会，拍摄 16MM 的作业、录像的作业和 35MM 的作业，还参加完成教师拍摄的公益片、广告片、MTV 等作品。当时"78班"

在朱辛庄教学的过程中，除了一些必要的各个系的实验室和专业教室以外，还具备在当时我们国家其他电影厂都不具备的专业电影摄影棚。在学院的小西天校址有 1 个 400 平方米和 1 个 500 平方米的摄影棚。在学院的朱辛庄校址摄影棚有 3 个，分别是 1 个 800 平方米，2 个 400 平方米，已经是北京乃至全国规模比较可观的大摄影棚，完全能完成电影摄影棚内景的搭制和拍摄。1979 年，北京电影学院青年电影制片厂组织了以中日友好为题材的彩色故事片《樱》的拍摄，该片内景部分的拍摄就是在朱辛庄校舍的摄影棚中进行的，1981 年青年电影制片厂拍摄的电影《邻居》中的筒子楼的场景，也是在这些摄影棚中搭建的。学院的导演系、摄影系、美术系的同学，正是在摄影棚完成了专业技巧的学习和手法的锻炼，对后来的"78 班"同学的合作拍摄和创作，起到了非常重要的作用。尤其是对于摄影系的同学，在照明作业的阶段，就已经在摄影棚里进行训练。这些，在当时中国乃至世界都具有领先水平。

摄影系的教学实习是一个非常完整的连环过程，做感光度实验、曝光光楔、药水冲洗、烘干晾晒、外出拍照、显影定影、照片放大、剪裁制作、光效模拟、技术实现、曝光控制、摄影掌握、镜头训练、片段完成、单一训练、技术实验、技巧训练、构图实现、短片拍摄等各个环节。摄影系的同学在进入二年级的电影摄影教学阶段后，就在朱辛庄的大摄影棚里搭了两个布景，一个是农村的院子加农舍；另一个是城里平房的内部房间。此外，还要根据作业和实习的要求，根据技术和艺术要求，要拍摄几个单元用灯光打出的日光条件下的光效：晴天、阴天、清晨、黄昏等外景的气氛条件，还要拍摄纯粹用灯光进行照明的各种各样的气氛光效，火光、蜡烛光、月光、夜景及开灯、关灯的光效。无论是开始的学习还是后来的片段作业，摄影系全班同学都分成三个组，按照这三个不同的内容轮流拍摄。在照明布光上由另一位老师专门指导，每一个同学都拍摄一个 5—6 分钟长的故事片段，别的同学就替他照明或当助理，表演系的学生们或老师们来替他们当演员。这样的学习方法一直延续到毕业作品的环节，这种严格和非常有效的作业及技术、艺术的教学实施，使得摄影系的同学基本功非常扎实。

在谈到电影学院"78班"或者是中国"第五代"电影的标志性处女作品的时候，我们更多地提到广西电影制片厂出品 35MM 影片《一个和八个》《黄土地》。其实，那是"78班"毕业以后早期创作的具有生产和发行意义的电影。如果我们客观地把"78班"作为一个真实创作群体和中国电影历史的概念进行研究，就必须了解他们在上学期间拍摄的相对比较完整的短片（实习）作品。实际上，"78班""第五代"电影人的 35MM 胶片电影创作，最早开始于 1981 年。当时，在学院整体教学和课程学习的过程中，各个系已经开始了进行小范围的短片拍摄合作，其早期的第一批电影作品短片《小院》《田野》《最后一个镜头》（均是 35MM 黑白胶片、短片，长度在 30 分钟左右），完全是系里安排和教师指定，由各个系的多个同学组成摄制组合作完成。

《小院》（黑白 35MM），表现了"文化大革命"后期，一个中等北方城市的社会发展和思想变革中的某个文艺团体里，几个成员及其家庭中夫妻各自对生活的憧憬与向往，塑造了几组不同性格的人物形象，表现了他们之间的爱恨情仇、喜怒哀乐，反映了他们之间的矛盾，展示了他们在思想和生活上对社会发展与变革的适应。

这部影片由于是改编自一个短篇小说，由于内容和形式的关系，轻松和凝重的东西并存。这部影片由导演系 5 个同学、摄影系 8 个同学共同完成，平均每个人能拍上 4 分钟。同学们拍片子的态度特别认真，部分场景的气氛、时机、光效都有比较明确的要求，每一个镜头都要画出画面来，甚至每一个镜头所要完成的技术控制和具体的数值要求，都进行了仔细商量。

《田野》（黑白 35MM），以"文化大革命"时期，知识青年上山下乡为背景，展现了一群在北大荒插队的知识青年的生活，表达了他们的情感经历和生命历程，表现了他们所承受的社会痛苦和精神压力，影片从一个侧面再现了他们所经历的社会最边缘的状态，表明了那个时期的年轻人的思想和社会对他们的态度，也是最早直接表现"文化大革命"的电影作品。

那时，这个摄制组的剧本是潘渊亮本人自己创作的，又是他自己和其他的同学担任导演。在拍摄的过程中，参与的其他系同学，特别是摄影系的穆德远、顾长卫、王小列等同学，都对剧本提出自己的意见，尤其是摄影系的同学，在分到了自己的拍摄段落以后，仍然在对剧本进行斟酌，提出自己的想法和导演系的同学交换意见。在每天晚上开会讨论第二天的拍摄计划的时候，各种各样的想法被提了出来，不断否定和不断修改，剧本和拍摄的方案被丰富和完善。摄影系的穆德远同学，甚至在拍摄前提出非常具体的拍摄实施方法，画出相应的草图和示意图；对所要拍摄的场景进行事前整理，他手提斧子，清理拍摄周边的杂草和灌木，保证拍摄时画面的精美。在拍摄的过程中，导演系、摄影系等参与创作的同学，在艺术上更是精益求精。

《最后一个镜头》（黑白35MM），表现了"文化大革命"时期一家国营企业的工厂青年工人的命运发展，塑造了各种各样的人物，通过一系列事件，展现了在那个特定的时期，国有企业的生存状态和人与人之间的关系，展示了在那个年代青年人的爱情、友情，内容比较积极，也十分抒情，对于社会和年轻人有比较大的教育意义。

这个影片的时代背景和所表现的内容，最接近同学们的年龄和当时社会所处的环境，影像非常清新，洋溢着时代的气息和青春的萌动。在电影的处理手法和具体的完成效果上，干净利落，大工厂凝重灰暗的背景和年轻人的朝气蓬勃，形成了鲜明的对比和呼应。

这些学生所表现出来的对创作实习的认真态度，全面反映了学院的教学要求和在具体教学实施上的结果，反映了同学对课外实习和实践内容的重视和关注，同时，也体现了系和系之间的理解和配合。

1982年，"78班"即将毕业的时候，拍摄了毕业短片作品《结婚》（彩色35MM）、《目标》（彩色35MM）。这两部作品，在内容、题材上与以往相比变化较大，触及了当时的社会现实，反映了老百姓的疾苦，在现实主义创作方面有比较大的突破。《结婚》和《目标》这两部片子，后来曾在多个国家的大学和电影院校进行放映和交流，产生了比较大的影响。当时，毕业班的一部分同学参加拍摄了故事片《红象》（彩色 35MM，由儿童电影制片厂出品）。《红象》是一部描写自然、儿童和动物的多重内容和意义的电影，具有人类学的意义。从画面上我们可以看到，整个电影的拍摄难度是无法想象的，也是我们国家不同以往的儿童电影类型的一次创作，显示了拍摄者的才华，准确表达了社会、自然、环境、动物、人类之间复杂的关系。这个电影在当时的儿童电影当中是最难拍摄的，但是同学们所表现出来的创作才智，已经是初露锋芒。同时还有部分同学参加拍摄了学院青年厂正式生产拍摄的故事片《邻居》（彩色 35MM）、《见习律师》（彩色 35MM）。

值得指出的是，"78 班"电影人早期拍摄的《小院》《田野》《最后一个镜头》《结婚》《目标》等黑白、彩色短片电影，根据学院的教学要求，有意识地没有进入到正式公开发行的领域，但是作为教学成果和教学作品，在很多国家、地方进行过学术放映。后来，影片《小院》1993 年入选日本东京国际电影节学生短片电影单元，在以后的时间里，这部影片作为展示 1978 年以后的中国电影专业教育的成果，宣传"78 班"学习成长的事例，先后在英国、日本、美国、韩国、墨西哥等国家和大学进行学术放映和交流，得到了许多赞许和肯定。然而由于种种原因，"78 班"的这些早期电影，长时间地被搁置、忽略和遗忘。根本没有被研究中国电影历史和研究电影理论的人看到，也没有被更多的国内观众看到，更没有被电影工作者和理论学者进行过深入研究。但是，我认为，这些电影是历史性的，是划时代的，是中国电影史上非常重要的作品，其所表现出来的创作风格和影像风格，与"78 班"后来的电影创作有着千丝万缕的联系，具有非常重要的历史价值和学术价值，我觉得这些电影所表现出来的学院教学的原始状态以及创作锐气，是 1978—1982 年中国电影教育成果的直接写照，也是全面反映"78 班"题材选择、创作思考的学术成果。这些影片的存在，对于研究"78 班"和"第五代"电影作品和电影人是不能被忽略的。

　　在纪念中国电影 100 周年的时候，举办了各种各样的不同形式的关于中国电影及其百年的学术研讨会，其中大都在不同层次、不同角度、不同视点上提到了北京电影学院"78 班"，对于他们的出现和存在，进行了多元的历史和理论上的论述，这对于研究 1978—1982 年的北京电影学院教育、教学具有非常重要的历史意义和理论意义。但是，在历史上、创作上、教育上，却没有进行深入的研究和分析。其实，今天在一个什么样的角度上重新评价改革开放以后的中国高等教育，评价中国电影艺术的专业教育，评价和讨论中国电影"78 班"和"第五代"都已经没有什么特别大的社会意义了，因为，"78 班""第五代"也仅仅是经历了四年的电影教育，毕竟已经成了历史和过去，中国电影已经有了一个比较好的生存环境和发展的空间，有了更多的年轻一代的电影制作人加入到中国电影创作群体的队伍中来。

　　我曾经写道：能够系统地讨论中国电影"78 班""第五代"产生、成长、教育、发展，讨论"78 班""第五代"教育、教学和他们的电影创作、观念、理论、风格、美学的问题，有着历史和学术上的重要意义。说实在的，现在撰写关于中国"第五代"电影的理论、评论的文章太多了，可问题是有些人恐怕连这些"78 班""第五代"的早期电影（胶片）都没有看过。

　　更严重的问题在于，我们还没有意识到，我们的电影历史、理论、评论的研究，没有在更高的基础上指导、引领中国电影的创作。当然，真正意义上的学术专著就更是比较少见，作者个人系统的专业研究和写作就更为少见，这就是我们目前电影理论学术界的悲剧。

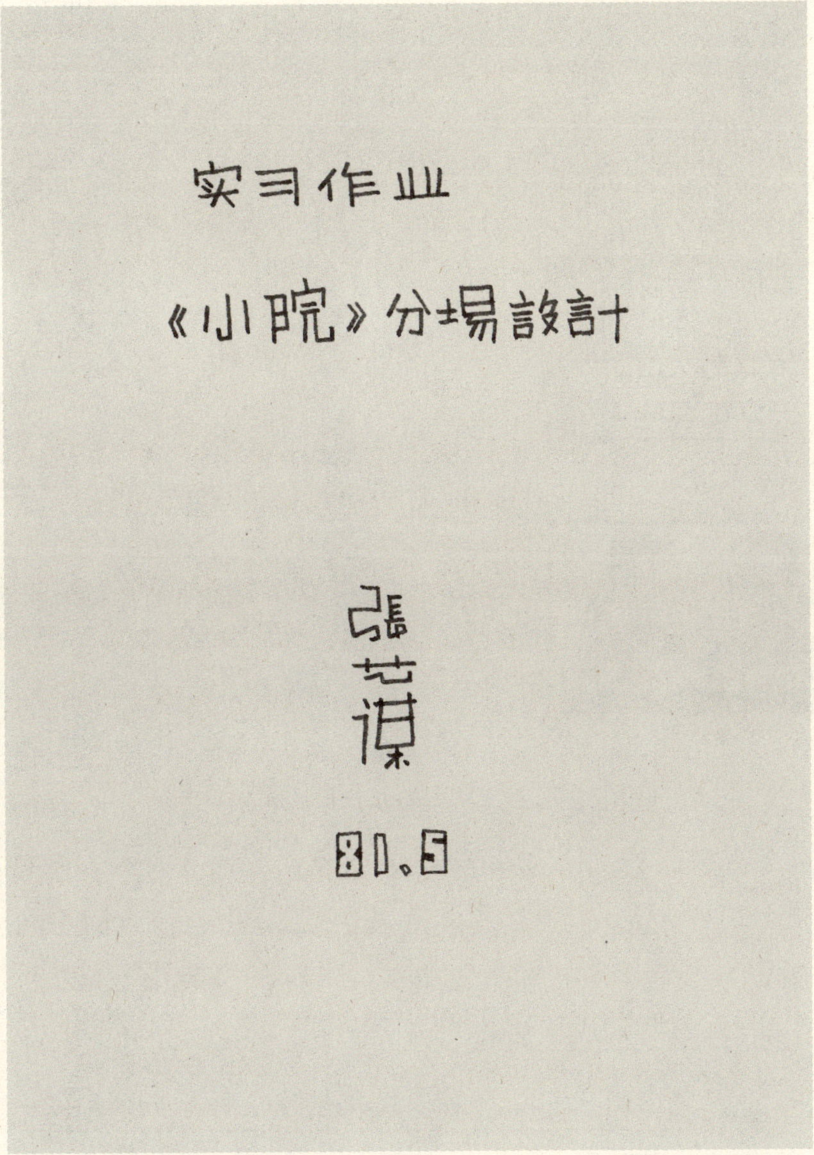

实习作业

《小院》分塲設計

张艺谋

81.5

张艺谋所绘制的毕业短片作业电影《小院》分场设计

一、黄昏　小院。

这基本上是序幕. 人物依顺出场. 属于交代环境与人物关系的大概情况, 给观众留下一了轮廓的印象。

光线设计: 下午五六点钟后, 下班的时间, 太阳未落, 院内投影较长, 光线柔和, 层次丰高。 我们在处理时尽量利用自然光, 没用灯光, 为追求自然, 质朴, 真实的气氛. 用反光板也较慎重。 为避免一定的死角太死, 利用院内搭晾的浅色衣物来进行影调调整。

机器运用: 为追求真实 自然的效果, 多用较长的镜头, 在运动中展示人物, 在人物的运动中再展示环境, 运动以人物的行为动作为主要依据. 考虑到使观众在第一眼能看出人物环境的大体情况, 镜头运动的节奏较慢。

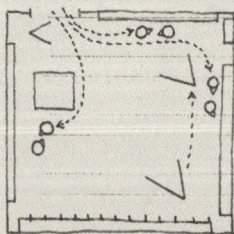

构图: 多以中近景为主. 构图力求简

伟华 79.8.

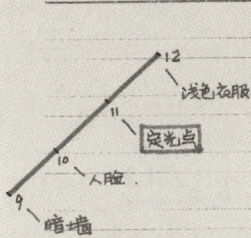

综观晰 一目了然。另外 为造成一定的空间感，凡镜头运动时总利用一些晚内的陈设作为前景。

色的要求：创新 科学 展示人物关系，交代时间地点。

二、黄昏 内 桑·家

桑·与珍平刚下班回来。二人境传较熟块。桑·晚养作饭 收拾 珍平吃完饭后 专心致志地凉稿撑。计小中进来 送来毒糖。桑·出去养他的新房。

光线设计：天已傍黑 屋里刚开灯 但一切都显得较柔和。考虑到人物的境传 因此光线以简单 晚块为基调。室内一个日光灯 一盏台灯 但都浪柔和。反差久大。

镜头运用：轻快 流畅 表现 夫妻两个境块的生活。镜头跟着桑·走室内

伟华 79.8.

《小院》摄影阐述
及摄影小结

张艺谋

80.5.

张艺谋所绘制的毕业作业电影《小院》摄影阐述及小结

《小院》摄影阐述

▲ 对主题的理解和抒发 ——

这是个最普通、最常见的小院，住着那么几对最普通的夫妻。

上班、下班、做饭、吃饭、刷碗、打扫、吵嘴、斗气、打盹、睡觉……像所有的中国居民那被单调、程式化的日常生活一样，小院的居民们也周而复始地重复着生活中一成不变的节奏。

然而这并不是生活的真谛！

每户人家都从各自不同的生活方式中去探讨、去体验、去追求着朦胧的什么东西。对有些人，生活显得单调、无聊、空虚。对另一些人，生活则给他们带来欢乐、带来幸福和爱。

物质的充裕只是生活的一小部分内容。

去热爱生活吧！生活会给你全部的爱！

多么普通，又多么可爱的小院！

▲ 影片的基调 ——

质朴是它的风格。

真实是它的生命。

全部是实景、外景的拍摄，提供了创造真实环境的可能性。一切都要从"真实、自然"的原则出发，创造出生活、亲切的银幕形象。

以小院本身的生活节奏考虑，全片以柔和的形调贯穿始终。

▲ 光线处理 ——

以真实的原则要求：

以生活的真实光效来布光，以生活的真实光效来衡量。

不搞大而全、繁而多的"五光俱全"，不搞戏剧性的假定光效。

以最少的灯光，解决最大的问题。

光比一般控制在1:2.5左右，光线处理的重点是人物肖像。

▲ 构图 ——

在生活的真实环境里去寻求最佳的角度。

不刻意追求优美的画面，不为了构图的"完整"去破坏真实的气氛。

从整部影片的整体结构来考虑构图的要求。

"简练、自然"，这是构图的基准点。

美感产生于真实之中。

▲ 镜头运动——

自然、流畅。

在运动中突出人物，在运动中展示环境。

人物是主体，环境是背景。

人物动，摄影机动，人物停，摄影机停，坚决防止为运动而运动。慎重使用变焦距。

每一次的运动都要有主题和人物的内在要求。

▲ 不同家庭的影调、气氛处理——

在真实中求变化。

1. 桑"家：是全片的重点，影调柔和，层次丰富。室内虽然东西繁多并不显得零乱，带有主人职业的造型特点，各处都围着生活的情趣和气氛。

2. 秀文家：以高调画面为主，室内宽敞，明亮，舒适，富贵，略带火红的环境里似乎有点孤寂、空旷。

3. 老齐家：反差较大，屋子正中的电灯泡毫不掩饰地照着每一个角落，杂乱，不讲究。三个孩子跳出跳进，本来就不整齐的空间更显得拥挤，然而细心的收拾却充满了生活的自然和随便。

4. 小申家：带有一般新乔迁的典型忙乱状况，一切还顾不上收拾，略嫌窄小的屋子里洋溢着新婚的幸福气氛。这里的反差适中，明暗对比不强烈。

摄影七八班，张艺谋
81.5.

《小院》最后一场戏拍摄现场，中间顶端高处摄影者为张会军，（背身）吕乐（左）和张艺谋（右）在为其做摄影助理

《小院》摄制组拍摄现场工作照组图

《小院》剧照，演员王咏歌（左）、李羚（中）、朱琳（右）等

我在为李羚量光，右边站立者为朱琳

1981 年，在《小院》的拍摄现场，右边是同学吕乐

196

《小院》电影海报

《红象》的拍摄现场（组照）

《红象》的拍摄现场，倒地拍摄者为吕乐

1984 年，穆德远在泥泞中拍摄电影《青春祭》

1984 年，穆德远与张暖忻等人拍摄电影《青春祭》

1980 年，电视剧《角落》拍摄现场，谢晓晶、黄英侠、吴昊等人

1980 年，电视剧《角落》拍摄现场，同学们拍的示意剧照

1981 年，78 班表演系同学在参加电影拍摄期间合影

1981 年，穆德远、韩刚、何群等人在拍毕业作业

《见习律师》工作组在选景，中立者为李少红

1981 年，拍摄毕业作品《邻居》，（从左至右）王左、王鸿海、张会军、许同均、尹力

1980 年，梁明（图中摄影机后操作者）在拍摄电影《百合花》

姚国强、王小列、顾长卫在拍摄毕业作业，1981 年

1982 年，摄影系部分同学高举校牌合影，穆德远、何青、邓伟、智磊、侯咏（从左至右）

大学毕业 |

　　四年兴奋、执着、欢喜、艰苦、有趣、快乐的大学生活，转眼之间就成了过去，1460 多天的学习成为记忆中的往事。

　　1982 年 7 月，"78 班"（82 届）的同学们毕业，学院举行了非常隆重的毕业典礼。当时虽然没有张灯结彩，没有学位服，没有学位帽，但是所有人的脸上洋溢着的都是激动与幸福。入学的 159 人，有 153 人取得了北京电影学院历史上的首批文学学士学位。各个系的同学在学院的各个角落留影，在教学楼前与学院的院长、各个系的领导和教师合影。有的系还举行了各种形式的纪念活动，纪念自己四年大学生活的结束。

　　摄影系的同学与学院领导及系里领导、教师合影以后，来到了学院的校门口，在校门口合影，告别这难忘的校园和大学生活。当时，摄影系的毕业同学在门口拍照的时候，索性把挂在校门口并用铁丝拴着的校牌摘了下来，拍摄了三张毕业集体合影：第一张是把北京电影学院的牌子倒立着拍的，所有的同学都依偎在校牌周围，表示着学习结束了，到达了终点，终于可以独立了；第二张是把北京电影学院的牌子横放在地上，每一个人都踩上一只脚照的，表示着我们是站在学院的肩膀上成长的人群，将来要"青出于蓝而胜于蓝"；第三张是把北京电影学院的牌子横着高高地举过头顶照的，表示着我们为学院而感到骄傲和自豪——这张照片，成了北京电影学院的经典照片，也成为中国电影"78班"的毕业标志纪念。

当年历经坎坷、职业各异的年轻人，又再一次面临着生活和工作、地域的选择。那时，没有今天的"北漂"，没有不服从分配，没有自由职业，没有把档案转回原籍、人在祖国四面八方漂泊的情况。那时的档案、工作、单位、户口、关系、专业，对一个人来说是十分重要的心灵依附和精神载体，由于国家电影厂在各个主要城市都存在，所以，毕业生被分配到祖国各个地方是理所当然的事情。对于毕业生而言，没有什么可以选择，国家培养了你，学院教育了你，服从国家的分配，这是天经地义的事情。

当年，为了延续学院的教学发展，补充专业教学和师资队伍的新鲜血液，学院各个系的极少数同学留校参加了工作。后来，由于各种各样的原因，许多同学先后离开了学院。而留在学院的同学，他们当时更关心的是能不能拍上片子。事实上，这种担心也是多余的，教学工作以外，留校的同学都不同程度地参加了实际的拍摄和创作，因而为教学积累了许多的经验。今天，这些留校的同学已经成为学院的教学骨干，为学院的发展做出了贡献。

其实，学院在分配学生的时候，重点考虑了八一电影制片厂、广西电影制片厂、西安电影制片厂、长春电影制片厂，学院鼓励学生报名，也按组织程序为这些电影厂配备了各个系专业比较强的学生。学院主要考虑的是这些厂在改革开放发展的初期，正处于快速发展的时期，当时的电影厂领导非常爱惜人才，具有开拓的思路，希望学院毕业的新鲜血液能够马上胜任电影的创作，尽快地走上电影独立创作的岗位。

张艺谋、张军钊、何群和萧风等人被分配到了远在祖国西南边陲的广西壮族自治区电影制片厂，就像当年去农村和边疆插队一样，他们被分配到祖国最最需要的地方，这里是国家西南的广阔天地，为他们的日后复出埋下了重要的伏笔。但是，当时他们不是这样认为的，他们认为自己是被学院遗弃的人。根据后来的消息，当时广西电影制片厂需要的人比较多，而且各个专业的人都需要，大概要10多个人，最后广西电影制片厂与学院协商定下了 7 个同学，结果就有人不去，最终去了 4 个。

著名导演何群后来回忆说："当时的感觉，又是一场放逐。奔赴广西厂报到的时候，我是和张艺谋从学院一起走的，晚上，我们打了一辆华沙胜利 20 的出租汽车，直奔北京火车站，我们是晚上 11 点 59 分的火车，坐的是硬卧车厢，昏暗的灯光，熙熙攘攘的人群，在远处火车偶尔的汽笛声的衬托下，我们的情绪当时挺伤感的，摄影系穆德远来送我们，有点壮行和诀别的意思。关键是不知道什么时候才能够回来，甚至感觉永远不能回来了。我在北京生长了 20 多年，户口本一注销，提着一个手提箱、一个木箱上了火车，从此以后我就不再是北京市的公民了，这个城市跟我就没有什么关系了。后来我到广西第一件事是买了个电视，每天窗帘一拉，晚上看《新闻联播》，想让自己感觉跟在北京是一个样子。"

而摄影系的顾长卫、赵非、智磊等同学，则按照当时西安电影制片厂的要求，回到原籍的西安电影制片厂报到，他们后来的电影创作，为西安电影制片厂的崛起做出了重要的贡献，他们也成为著名的电影摄影师和导演。顾长卫和赵非因为所拍摄的电影，分别获得了美国奥斯卡最佳摄影师的多次提名，作为"78 班"的成员，他们成了享誉世界的摄影师。

由于北京当时的电影单位比较多，学院以前的毕业生也比较多，有压人的现象。当时留在北京，幸运地分配到各个电影单位的人，前途虽然光明，但是短期内看不到希望，甚至比分到外地的同学更是忐忑不安，不知道什么时候才可以拍上电影。

广西电影制片厂的领导在当时起用了北京电影学院新毕业的学生，较早地独立进行电影创作。正是由于他们的这一实际行动，才开创了新时期中国电影的新纪元，没有他们的这个决策，中国电影的历史将不是现在的这样。正是由于张艺谋、张军钊、何群和萧风等人，与广西电影制片厂签订了军令状，才开始了拍摄电影《一个和八个》的经历，也就有了后来的《黄土地》《大阅兵》等一系列电影，没有那时的第一步，也不会有"78 班"群体创造中国电影"第五代"的奇迹。

毕业证书

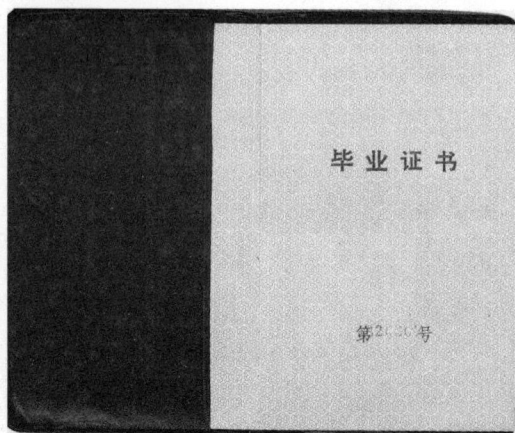

我保存至今的毕业证书等

学生 張会革 系
北京人，一九五六年
七月生。在北京电影学院
校（院）摄影 系
电影摄影 专业
修业四年，成绩及格，准予
毕业。经审核符合《中华人
民共和国学位条例》规定，

授予 文 学学士学位。
（电影摄影）

校（院）长　学位评定委员会主席

证书编号：0066

学士学位证书

張会革 同志：

　　您的《园丁与幼苗　　　》
作品在《首都大学生摄影艺术展览》
中入选。

　　希望您继续努力，创作出更好更
多的作品。

《首都大学生 摄影艺术展览》评选委员会

一九八〇年十一月　日

摄影艺术作品

入选证

1985 年，我留校后在拍摄教学作业

　　大学分配的时候，所有的同学都觉得在当时的情况下，对张艺谋、张军钊、何群、萧风他们这些人来说，分到广西电影制片厂是一种发配。但是，学院和系里的领导和老师则认为，那里最需要新生力量，或者说，由于他们的判断，给予了这些人一次历史的机会。历史就是这样的，由于一个决定和措施，就会改变了整个进程，而且，机遇总是留给有准备的人的。他们当年要是不分配到广西电影制片厂，中国新时期的电影历史就不会在短时间内创造辉煌，中国电影的历史也要重新改写。其实，我觉得任何事情的发生、发展都是有自然规律的，对"78班"来说，环境是否适合？决定是否英明？选择是否正确？历史是否公平？不在于你当年去没去那个地方，而在于你去了以后做了什么。

　　对此，所有我们当年毕业的同学，其实没有想别的，只有一个目标，就是能够尽快在适当的机会下，能够干自己四年所学的专业，当上导演、摄影师、美工师、录音师、演员。谁能往前走就往前走，谁能早一天拍上片子就早一天拍上片子，学以致用，是当时同学的真实心理状况。

　　那时的大学分配，对口是没有什么问题的，工作也是有保障的，但是"78班"的同学所担心的是电影厂和当时社会"论资排辈"的现象，会影响发展。其实同学们没有看到国家大的发展趋势，没有看到国家改革开放对人才的需求，实际上，"78班"同学后来的发展和所取得的成就证明了只要勤奋就会有所收获这个道理。

　　"78班"的四年学习经历，为学院对于本科电影专业教育、教学，积累了一套完整的教学体系和经验，为日后的教学总结了非常多的宝贵经验，成为中国电影教育最成功的范例之一。

　　我当时面临毕业的时候，是一种非常复杂的心情。一方面，大家都会有专业对口的工作或者说是电影的制片厂、单位，一方面，又挺悲观的，因为，中国电影这个行业很压人，许多同学毕业以后，要干最基本的工作，从最底层的助理干起，就是说，你得一步一步熬，熬十几年甚至更长的时间，才能够一个人独当一面。例如，摄影系毕业的，下到电影厂以后，必须干满八年，从第三助理做起，然后，做第二助理，最后，升到摄影的第一助理，这个过程一般得八年，导演系更残酷，要十年甚至更长的时间。

大家都看到以往毕业的同学，由于"文革"的原因，在电影厂里，年龄很大了，也还没有独立拍上电影，所以分到电影厂，实际上是一个漫长的等待过程，还有很多不确定的因素。

我当年作为北京电影学院78班摄影系的学生，在学习期间根本没有时间想自己毕业会分配到什么地方。分配来临的时候，自己也没有主意，主要想的就是最好不去外地的电影制片厂，只要留在北京，让我干什么都行。

当时，在六里桥的八一电影制片厂的人，来我们学校调人和招收毕业生，了解了情况以后，也看了一些材料，准备要我去八一厂的摄影部门。结果人家最后来看档案，告诉学校，准备要我分配去。结果学校告诉人家，学院已经确定了张会军留在学校了，这还是后来准备分配到八一厂的其他同学跟我说的。那时，我们自己完全不知道我分配是一个什么样的结果，无意中，我也提前知道了自己的分配，暗自窃喜，心里就踏实了很多。

其实，对于自己能留在北京，我还是庆幸的，但是留在学校则是一喜一忧。喜的是，不用离开北京去外地，家里比较放心，在学院教书也还比较稳定，自己原来就是在中等专业师范学校工作，对学院的教学、管理还是比较熟悉，比上不足，比下有余。忧的是，在学院工作，肯定主要是以教学为主，外出拍片的事情固然就会比较少，也不如在电影厂的人那么自如，肯定不如那些同学活泛，将来也不会有更多的拍片机会，成名的事是肯定没有了，只有好好当教书匠了。直到现在看来，当时留校的选择没有错，因为我自己需要，学校也需要我。

张艺谋对人家介绍我时总说："当年会军是我们摄影系的班长，我那会儿看他，就是热心肠，办事有板有眼，就像个当官的料，结果他46岁的时候，就成为北京电影学院院长，今天，距离1982年大学毕业三十多年，一直作为守家护业的人，留在电影学院教书育人。"我在很多的场合都说："做教师，在今天看来，我仍然不后悔，我们这些留校的同学都认为，培养一代人，或者是几代年轻的电影人，可能会比自己亲自拍一两部片子更有意义，这也是我现在对自己一直在学院教书的一个真实的想法。"

由于过去传统的电影生产观念和制度的影响，我们刚毕业的大学生，在电影厂，在短时间内是很难得到拍电影的机会的。他们没有消沉，积极申请拍片的机会。天无绝人之路，就在这时候，广西电影制片厂同样毕业于电影学院的导演系的大师兄——郭宝昌导演，鼎力支持 78 班同学，给了当时走投无路的这些同学一个无比难得的创作机会，在郭宝昌导演大胆推荐和担保之下，以张军钊、张艺谋为代表的 78 级毕业生迅速以青年摄制组的名义，集体向厂领导写了军令状，其内容就是表示，我们保证拍好，如果拍不好，宁可十年不拍戏，最终，这拨同学获得了拍摄电影《一个和八个》的绝好机会。

由张艺谋、萧风担任摄影师拍摄的《一个和八个》，一出来，就在影像上给人非同一般的感觉。严格意义上，这是"78 班""第五代"电影人独立拍摄的第一部电影，也是"78 班"从学校出来以后给社会交的第一份答卷。这部电影大家公认在艺术上有所创新，但是在技术上、摄影艺术上、主题上，当时还是受到很多人的误解和批评。

从 1978 年考入北京电影学院，到留校从事教学和管理工作，我在电影学院已经学习和工作了三十多年，从一个普通的学生，从朱辛庄到蓟门桥，从接受电影教育到从事电影教育，成了学院的教授和院长。我始终认为，在今天，作为一名教授和院长，在学院培养一代人或者几代人，比我直接拍一两部或者是十几部电影更有意义。

录音系82届毕业生考试日程表

日 期	姓 名	论文或设计题目
六月十五日 上午	孙 立	电影音乐
	张 雷	音乐录音与话筒使用
六月十五日 下午	兆 琴	电影对白录音方法的初步探讨
	费 英 俠	扇声话筒链接形的使用
六月十六日 上午	孔 波 德	电影声音的空间感与环境感
	袁 占 红	特具声音的质量控制
六月十六日 下午	宿 新	有关电影中音响的戏剧作用
	吕 红 遗	有关电影音乐录制应具备的修养和知识
	洪 仪	音乐在电影中的运用
	翟 翔	论电影中的人声
六月十七日 上午	姿 炜	对白声的录音
	鲍 国 强	声音丰富了电影艺术表现范围
	阿 涂	同期录音新工艺
六月十七日 下午	幸 炀	同期录音工艺的几个问题
	孟 建	同期录音工艺
	张 坤	听觉艺术的一个广阔领域——立给音响

日 期	姓 名	论文或设计题目
六月十八日 上午	沈 犀	电影录音的技术要求和艺术创作
	成 馨	探索电影声音中的内涵
	佟 立	音响效果的表现力
六月十八日 下午	奖 燕 文	电影声音艺术的特性
	吴 凌	《茶馆》片的音响设计
六月十九日 上午	吴 昊	电影录音中耳平价的选择方法
	孙 辰	便携式录音机偏磁电流调整方法的探索与改进
	陈 卫 东	温录测报器的研制
六月十九日 下午	马 跃 元	集成运算放大器在百门于调音台中的应用
	冯 婆 娥	现代调音台设计工艺及功用
	张 羽	采用四象限滤法器的音量压缩器电路试验

说　明：

一、考生考试时间以一小时为限，按照日程表进行。

二、考生首先宣读本人论文或设计摘要（不超过十五分钟），然后老师提问、考生答辩。

三、提问的范围应为论文或设计中的问题。毕业实习中的问题和文艺思想方面的问题。

四、采取公开考试形式。全班同学旁听，有事请假。

五、除本系考试小组成员参加外，并请有关指导老师参加。也欢迎其他老师参加。

六、考试时间，每天上午8：30—11：30，下午2：00—5：00。

七、考试地点，一号楼拷劳边平房。

录音系毕业考试小组
1982年6月4日

录音系78班毕业答辩时间表

1982 年，表演系 78 班毕业论文答辩，自左至右：罗光达副院长、成荫（北影厂著名导演，后任电影学院院长）、著名演员陈强

78 班毕业论文答辩会上老师们在协商。左起：赵明、孙月枝、张昕

1982 年，78 班全体同学去中南海参观，在丰泽园前合影，摄影师是摄影系的夜淮老师

1982 年，参加表演系论文答辩的杨晓丹

1982 年，参加摄影系论文答辩的穆德远

教学特色

　　人们都在问当时"78班"教学的特色究竟是什么？如果非常宏观地回答，有一个非常开放融洽的教学环境；如果非常微观地回答，有一个非常好的教师队伍和明确的培养目标。

　　"78班"在教学上有什么样的特点、特色？因为这是"文化大革命"后北京电影学院的第一届学生，"78班"的教育是北京电影学院在有目标、有计划、无拘束、无限制的情况下开展的，教师们也是在摸索中进行着教学的改革和探索。注意课堂教学，注意艺术修养，注意基础知识，注意课程设置，注意师资配备，注意观看影片，注意习题作业，注意实习实践，注意联合作业，注意全新尝试，注意团队配合。

导演系

　　学院在整体的教学模式上，是参照50年代苏联莫斯科电影学院的教学模式建立的。我们在前面的导演系教学计划中看到，在专业课中的三门主课是《表演艺术》《电影剧作》《导演艺术》，当然，还包括《电影蒙太奇理论》的课程。

　　"78班"导演系当时非常注意表演（也比较重视导演教学）的教学，

但是对于过多的表演教学，过去和现在仍然有比较多的争论和看法。导演系由多位教师组成的表演教研小组，在近两年的教学过程中，对学生进行了系统的中国传统剧目的教学，也集中对外国的一些剧目进行了训练。教学过程中，教师主要解决学生对原著的理解，对人物的分析问题，严格按照斯氏体系和布氏的表演方法进行教学，同时帮助他们克服观念上、信念上的问题。对于表演的教学，许多同学不能理解和正确对待，在课堂上也常常表现出来。他们主要对戏剧化表演和训练有所怀疑，对其与自己的电影导演创作有什么样的直接关系表示不理解。

在教学的过程中，要求学生注意交流，注意规定情境，注意感受人物，注意感觉主题与意境。导演系的同学在表演的过程中，耳濡目染了戏剧表演的表现和表达，也区分体验了电影表演的控制与分寸。任课的教师对学生要求非常严格和严厉，多次演示和示范，让学生反复体会内心的感受，建立和相信人物、事件之间的关系。重要的是在各种各样的表演过程中，体会剧作的核心，体会作为导演对剧情的控制和人物的把握，在表演教学中，感受今后在拍戏时，应该怎样启发演员？给予演员什么样的提示？怎样调整剧作的结构？从而最终达到控制整个影片的叙事风格。

导演系注重对学生进行系统的电影蒙太奇理论与技巧的教学，讲述原理，观摩影片，分析事例，研究方法，进行练习，同时联系剧作教学、视听教学，加深学生的理解和记忆。

表演系

表演系的教学，仍然是建立在现实主义创作教学方法和风格上，相对于表演专业本身，又注意融入电影的其他专业特色，结合学院每周的电影观摩，让学生分析其中人物的思想、性格、特点、关系、脉络，同时把表演放在电影的大创作环境中和各个专业的背景上进行研究。

现在总结表演系"78班"的整体教学设计，在注意表演教学的同时，还更多地让学生关注导演、摄影、美术、录音的知识，把表演教学与其他课程的学习有机地结合起来。除了对学生进行小品表演教学和片段教学外，还注意分析文学原著的艺术内涵，同时对照原著中的人物在相关艺术形式中的表演，对人物的塑造和创作进行系统的分析。还积极支持学生参加电影的表演实习和创作，先后有众多的同学在上学期间参加了电影的拍摄。在表演教学中，不但给学生讲授表演剧目的历史、风格、影响、内容，还让学生注意与之相关的知识，特别是关照学生结合表演专业，要加强学习电影的综合知识，特别是首先解决表演本身的问题。

那时候，表演系的课程设置比较科学，关注了戏剧的元素，也考虑了电影的因素，给了同学比较大的游刃空间。课程的压力不大，学习的压力来自于学生自身想了解更多的戏剧表演和电影表演的差异。同时，给了学生自学与讨论的空间，在整个的教学环节上，除了讲授，还提示同学在此以外看一些相关的书，并在课上和课下组织一些有针对性的讨论。在课程的具体安排上，注意了艺术教育的特色和规律，让学生自己解决想象空间的问题，使学习不光是课堂教授，还让学生自己根据课程和内容进行进一步的研究，培养学生的分析能力，培养学生的思考能力，培养学生的想象能力，培养学生的动手能力，培养学生的学习能力。所以，表演系的专业教学和学生的学习，呈现出一种专一学习非常到位，多元学习非常广泛，紧密联系电影，紧密联系创作，紧密联系应用，课程设置和教学方法有专业的针对性，更实用，更灵活。

摄影系

相对于其他系，摄影系在教学上的特点是比较系统、比较严谨。值得指出的是，在 4 年的教学过程中，摄影系更加注意了理论和创作的基本功，注意了静态构图的画面基础问题，注意了技术对艺术的保障，注意了活动影像的创造问题，课程着重协调技术与艺术、教授与创作的关系。在摄影系的教学中，由于教师的原因，加入了比较多的纯技术原理的内容，其实与创作没有更多的联系，反而使学生不知所措，只是在后来的大量实习的过程中，才搞清楚了关系并逐渐适应了技术与创作的协调。

摄影系的教学体系十分科学，摄影系的基础教研组、技术教研组、艺术教研组，教学的结构、内容、衔接非常细化，实习的内容衔接准确，目的性特别强。

现在总结摄影系"78 班"的整体教学和课程的设计，比较注意实习和实践的环节，让学生在规定的作业中，体会、体味课堂教学的内容，让学生自己总结摄影技术和艺术的知识，特别是在拍摄的过程中，与其他课程的学习横向、纵向地有机结合起来，还让学生在拍摄的过程中，关注与其他专业的关系，了解摄影怎样与其他系在现场的合作与配合。除了这些之外，还注意让学生自己积累操作机器、使用设备、技术应用、艺术创造各个环节的经验，着重解决技术应用、现场控制、最终影像的关系。同时，在摄影创作的课程中，让学生自己分析原著、分镜头到影像过程的关系，对照现场工作的内容，体会摄影与各个部门的协调。

摄影系教学，由于受到静态照相原理的束缚和观念的影响，对于活动影像的原理和镜头之间的关系讲授不是十分彻底，对于摄影艺术创作理论讲授比较多，对于新时期的电影理论的东西开始逐渐在电影教学中渗透。培养电影摄影师，要涉及一系列电影设备，主要的技术环节都有一个技术到艺术的过渡和转化，有一个实习的过程，有一个自己工作和与群体工作配合的过程，把自己的规定动作干完，基本功、操作力、感悟力就都解决了。所以，摄影系的教学是建立在扎实的实习、实践的基础上的教学特色，学生在拍摄的过程中，建立了自己的自信心，也建立了与人合作的信任氛围。

更为重要的是，让摄影系学生在 4 年的学习过程中，学会了与其他专业和部门的配合，学会了对导演的服从和影像上的创造。

美术系

美术系的同学在考学时，都有比较扎实的美术基础，在绘画教学的过程中，强调绘画基础的扎实，例如素描、速写、临摹、写生、采风。体验生活、画镜头画面等课程和内容的严格训练，使学生在解决形似和神似的问题上，在解决方式方法上，在对应不同的环境和内容上，有了非常大的提高，特别是在观察生活、再现生活场景上，能力非常强。

在4年的美术系教学过程中，师生们没有完全把教学的重点放在纯美术的内容上，摆正了美术基础教学和电影专业教学的关系，注意在美术的基础上，拓展电影美术的技术基础和艺术基础，发展与电影技术、艺术息息相关的内容，在大美术观念和电影的基础上，着重解决美术设计的实际创作和应用能力的培养。对于美术设计、制景、道具、化妆、服装、造型等各个方面的问题，上课时最典型的方式是各位老师进行接力，讲授各自的电影美术创作经验。那时候，美术系还请了大量的业界的专业人士进行授课，用不同的创作方法和创作观念"轰炸"同学，同时，加入了一些与艺术、美术有关的修养性课程和内容，使同学掌握了更多电影以外的知识。

现在，活跃在导演领域的美术系同学，都是在上学的时候积累了全套的电影专业知识，使得他们既可以进行电影美术的创作，也可以进行电影导演的创作。特别是美术系的教学，对于中国传统的现场搭景、电影绘景、特技接景、道具制作、背景合成、设计草图等各个专业的环节，不但要求学生知道原理，还要能够自己亲自动手参与制作。这些基础性的知识学习，奠定和丰富了学生的创作经验。还有，在那个年代，已经注意让学生掌握不同电影流派在美术风格、视觉形式上的差异，解决写实主义和非写实主义之间的关系，在整体知识结构上强调学生的自主创作，注意个人的风格，最终在美术的创作上，为主题服务，为导演的总体构思服务。

录音系

因为原来学院设有工程系，而没有严格意义上的录音系，录音系是"文化大革命"后的第一届，所以教学都是在摸索中进行的，教学计划、课程设置、师资配备、教学内容、比例安排，都是全新的尝试。因此，那时"78班"录音系的教学，当时和现在仍然有针对教学安排是否得当的争议。

其实，录音系在教学内容上过多地注意了与录音技术有关的原理和操作层面知识的教授，延续了原工程系的一些课程设置，课程以技术为基础，兼顾艺术和创作的环节，比较注重物理、数学方面的基础教学；在教学过程中，比较重视技术原理和技术应用的课程。前两年大量的时间用于学习高等数学、物理、电工技术，其他系的同学们在观看影片、学习艺术类课程的时候，录音系的同学却整天忙于完成各种各样的实验和教师留的数学习题作业。当然，录音系随同学院的整体共同课，也进行了其他艺术、音乐、美术方面的修养教育，特别是对电影音乐、声音构成、录音效果方面的学习比较重视。

由于当时教学计划的设计，加上缺少音乐和电影艺术方面的教师，总体上对录音艺术的各个环节方面的教学不够重视，这方面的教学内容比较弱。但是，与其他系同学的合作拍摄的实习环节非常扎实和频繁，使同学对录音技术与艺术的知识验证得到了充实，有了很大收获，特别是在三年级的黑白片各系联合作业和四年级的彩色影片毕业联合作业，为录音系的同学了解电影录音生产和过程，提供了非常宝贵的实践经验和理论梳理的实践、实习机会，使同学真正有机会在录音实习过程中了解其他专业，也大大增长了录音现场艺术感觉和实际技术上的工作能力。

"78 班"整体教学特色

"78 班"在教学特色上，更多的是师承了学院"文化大革命"前的教学传统，当然，也有一些独特的东西。

（1）在学院"78 班"没有招生时，就讨论、制定出了比较完整的专业培养方案、教学计划。这些东西是在传承的基础上总结出来的，从而使后来的教学得以在统一计划下实现。所以，培养方案、教学计划是非常重要的保障。

（2）教学课程量大。反映在课程内容多，安排的学时量大，作业规范化、量化，目标非常明确，有非常定量的教材（包括大量的教师讲义油印教材）。

（3）有大量的三四十年代的电影和外国六七十年代的电影观摩的支持，使得学生开阔了眼界，了解了世界电影的创作潮流和现状。

（4）学院组织和安排了各种类型、风格的教学讲座和学术讲座，充满了人文气息，使得学生在课堂以外得到更多的学习。

（5）本校、外校教师具有当时非常多的社会新思想和新思潮。有新时期关于电影创作和电影语言与电影观念的讨论，对于学生了解社会对电影的评价，有比较大的帮助。

（6）上课的形式非常多样，经常是学生与教师进行讨论，这在当时的高等教育中是不多见的情形，教师和同学在课上的讨论，在评比作业过程中的讨论，实现了教学的互动。

（7）相对于现在的学校，专业基础课、专业课、创作、实习的学时量大约占85%，公共课时占15%。

（8）学生年龄偏大，举一反三的能力，理解记忆的方法，集体讨论的形式，反复练习的做法，都收到了比较好的效果，同时，注意扎实的基础训练。

（9）在上学的作业阶段，就形成了团队的精神，发展到毕业作品更是团体的合作，不是单人完成，集中了大家的智慧，在这个过程中，所有学生都得到了学习和锻炼。

（10）时代的特点和社会的环境，造就了当时学校外围的学习环境和氛围。

导演系的张建亚、胡玫在进行表演课话剧片断排练

导演系同学在天安门前合影

导演系的陈凯歌、夏钢在进行表演课话剧片断排练

表演系同学在上形体课

表演系同学合影

毕业典礼后，表演系宿舍里张铁林和朱晓鸣正在端详着学位证书

拍摄《年轻的朋友》——78班表演系部分同学

周里京在练晨功

拍摄电影《夜上海》时，表演系同学沈丹萍、周里京、张铁林与表演系老师钱学格（右二）合影

1981 年，李冉冉老师与张铁林同台演出《雷雨》

表演系毕业联欢

录音系的黄英侠、孙欣为毕业作业《结婚》作混录

录音系师生正在进行电视转录

233

录音系 430 宿舍合影，姚国强、孙立、张羽、詹新、陈卫东（咪沙）、刘宁（从左至右）

录音系在学校最后一次聚会

234

文化部艺术院校的篝火晚会，右边两位男生是录音系的姚国强、梁明

美术系尹力、王鸿海、贾世泉、邹成基、余麦多、冯小宁、张秉坚写生合影

1981 年，王鸿海任《邻居》美术师，在搭建的场景中

美术系同学在动物园写生

1979 年，侯咏与张艺谋在十渡参加社会实践

智磊、张艺谋、赵非、邓伟在华山

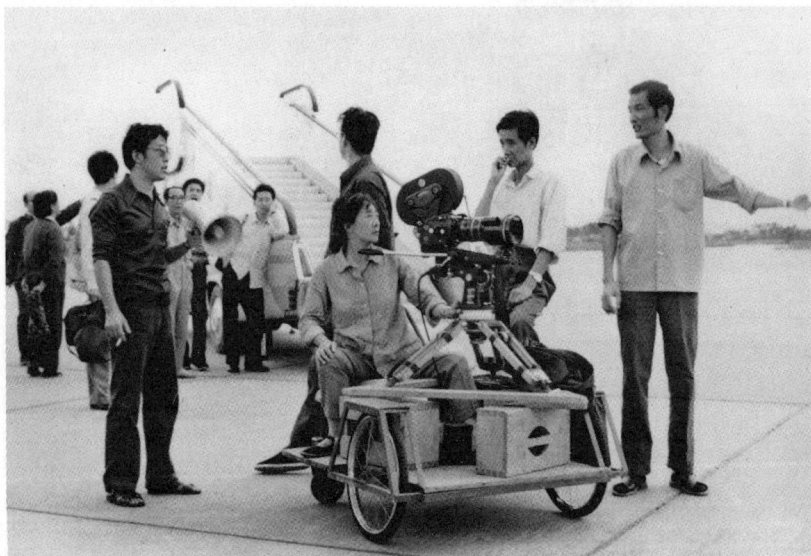

1981 年，摄影系周坤在拍摄《邻居》，摄影机右侧为我

1981 年，穆德远（图中戴墨镜的人）在拍作业

教学启示

1978 年 9 月开学以后，北京电影学院不但面临着教学的恢复，也面临着学院全面工作的恢复。在百废待兴的形势面前，学院清楚，首先要恢复学院的教学秩序和工作秩序。

开学以后，学院首先是根据上级的政策落实知识分子政策，平反、补发工资、评定职称。开展这个工作的目的，就是稳定教师队伍，调动教师的积极性，在这个工作的过程中，在教学上做的第一件事情就是重建学院原来的实习处，并恢复北京电影学院原建制的实验电影制片厂（即北京电影学院青年电影制片厂的前身），在组织建设和制度建设上给予了比较大的支持，在教学上重视教师的创作实践和重视创作的教学与实施。

尽管学院有比较扎实的教学基础，但是还是非常重视教学工作。除了应对"78 班"的教学以外，在 1981 年，学院专门召开教学工作会议，专门研究本科电影教学的问题，主要是研究解决教学过程中的问题，进一步统一思想，明确培养的目标。

电影高等教育，从来就是培养专业的从业者和一定的理论研究人员，任何一个学校和教师也不敢保证他们培养的全部都是杰出的电影艺术家。作为电影艺术院校，是培养电影艺术家还是电影专业的从业者和理论研究者，这是世界电影教育中一直在讨论的问题，这也是一个经常困惑学校的重大问题。过去的世界电影教育，由于受国家经济、文化的影响，基本上是比较单一的精英培养模式，我们国家也在新中国成立以后的35年的过程中坚持这样的教育方式。在计划经济的年代里，包括电影的精英培养模式也给北京电影学院带来了比较多的影响，使学院的专业品位、创作影响和学术地位在尊贵的传统和荣誉的积淀中得到发扬，而面对今天越来越多的学生毕业后自由选择职业，中国电影的整体制作环境在发生着比较大的变化。

其实，"文化大革命"结束后，在文学艺术领域，最先恢复的是传统的文艺作品，并没有像一些人说的那样，在艺术的内容和形式上进行大刀阔斧的探索和革新。1978年以后，先后拍摄了多种题材的影片，说是在电影的语言上、表现方法上进行探索，实际上仅仅是在局部的表现方法上、电影语言上进行了一些尝试。这些电影在今天看来，仍然没有摆脱原来的束缚，还是趋于传统的表现方式和叙事模式。1982年以后"第四代"导演的创作，给中国电影的创作观念注入了新的活力，对传统电影的艺术形式有所突破，具有一些探索精神，运用了西方一些比较现代的电影方式和手段，表现和展示了我们国家今天的社会生活内容，描写了人物的心理和情绪。

从中国电影的历史到后来的新时期电影，我们中国的电影，就从来没有过完整的电影理论体系，电影理论也从来没有指导过、影响过、改变过中国电影的创作，更没有产生足以影响和改变中国电影的观念和观点，而一般情况是，我们的电影理论研究往往借用其他社会学科的理论生搬硬套到电影的艺术形式上，对电影艺术本身的理论研究反而是不全、不深、不透。

中国电影的观念以及创作，一直淹没在强大的戏剧环境和戏剧理论中。1979年，当时学院的白景晟教授，根据自己的教学研究和对电影环境的考查，发表了《丢掉戏剧的拐杖》一文，实际上就是提出了我们的电影创作，在观念上、形式上、方法上、风格上、意识上，要电影化，要突破"戏剧"的重围。次年，电影理论家钟惦棐先生也提出了电影和戏剧"离婚"的观念。这种"离婚"说，就是在编剧、导演、风格上要强调电影的特性，淡化电影中的戏剧性和戏剧的痕迹。上述两位学者，都在潜意识当中表现出对中国电影创作现状的强烈不满，也在根本上对中国电影的理论研究现状不满，所以，才发出了"丢掉戏剧的拐杖""与戏剧离婚"的呼声。

张暖忻老师当时在学院任教，她是电影的实践者，也是观念的实验者。在积累了一定的创作经验以后，她和其先生李陀，从电影创作手法和语言的角度，提出了我们的电影创作语言需要更新，需要适应现在的社会发展，需要表现观念的现代化，并积极地付诸实践，在电影《沙鸥》和《青春祭》中，展示了自己对电影创作的"叛逆"，与早期电影中所显现出来的戏剧化、程式化，与"文化大革命"电影所表现出来的做作、虚假的形态形成鲜明的对立。他们在理论上、在创作上所表现出来的鲜明特点，就在于强调电影的特殊性，电影与其他艺术形态的彻底区分，以电影形象和思维的方式来进行创作，以表现生活、纪实美学、真实反映、现实主义作为其观念的依据，突破"戏剧"的思维模式，追求流动影像、纪实风格、气氛意境、情感感染、人物塑造。

当"78班"入学以后，电影界关于电影特殊性的理论讨论，并没有影响和改变他们的电影观念，而是外国电影和中国电影的对照观摩、"第四代"导演的电影创作，使"78班"的同学对电影有了一个中外的对比和了解，使他们在电影的读解中，对电影特性和这种综合的美学观念有了最为深刻的了解，也最为直接地影响了"78班"后来的电影创作。

从那时起，中国电影的理论就是缺失的，从来没有指导过电影的创作，也没有得到电影创作人员的尊重，这是值得我们理论界思考和警醒的事情，都说实践直接导致产生和上升到理论，反过来，理论指导和影响艺术创作实践，但是，在电影上的情况则完全相反。

"78班"是属于反叛的一代，不人云亦云，有自己的看法和主张，对于社会上的电影观念讨论、电影理论、电影思维、电影复苏、导演拍片等，都是冷静地观看，从不表态，只是关注自己的电影认知学习，在观摩各种影片的过程中吸取教训，积累经验。他们在思考着自己毕业的时候用什么样的状态进入电影专业的行列？采取什么样的电影观念和影像风格？拍摄什么样的电影来证明自己的水平？在大量听课、看书、讨论、观摩、学习、实验、作业以外，也在关心社会艺术发展的趋势。

因为看了太多的苏联电影、"文化大革命"时期的电影和改革开放初期的电影，"78班"厌恶了那种强烈的戏剧冲突，反感人为的情节设置，拒绝那些精心设计的东西，形成了群体的自然质朴和现实主义的艺术主张，反对夸张、反对造作、反对人为、反对表演，认同平实自然但影像强烈的风格。

"78班"作为一个群体，赶上了一个非常好的时代，学院的教学观念、教学目标、师资条件、教学设备等软实力都具备。"78班"同时也赶上了北京电影学院教学的最好时期，在一个非常的时期，享受了系统、务实、多元、有效的各个教学环节。更为重要的是，在一个中国政治、经济、文化发展的重要时期，把电影作为我们最敬仰的专业，并将教师对电影事业的热爱延续到了"78班"学习的轨迹中。

学习时代，从教学上"78班"就形成了"集体兴则个人兴，集体亡则个人亡"的意识，强化了同学之间的尊重合作，注意个体个性与集体个性的融合。学生时代形成和保持着的彼此尊重的合作关系，奠定了未来"78班"走向成功的基础。

"78班"的同学，为什么有如此高的成材率？为什么有那么多的导演专业以外的同学成为导演？外国研究中国电影教育的专家和中国研究中国电影历史的学者，都在反复地问同一个问题。这是我们应该关注的核心，更需要进行深刻的总结。

（1）当时，给"78班"任课的教师数量多，教师的年龄结构合理，教学经验和拍摄经验都比较丰富，教师的整体专业水平高，上课教学水平好，具有当时高校比较多的实践（艺术创作）经验，有比较多的实践理论，不是从别人那里"拿来的理论"。

（2）给"78班"任课的教师，在"78班"同学入学的四年中，不但上课，还先后有机会参加学校安排的和自己参加的电影创作。由于教师在"文化大革命"恢复本科招生后，马上就可以进入电影生产和拍摄的实际操作阶段，这对学院的教师积累创作经验、教学经验具有非常重要的意义，特别是对学生讲授了大量的创作实际的基本知识和理论。

（3）给"78班"任课的教师几乎涵盖了学院所有系的各个课程的教师，对于一个系来说，有30—50人之多。甚至在一门课中，不同的教师讲授不同的章节和阶段，保持了任课教师对学生教学的不同风格展示。

（4）有了教学计划，多个教师上一门课，教师分别轮流上，讲授各个章节。教学是建立在所学专业基础上的其他课程的学习，在一个专业的基础上，增加别的专业的课程，对各个专业的共同课、专业基础课、专业课教学，基本上"八仙过海，各显其能"，而且，最终的教学结果是教师"轮番轰炸"。

（5）青年厂积极组织电影拍摄，使得学院在"78班"同学入学以后，就迅速恢复了电影的拍摄和生产，而且，在非常短的时间内恢复拍摄完成了电影。

（6）学生还参加了其中的创作，让学生直接了解生产的情况，学生也在参加创作的过程中，学习到了课堂和书本以外的东西，在拍摄中得到了锻炼。

（7）教学的总学时量大，课程门数的数量大，教学的实际内容多，也非常适应实际的电影创作。在已经专业细化的基础上，注意全面综合的教学体系，在各专业培养方向上，重视综合素质，加强联合作业拍摄实习。

（8）在系定基础课、学院选修课、学院共同课、学院讲座课方面，每一个系的同学，都学习到了其他系的课程，使学生无形中全面了解了电影的所有专业知识，掌握了电影导演的基本知识和技能。

（9）坚持精英教育。教学中，坚持传统电影制作的核心专业，适应电影创作与生产的发展。学院的学科专业在电影制作方面有非常强的优势和传统，在1978年恢复招生时，就开始在导演、表演、摄影、美术、录音五个传统专业进行招生，而且控制招生的人数。

（10）所有的电影专业教学都是建立在课堂实践与理论紧密结合的基础上的。学院在教学观念、教学方法上注意理论与实践的结合，注意让学生在实践的过程中发现问题，重视对课堂教学和实践教学的保障。

（11）"78班"学生，由于专业考试成绩好，均是各个系的专业骨干，有的有专业背景，社会基础好，非应届毕业生多，学习方法得当，实习的作业规范化，集中了电影或与电影有关的专业方向，有创作能力，有艺术成就。

同样，北京电影学院"78班"的毕业生在毕业以后，在电影创作方面所取得的成绩，受到了电影业界人士和专业领域及社会的广泛关注。在"文化大革命"以后的77、78、79这三届的大学生中，这是一个非常特殊的社会现象，值得教育学家、社会学家、历史学家进行深入的研究。当然，主要的原因是"文化大革命"的十年中断大学招生和考生经历的东西，虽然他们的学习时间不连贯，年龄也没有明显的优势，但是他们的社会知识基础非常扎实，有非常强烈的求学欲望，有非常丰富的社会经验，有非常顽强的学习毅力。我认为，"78班"的社会、历史的特殊性及所取得的独特成绩是一个特例，是历史所造成的，是环境所形成的，它完全是特例，不具有什么必然性，根本不具有参考价值，也没有任何的可复制性。

我认为，正是因为"78班"学生的独特社会经历，在电影教育的规律和科学实施下，才使得这些同学具有了先天和后天的结合，所存在的差异，完全在于个人的成长经历，以及他们所形成的教学小环境感染。"78班"不存在神化，也没有特殊的教育过程。

当时的电影教育目的非常明确，就是培养优秀的电影创作专业人才，完全是精英化的目标标准：在目标明确的基础上，能动地适应电影教育和电影专业的发展，在教师教学和学生学习的过程中，没有患得患失的想法，认识到的就是培养科班出身的专业人才，根本就没有人才出来高不成低不就的情况，有效地使教学成为一种最直接、最实用的培养途径，从根本上保证了学生的整体素质。

学院在1978—1982年的电影教学之中没有想到而特别有趣的是，美术系"78班"在做了一段非常优秀的电影美术设计（电影美工）以后，有很多同学后来都做了导演，尹力、何群、冯小宁、霍建起、韩刚、戚健、王鸿海、石建都；李耕、姚青，除了做电影美术设计以外，还成了比较优秀的演员，在电影、电视剧中饰演了不少的角色，李耕还成了比较优秀的广告、后期、特技和MV的制作人；艾未未则在文物、家具收藏、艺术设计、建筑设计、行为艺术等多种方面发展，并做出了突出成绩。

"第五代"电影人，开始是对20世纪80年代初北京电影学院"78班"毕业学生主体的一个叫法。其实，这也包括了这段时期从其他院校相关专业毕业的，或者是与之年龄相仿的一些现在活跃在电影创作领域的电影人群体的称呼。而对于1978年考入北京电影学院、1982年毕业的各个系各个专业的同学来讲，"78班"一直是我们的基本称呼。生活中，我们也不叫自己是82届。世界上事情可怕的一面就在于，社会上叫的人多了，就成了一种惯性和约定俗成的东西。

现在社会上有一种说法，北京电影学院"78班"就是"第五代"。其实，这也只是学术理论界的一少部分人在文字上的称呼和表述，"78班"从来没有承认过和在意过。"78班"能不能和"第五代"画等号，不是"78班"说了算的事情，也不是理论界说了算的事情，这要历史说了算。在中国的历史发展过程中，各个大学都有"78班"。重要的是，北京电影学院的"78班"已经是"第五代"的一个代名词，是中国改革开放以后对电影人的一个称呼，"78班""第五代"已经成为新中国电影史上的一个符号、一个团体、一种象征、一个时代的印记，一个包括了许多历史内涵的群体。

当然，我们也在讨论，这种叫法有没有什么科学性和合理性？"78班"

就可以完全是指"第五代"吗？电影学院的"78班"能代表中国电影的"第五代"吗？"第五代"的叫法有没有什么历史和专业的依据？"78班"群体和不同年代电影的出现，使我们对电影历史的研究出现了用一种人为的、前所未有的"代际划分"的方法，使我们的学术研究走入了一个兼具类型性和群体性划分和研究的过程，使得电影的历史和理论研究有了圈定和限定以及断裂的意义。从学术意义上讲，在世界电影史的研究过程中，过去从未有过这种从电影的分代角度进行电影研究的方法。

现在，我也认为，对于"第五代"，是评论界对当时某一事物的叫法和称谓，就像家长给自己的孩子起一个小名一样，时间一长，也就成为一种确定和认同，主要是理论论述上的意识认同和理论认同。在"文化大革命"以前，社会上、电影界把对北京电影学院的各专业毕业的学生叫作"学院派"，其实，这在当时是一个贬义词，是泛指他们是大学生，是老北京天桥的把式，光会说空洞的词句，不会干任何的实事，光说不练，会说不会干，学习了电影，但是拍不了电影。今天，这种情况已经不存在了，由于各个院校毕业的大学生实际工作能力的提高，由于中国"第五代"电影人的出现，电影界对于"学院派"的认识也发生了根本的转变。"学院派"的叫法，则成为指称一种系统专业教育和学习的方法，是对受过电影系统专业教育、具备一定专业技能、艺术创作能力和拥有一定理论知识和实践背景的肯定。

"78班"同学所受的教育和所在的当时的社会环境，使得他们在潜意识中有一种强烈的民族历史感和文化复兴感，就是要让中国的电影得到西方国家的认识和了解。这种潜意识的东西虽然没有形成一个非常鲜明的旗帜，但是，它在骨子里，在血液里。其实，现在回过头来看，"78班"早期的电影，都在非常短的时间里得到了西方国家和西方文化（电影节）的认同，得到了东方国家和东方文化（电影节）的垂青。张艺谋、陈凯歌、田壮壮、吴子牛等"78班"同学的电影，先后在西方电影节被接受和获奖，反映了北京电影学院专业电影教育在1978年以后的水平，也反映了"学院派"专业电影教育的一个集体有意识和目标的确定性。这在当时，对于中国渴望文学被西方承认未果的情况下，对中国的整体声音（没有注意整体文化形象）是一个非常重要的表达，在政治和经济不发达的情况下，用电影文化的方式，建立了整个民族的自信心。

张艺谋曾经说："78 班"在没有成名的时候是处于一个特殊时期，那时的中国电影完全处在一个新生力量不断地涌动的时候。我们在拍摄《一个和八个》的时候，就很注意团队的精神和协作的态度。这种团队作战的团队精神，是上学的时候就形成的。但是，现在的这种情况不多了，也一去不复返了。不是人发生了什么样的变化，而是电影的环境发生了比较大的变化，是电影开始走向了个性化、多元化之后所带来的必然结果。在早期的那个时代，还没有注意到电影是需要这种个性化的。在那时，同学之间的合作是不分彼此的，那时候的导演、摄影、美术、录音是混着干的，大家都在做好自己的事情以后，还要谈很多的东西，无私、无畏、热情、可爱，所以，创造了那些非常独特的电影和作品的风格。

"78 班"到今天还在坚持拍摄电影，同时也在拍摄电视剧，这是 30 年前教育的结果。这一代人从小就被别人"折磨"惯了，所以，抗"击打"的能力比较强。再有一个，也是他们在年轻时受的苦太多了，所以，不在乎别人的指责、评判。他们心里清楚自己应该干什么，应该怎样干，用什么样的方法去实现自己的理想。

"78 班"的同学，从毕业的那一天起，实际上就是中国电影的坚持者和捍卫者，为什么？因为他们从来不讲空话，不讲假话，不玩虚的，他们是在埋头苦干，他们在用自己的一部部作品，为中国的电影大厦贡献力量。电影创作，表面上是个人的作品，但是实际上是群体合作的作品。电影的拍摄，在题材、主题、内容、形式、样式、手法、风格上，必定会有这样和那样的雷同，往往是作为个人的作品，对其本人而言，已经拍到极致了，很难再有非常明显的超越。"78 班"的任何同学，包括张艺谋、陈凯歌、田壮壮、吴子牛、胡玫、李少红等一些比较有影响力的同学，他们每次的创作，都是在试图改变自己，想方设法与原来的作品有不一样的东西，想方设法要突破自己，这对一个电影艺术家来讲，已经是一件不容易的事情了，有这种心态和要求，就已经非常难能可贵了。田壮壮说过："个人不是重要的，'78班'是一个群体，最重要的是，不是这代人创造了中国电影的'第五代'，是中国的时势和社会创造了这代人。"

真实

真实披露 —— 1978 年张艺谋上学始末

张艺谋，男，陕西人。

1950 年 11 月 14 日出生于西安，属虎。天蝎座。

张艺谋从 1981 年开始从事电影摄影创作，直到 2010 年，拍摄电影若干，获得国际、国内的众多奖项。

而今年，他也年届 65 岁了。

在 2008 年、2009 年、2010 年的 3 月的全国政协会议期间，我们与张艺谋多次说起，在学院的档案和我的手里有很多关于他 1978 年上学前后的历史资料和文字、文件，岁月已经过去了 32 年（1978 年～2010 年），应该将他当年破格录取上学的真实情况进行公开。他从一开始就没有表示反对，最终同意可以由我来协作完成，并特别希望完全真实地写，不必遮遮掩掩，可以毫无保留地全盘披露。

对于北京电影学院"78 班"学生招生、考试、上学的经历报道，"野史"多于正史，"道听途说"多于历史事实，主观臆断多于本来面目，更有甚者，居然敢公开发表一些文章随意杜撰。关于张艺谋破格录取上学的前后经过，也更是众说纷纭、云里雾里。

记得 2005 年"中国电影百年"的时候，在北京电影学院我的办公室接受中央电视台《面对面》栏目主持人王志采访，谈到关于北京电影学院"78班"那段往事时候的情景；也记得很多媒体在不同的场合多次询问到1978年关于破格录取张艺谋上北京电影学院的真实情况；以及在我写作《北京电影学院七八班回忆录》时的形态、方式，对公开所有的真实文件、批示、资料、情况的顾虑，这些情况下都没有能够有一个清晰、详细的描述。对想了解这段历史，研究这个事情的人都是非常大的疑惑和遗憾。

今天的张艺谋，已经成为世界著名的电影导演和艺术家。他是这个"78班"这个群体的成员，对于北京电影学院"78班"的张艺谋当年上学，在过去没有人报道，由于后来的成名，对于他当年上学的事情，开始有过各种各样的"版本说法"和"说三道四"。

历史就是历史，人们应该知道历史的真相。

本文章的写作，就是想突破以往的顾虑和禁忌，以绝对真实的文字、文件和历史资料，细致地描述当时的真实情景，要对往事进行细致和全面的回顾，披露许多不曾为人所知的事件和情况，呈现给社会一个相对完整的真相，写出一个真实、完整的1978年破格录取张艺谋上学始末，并叙述他在学院完成两年学习后，又经历了什么？他是如何通过自己的诚恳和努力，能够继续留在北京电影学院摄影系学习的历史真实过程。

契机机遇

历史的发展需要一些环境，也需要一些机遇。有些历史的记录，就是在一些非常巧合的事情才可以促成和存留。

2003年，在一次文化部机关整理档案文件的过程中，文化部的安远远同志，在众多的过去资料文件档案中，无意发现了诸多关于当时文化所属艺术院校——北京电影学院1978年至1982年四年期间的一些纸制档案文件，经过翻看确认，认为这些文件对于记录和描述1978年北京电影学院恢复招收本科学生，张艺谋申请报名、考学及最后被破格录取上北京电影学院摄影系的过程，具有非常重要的历史价值和文献价值。

这些文件的发现和整理，从历史史实记录和档案保存的角度，证实了张艺谋在当时 1978 年上学问题上所经历的事件以及具体细节，弥足珍贵。在另外一个层面上，佐证了学院在当时存留的部分张艺谋破格录取上学的文字资料。终于使得我们对北京电影学院在恢复高考，招收"文革"以后的第一届本科学生的往事上，有一个清晰的解读。更为重要的是，它使得我们知道了当时的一些真实情况，也使坊间的各种传说得到了澄清，还了历史一个本来的面目。

我是于 2002 年 9 月从教学副院长的位置接任北京电影学院院长。2003 年 2 月，"北京电影学院 78 班暨中国'第五代'电影人在北京 20 年聚首"引起了非常多的关注。学院的教学和发展处于一个非常好的历史环境。张艺谋作为北京电影学院"78 班"的一员，作为中国电影"第五代"的领军人物，已经在世界和中国电影界具有非常重要的影响力，他当年上学的经过，又成为各个媒体挖掘和收集的主要内容，一些消息也成为各个媒体竞相报道的主要关注点。

所以当我知道文化部发现了如此珍贵的历史文件资料后，意识到这是一个非常重要的材料，我对这些文件资料的关注，是从学院档案整理和历史事件恢复的高度来看待的。在这件事上，我非常敏感和重视。在我责成学院办公室通过组织系统的多方联系以及通过我个人在各个方面的努力，求得了当时文化部主管领导的同意和支持，达成了为学院复制、存留上述文件，进行历史存档、研究的一些共识。

＊北京电影学院给文化部的函件：

文化部

办公厅：

据悉文化部保存有关于北京电影学院 1978 年招生的一些文件资料，我院对其中关于张艺谋的录取过程，以及当时领导的批示等文件极为关注。我院为整理院志，完善存档工作，恳请将有关材料借来复制，以弥补档案中的缺欠。希望文化部的有关部门领导给予大力支持，深表感谢，此致

敬礼

北京电影学院

2003 年 3 月 20 日

批示：请新生（31/3）按规定给予协助办理。请景和同志阅示。

张健康 31/3–2003

在文化部领导的关怀下，在文化部办公厅、机要室、资料室和档案管理人员的大力支持和配合下，有关的文件被借出，如数到达了学院。我们进行了原样的复制制作，于是，有了今天的真实、全部、详尽的呈现。

在这里，我们需要按照年代、时间、事件给予回顾，按照张艺谋破格录取事件顺序给予披露。

张艺谋在 1978 年准备报名，但是由于招生简章的规定，就根本没有让他报名，结果，张艺谋就开始了曲折的报名和努力。

张艺谋如果没有当年非常执着地四次努力介绍自己，争取报名，他当年上学的事情根本就不会有任何结果，也不会有他今天的命运。

作为当时陕西第八棉纺织厂（该厂地处距离西安比较近的咸阳市）织袜工艺车间工人的张艺谋，通过各种消息知道了北京电影学院招生的消息。这对他是一个极大的诱惑和震动，他在心底知道，这是改变他命运的唯一

北京电影学院

请科译 按规定给予协助办理。请景和同志阅示。
3/3
孙建军 31/3-2003

文化部

办公厅：

　　据悉文化部保存有关于北京电影学院 1978 年招生的一些文字资料，我院对其中关于张艺谋的录取过程，以及当时领导的批示等文件极为关注。我院为了整理院志、完善存档工作，恳请将有关材料借来复制，以弥补档案中的缺欠。希望文化部有关部门领导给予大力支持，深表感谢。

　　　　　　　　此致

敬礼

北京电影学院
2003年3月20日

北京电影学院给文化部的函件

渠道和方法，他萌动了报名、考试的念头。

今天看来，在报名的问题上，张艺谋是有着非常曲折的经历。经我的反复了解、查询、核实，甚至是直接找张艺谋确认，他当年从开始动这个上学的念头到报名本身就充满了艰辛。他非常执着地分别采取了四个方面的步骤或者说是行动，在为改变自己的命运进行着不懈的努力。

在今天看来，他的四个步骤，都是充满了变化和坎坷。

经过社会上不同渠道的招生广告，包括口口相传的消息，北京电影学院恢复招生并招收"文革"后的第一届本科生的消息一经发布出，立即引起全国轰动，申请报考电影学院的年轻人逾万名。仅仅是报考表演系的考生就有近万人，当时购买简章、询问情况、报名的场景就是盛况空前。届时初试考场的外面，更是人声鼎沸、热闹非凡。有朝气蓬勃的应届学生，有在社会、工厂、农村历经坎坷但仍然风华正茂的年轻人，他们都怀着各自的梦想到学院招生的地点报名、考试，祈盼通过这样的过程，可以有奇迹在自己身上发生，可以迈进这座中国电影艺术的最高殿堂。

原定导演、表演、摄影、美术、录音五个系计划总共招收120多人，每个专业也仅仅是只招收15-20人，但由于当年报名的考生太多，学院不得不决定扩大招生的名额。由于考生太多，北京考区每个（系）专业的初试，都分别设立了几个考场，而且每个系(专业方向)都要经过初试和复试及口试，进行大面积的淘汰之后，留下来少数专业成绩特别优秀者，再让其参加文化课的考试。最终文化成绩也合格者，才能录取。同时，学院根据国家电影厂的布局，分别派出招生考试小组，在上海、西安两个考区，分别按照北京考试的模式进行相应的考试。

1950年11月，张艺谋出生在陕西省西安市，知识分子的家庭，父母都是医生，他有着西北人的特点，内热外冷、非常低调，由于父亲的出身，从小就受到社会舆论的压抑，他所呈现出来的风格是性格内向、沉默寡言、不善言辞。

张艺谋后来对我也不止一次地说过："小的时候由于家庭出身不好，

我一直很自卑、内向，直到今天，在生活中，我从来不做太过分的事，尽量不去张扬自己的什么东西。我也一直是这样比较收敛和平和地做人，与我合作过的人都会评价我是一个很随和的人。"

初中毕业后，他没有别的选择，去农村插队、种田务农，后来，由于偶然的机遇，他进入陕西第八棉纺织厂织袜工艺车间，干过电工、搬运工等，后借调入工会做宣传工作（出板报，画宣传画，拍照片）。他自己多次在上学和后来与我谈到过他的过去，都说着说着就无法继续。在那个年代，张艺谋作为一个有"家庭问题"和社会压力的人，能在农村和工厂干着枯燥、繁重的劳动，就已经是最大的解脱。他当时最大的愿望就是能进到工厂的宣传科，做一名干事。很快，在他考北京电影学院的前一年即 1977 年，如愿以偿，开始能够从事照相工作，终于实现了自己的理想。那时的他已经在摄影方面显现出非凡的才华和天分，我们能够从他当年一些摄影作品中感受到他在经历坎坷人生后所形成的摄影艺术创作思维方法和表现方式。

学院招生简章从制定到发布起，就注定了张艺谋的基本年龄条件不符合学院当年的招生规定，也注定了他要在报名的问题上颇费周折。

1、精心的准备：陕西第八棉纺织厂，地处我国西北咸阳，远离中心城市，距西安市几十公里，消息闭塞。张艺谋的正式编制是在厂里的织袜工艺车间，但是他在厂里实际是做宣传工作，这时的张艺谋，还是通过各种渠道知道了一些消息，加上他拍摄照片已经多年，在通过多方了解情况和仔细权衡之后，自己还是决定准备报考试一下。由于他的年龄已经超过报名规定的年龄，自己无法保证在西安可以直接报上名及正式参加专业考试。所以，张艺谋动了念头，还是准备去北京直接去说明情况看能不能报上名。为此，他还是非常有意识地进行了一些报名准备工作，希望可以达到目的，一方面他积极了解学院招生、报名、考试的具体情况和进一步打探有关高考政策的消息；开始进行一些自己认为的必要考试准备，收集、翻看一些文艺资料，并开始背诵一些相关的知识；放大、制作、整理自己多年创作的摄影作品，主要是一些黑白摄影作品和一些经过暗房处理（调棕和调蓝）的

张艺谋报名时上交的摄影作品之一

照片；对自己几年拍摄的摄影作品，按照风光、花卉、人物、创作等项目进行一些大致的分类，精心裱糊成非常厚的几本作品集；在力所能及的情况下，对拍摄完成的摄影作品，进行了必要的技术数字标注和创作文字说明。

2、**第一次报名**：张艺谋在上学的这个事情上，是一个有心的人。1978年5月，他利用一次厂里派他出差的机会，顺路到北京转车，把他这些精心准备的摄影创作影集本册直接带到北京电影学院。他来到北京新街口外大街小西天电影学院的招生办公室，到了之后，他先不敢报名，在边上看了一会儿，觉得其他考生交的摄影作品画幅比较小不说，在艺术表现形式上和水平上都不如自己，心里也就踏实了许多，这才敢上前报名。在招生报名处，请摄影系老师和其他有关老师看了一下自己的摄影作品。几个老师把张艺谋的作品传着看了一遍，都露出欣赏和欣喜的笑容，眼前也有些发亮，甚至不相信这些照片是眼前这个沉默寡言的普通工人拍的。这些还老师认为：自摄影系报名以来，还从来没有见到过如此专业、摄影基础好的考生。但是，当了解到张艺谋的实际年龄已经超过摄影系 22 岁报名的最大年限 6 岁时均深感惋惜。这些老师毕竟都是知识分子，都是搞专业的，

张艺谋报名时上交的摄影作品之二

不忍直接对他说明情况，怕挫伤张艺谋的自尊心和积极性，也不便直接对他说根本没有希望了。老师对张艺谋婉转地说："你先回西安，我们向学院反映这个情况，如果可以的话，我们学院将来会在西安市设有招生考试点，到时，你可以去西安考点再试一下，如果行，没准你就可以参加报名和考试。"张艺谋看着这些老师，沉默着没有说什么，他非常沮丧，留下了一些自己的基本资料和部分作品就走了。离开电影学院后，张艺谋仍然是对此事耿耿于怀，他内心仍然充满了渴望和祈盼。

3、**再次去北京**：这里不得不佩服张艺谋是一个执着的人，他第一次去北京小西天电影学院招生报名点报名，既是了解情况，也是初步试探。在回陕的路上，张艺谋左思右想，仍然不甘心，他还是希望能够再有机会直接见到学院摄影系的老师，再次好好表达一下自己渴望上学的想法，说服老师能够理解他这么大的年龄仍然想上学学习的心情。张艺谋就托他家里的亲戚，在北京找到画家秦龙，画家秦龙又托到当时学院美术系的倪震老师，找到倪震老师的夫人，当时电影学院摄影系教授技术课程的赵凤玺老师。张艺谋第二次来到北京，直接就来到赵凤玺老师的家，倪震老师和赵凤玺老师看了照片以后，都认为不错，已经具备了非常好的水平，但是就是年龄超过得太多。他们两个非常清楚，以他们的能力，根本没有办法帮助张艺谋，也没有办法帮他报名和考试。倪老师和赵老师非常诚恳地说："这样，我们推荐你去北京广播学院（今天的中国传媒大学前身）摄影专业试一下。这样，学习以后，你可以给中央领导拍照或者是从事新闻摄影。"真是有病乱求医，结果张艺谋还真坐广院的班车去了地处大北窑外的北京广播学院，见到了广院当时的摄影系主任，他看了张艺谋的作品以后说道："作品是非常不错，但是我们也没有那么大的年龄幅度的专业允许考生报名，北京电影学院做不到的事情，我们也同样做不到，同时，我们又是非艺术类的招生（当时是属于新闻类），甚至条件限制比北京电影学院还要难很多，实在是没有办法让你在任何专业报名。"又是一次沉重的打击，张艺谋又是一次无果而归。

4、西安报名：两次在北京报名的不顺，没有打退张艺谋报考的决心。既然第一次在北京打探招生考试报名消息的时候，老师说过帮助申请一下，到时可以来西安报名。在自己家门口的机会，张艺谋绝对不会放弃。来西安招生的电影学院老师们对张艺谋的到来，也仍然是热情接待，一方面他们很欣赏张艺谋的摄影才能和作品风格，另外一个方面，却又为无法放宽招生年龄，突破界限让其报名、考试而感到无奈。当时摄影系主考的老师是曹作宾、赵凤玺，由于赵老师在北京已经见过张艺谋，对不允许他报名表示遗憾，还对他讲了许多鼓励的话，并主动表示要尽力帮助他。首先将张艺谋推荐到西安电影制片厂，当时的厂里领导和一些人，包括非常著名的摄影师、导演周晓文等，看了作品以后都认为不错，也非常爱惜人才，希望能够将张艺谋调到西安电影制片厂工作。这个建议后来带到了张艺谋工作的陕西咸阳国棉八厂，厂领导说："我们的职工考大学，我们支持，也同意，但是，将人调走，我们就不同意了，我们认为张艺谋也是一个人才，我们也需要他这样的人才继续在我们厂工作。"有的老师还到陕西省文化局，帮助反映张艺谋的情况，向他们竭力推荐张艺谋，请求他们在力所能及的情况下帮助张艺谋，使他能发挥才能。

5、再次争取：在多次报名碰壁和面临巨大打击面前，张艺谋的抗打击性和坚韧性显现了出来。他没有气馁，而是按照自己的设计，开始了新一轮争取工作后。由于在不同的时间和场合，学院摄影系的部分教师看了张艺谋的作品后，都认为其达到了一定的专业水平，这更加坚定了他对自己专业水平的确认，张艺谋再次通过家里的亲戚，在北京四处找人，希望帮助他能有一个学习的机会。他还辗转找到著名画家黄永玉，黄永玉在看了张艺谋的作品后，叫他去找原北京电影学院副院长兼摄影系主任吴印咸。在这个过程当中，家里的亲戚最后找到了交情比较深的老画家白雪石先生，求白老先生从中斡旋和帮忙。作为著名的画家，白老先生对造型艺术有独特的鉴赏力，他看了张艺谋的摄影作品，也认为人才难得，具有一定的水平，就应允帮忙。当时的文化部部长黄镇是位外交家，也是一位艺术家，其美术功底比较深厚，周末常邀请艺术家到自己家做客、谈论艺术，白雪石先生由于是座上客，与黄部长常来常往，利用这种关系和便利，白雪石先将张艺谋的作品交给了任文化部秘书长的著名漫画家华君武，华君武看后，也大加赞赏，同意推荐，这才交给了黄镇部长。在转送给黄镇部长摄影作品的过程中，张艺谋还亲笔给黄镇部长写了一封非常恳切的信，以表达自己想上学的迫切心情。

张艺谋说，当时在他的影响下，一起报考电影学院摄影系的还有与他当时一起搞摄影创作的两个年轻人，他们都比张艺谋小，在摄影艺术创作上，非常佩服张艺谋，一开始就把他当老师看待，虚心学习。结果这两个哥们儿反而都拿到了准考证，张艺谋却因年龄关系，连报名都没有机会，他心情更加沉重，但是，他认为这两个人有希望，就帮助这两个人复习，他想，如果这两人中任何一个人考上了，就可以帮他借一些专业的书籍，收集一些专业的资料，自己就可以系统地学习了。张艺谋心里还是憋着一口气，他认为这事儿还没有完，自己还要努力，甚至，他凭直觉感到这还不是最后的结果，还要努力。

峰回路转

经过几番的周折，张艺谋的超龄报名问题，在电影学院也是几经研究，学院在坚持原则的基础上未能同意他报名。学院最终以正式信函将意见如实告诉张艺谋，并将其在学院所留的部分作品退还给他。

*北京电影学院招生委员会办公室 1978 年 6 月 1 日给张艺谋的信函：

张艺谋同志：

你的作品经我们研究后，这次报考摄影系年龄控制在 25 岁以下，不能超过 25 足岁。这样你的年龄超过太多，不便报考。

现将你的作品退还请收下。

此致

　　敬礼

北京电影学院招生委员会

6 月 1 日

　　这封信作为北京电影学院招生委员会处理意见上报情况的时候，学院直接通过文化部的华君武同志，作为学院正式处理意见的文件附件，也同时送交了文化部黄镇部长，黄镇部长在学院的 1978 年 6 月 1 日呈送文化部领导的草拟文件上，直接用红色铅笔进行了批示。

　　黄镇部长批示：根据他的优异成绩，特殊处理。

黄镇 20/7

　　华君武同志在 1978 年 7 月 20 日给黄镇部长致信时，同时转去学院上述 6 月 1 日的信函，并请黄部长看张艺谋的摄影作品，请求批示。该信函是在文化部的公文纸上，用绿颜色的笔及工整的楷书亲笔写成。

　　* 华君武同志 1978 年 7 月 20 日给黄镇部长的信函及黄镇部长的批示：

　　黄部长：

　　　　别人转来陕西咸阳市国棉八厂织袜车间 27 岁工人张艺谋的摄影作品，感到实在好。

　　　　张报考电影学院，因年龄超过五岁而不能报名，特写信给你，请你看看他的作品，现送上，请批示。

　　　　敬礼

华君武 20/7/78

　　黄镇部长在 1978 年 7 月 20 日华君武同志的亲笔请示信函上，用红色铅笔、带有行书和草体风格的文字进行了批示，龙飞凤舞，苍劲有力，非

中央五七艺术大学电影学校

张艺谋同志：

　　你的作品经我们研究после，这次
报考摄影系年令控制在二十五岁以
下，不能超过二十五足岁。这样你的年
令 ~~扶太弱想学超过~~ 你是而
　　　现将你的作品退还请收下

[手写批示]

敬礼

[印章：办公室]

北京电影学院招生委员会办公室 1978 年 6 月 1 日给张艺谋的信函及领导批示

中华人民共和国文化部

黄部长：

别人特来陕西咸阳市国棉八厂职工
车间27岁工人张艺谋的摄影作品，感
到实在好。

张因报考电影学院，因年令超过五岁
而不能报名，特寄侬作，请侬看了
如加以改正上，请批示。

华君武同志 1978 年 7 月 20 日给黄镇部长的信函及黄镇部长的批示

常果断。批示的文字内容是:

君武同志:

　　我看了实在高兴,他的作品很有水平,应加紧培养,可以作为特殊问题,叫进修生或其他适当名义,允他入学深造,告电影学院领导小组,立即通知张艺谋。

黄镇 20/7

华君武同志在收到黄镇部长的 7 月 20 日两个亲笔批示以后,就马上给学院回函,并迅速转达了黄镇部长看到请示信函以后和看了作品以后的批示精神和内容。

* 华君武同志 1978 年 7 月 20 日给学院的信函:

卢梦同志并领导小组:

　　转去黄部长对张艺谋同志入学的批示,我和张素昧生平,也是别人转来的,黄部长说张的作品请你们阅后,仍退给我,他还要再看。

　　张另有一信给黄部长,现在部长处。

　　敬礼

华君武 20/7

从当时的文件批复时间上看,在 1978 年 7 月 20 日这天,有文化部华君武同志给黄镇部长的请示信函;有黄镇部长在学院的 6 月 1 日呈送文化部领导的草拟文件附件上的重要文字批示;有黄镇部长在华君武同志的请示信函上的重要批示;有华君武同志写给电影学院的信函。作为 1978 年的中央文化部领导的办事效率之高,决定之迅速,文件批复和回复的时间之紧凑,显现出当时政府机构和领导人的办事效率和工作作风。

　　学院于 7 月 22 日接到了文化部的回复信函件后,马上进行传达和贯彻,

中华人民共和国文化部

卢蒙以亚领导小组：

特去黄部长对张气谟以入学的批示。
我和张素昧生平，义是别人对来的。黄部
长说张的作品请你们阅后，勿退给
我，他还要再看。

张另有一信给黄部长，改死部长处。

致礼

华君武 20/7

华君武同志于 1978 年 7 月 20 日给学院的信函

同时，学院领导、招生委员会、摄影系领导进行具体研究，提出了解决的办法，并打算立即给陕西第八棉纺织厂党委负责同志写信，约张艺谋到学院来进行面谈，就落实上级领导批示的有关一些问题，征求一下张艺谋本人的意见。

*学院给陕西第八棉纺织厂党委负责同志的信函草拟稿：

党委负责同志：

　　你厂织袜车间张艺谋同志曾要求来我院学习摄影专业，如你厂同意，请通知他本人立即来我院面谈，来时并带你们厂的介绍信。

　　此致

　　敬礼

北京电影学院招生委员会办公室

1978.7.26

君武同志：

　　22日接到你的来信和转来的黄部长批示二件。关于张艺谋同志报考摄影系的问题，我们领导小组与摄影系的负责同志，部分教师研究了一下，摄影系的教师认为，从张艺谋同志送来的摄影作品看，已具有了较高的水平，可以不必参加摄影系一年级专业课程的学习，直接插入二年级。但我院摄影系今年只招了一年级新生，还没有二年级以上的班，而专为他一个人开个班讲二年级以上的课，按目前师资力量，又很困难，其次，他今年已二十七岁，当然可以录取。但是，如果按摄影系学制四年毕业，年龄已过三十一岁，毕业后分配到制片厂，跟几部片子，当几年助理，年龄就更大了。因此，我们打算立即给他写信，约他到我院来谈谈，就以上的一些问题，征求一下他本人的意见。

　　我们的这个意见，请转报黄部长。黄部长有何指示，请告送我们。

党委负责同志：

　　你厂张子向、赵宝楝同志要求来我院学习纺织专业，为你厂（通知）厂长，请他本人立即来我院已续。梁世华此绩（竹）的介绍信。此致

敬礼

　　　　　北京纺织学院招生办公室

　　　　　1978. 7. 26.

学院给陕西第八棉纺织厂党委负责同志信函草拟稿

北京电影学院

君武同志：

　　廿二日接到你的信和转来的黄厂长批示二件。关于张艺谋同志报考摄影系的问题，我们领导小组与摄影系的负责同志、部分教师研究了一下，摄影系的教师们认为，从张艺谋同志送来的摄影作品看，已具有了较高的水平，可以不必参加摄影系一年级专业课程的学习，直接插入二年级。但我院摄影系今年只招了一年级新生，还没有二年级以上的班，而专为他一个人开一个班讲二年级以上的课，按目前师资力量，又很困难。其次，他今年已廿七岁，当然可以破格录取。但是，如按摄影系学制四年毕业，年令已三十一岁，毕业后分配到制片厂跟班学习，当三四年助理，年令就更大了。因此，我们打算立即给他写信，约他到我院来谈谈，就以上一些问题，征求一下他本人的意见。

学院领导卢梦同志给文化部秘书长华君武同志的信函

北京电影学院

　　我们以上意见，请转报黄P长。黄P长有何指示，请告诉我们。

　　黄P长以二件批示差回。将将作品得当以面谈后退回给你。

　　　　　　　此致

敬礼

　　　　　　　　　北京电影学院领导小组

　　　　　　　　　1978.3.26.

黄部长的二件批示送回。张的作品待与张面谈后退回给你。

此致

敬礼

北京电影学院领导小组

1978 年 7 月 26 日

卢梦

从学院领导卢梦同志写的信看出，学院就对待张艺谋问题的处理，集中体现了学院的集体讨论的结果，从给文化部华君武的信函看，学院还是在坚持自己的招生原则，不想违背既定的招生原则录取张艺谋来学院上学，并找出了一些作为上级和学院都看似比较名正言顺的理由来拒绝其上学，并为找张艺谋谈话进行文字报告上的铺垫，实际是想通过这封信的形式，通报黄镇部长情况，表明学院的意见，来求得上级领导的真实意见。

华君武同志在收到学院 1978 年 7 月 26 日的信函以后，立即向黄镇部长进行汇报，黄镇部长十分鲜明地表明了录取张艺谋的态度。华君武于 7月 28 日立即给学院致函，转告并传达了他向黄镇部长汇报后黄部长的指示，表示学院不必再找张艺谋本人谈什么了，请学院立即执行黄镇部长的批示，录取张艺谋上学。

* 华君武同志 1978 年 7 月 28 日给学院的信函：

卢梦同志：

已将你的意见向黄部长汇报，黄部长说：请你们立即执行，张艺谋并不一定等四年毕业，学习一两年后就可以分配到电影厂去工作。要我转告你。此致。

敬礼

华君武 28/7/28

美术

卢梦同志：

已将你们的意见向黄部长汇报，黄部长说：请你们立即执行，张艺谋至不一定等四年毕业，学习一两年后就可分配到电影厂去工作。是我接先件。此致

敬礼

华君武 28/7/78

华君武同志于 1978 年 7 月 28 日给学院的亲笔信函

北京电影学院在若干次得到文化部领导批示以后，特别是在 7 月 28 日得到上级领导的明确指示精神以后，学院招生委员会和领导马上进行了研究，决定录取张艺谋上学。学院招生委员会正式给陕西第八棉纺织厂革命委员会信函，通知学院录取张艺谋的决定，并要求厂里方面协助办理相关的手续。

其实在这个工作的过程中，学院在 7 月 26 日就已经要求张艺谋本人带厂里开具的介绍信来学院进行面谈。

*陕西第八棉纺织厂革命委员会介绍信：

　　兹介绍我厂张艺谋同志等壹人前去你处联系面谈事宜，希接洽并大力协助是荷。

　　此致

　　敬礼

陕西第八棉纺织厂革命委员会

一九七八年八月三日

我们从当时介绍信中的手写笔迹看，其所填写的陕八介字 1026 号中"1026"和最终的一九七八年八月三日中的"八""八""三"等字体，是一个笔体，估计是纺织厂厂办的人员所填写，其余的内容全部为张艺谋本人的笔体。这样的笔迹，在上学以后张艺谋的作业中我经常可以看到，可见当时张艺谋本人在陕西第八棉纺织厂党委办公室具有非常好的人事关系和人缘，否则如此重要的介绍信内容，绝对不会让其自己填写。

2010 年 10 月 22 日，在我和张艺谋核实上述事情的时候，张艺谋也清晰地记得，当时厂里的党委办公室的人，对学院通知他到北京谈上学的事情表示极大的支持和关注，就是特意让他自己在厂里的空白介绍信上进行填写，然后盖章。

结果张艺谋本人在 1978 年 8 月 6 日，携带陕西第八棉纺织厂革命委员

陕西第八棉纺织厂革命委员会

介 绍 信

北京电影学院 陕八介字第 1026 号

兹介绍我厂 张艺谋 同志等 壹 人前去你处

联系 两嗓子事宜 事宜，希接洽并

大力协助是荷。

此 致

敬 礼

陕西第八棉纺织厂革命委员会

（有效期限　天）　一九七八年八月　日

陕西第八棉纺织厂革命委员给张艺谋的介绍信

会于 1978 年 8 月 3 日开具的正式介绍信（陕八介字 1026 号）独自来到了北京电影学院，与学院招生委员、招生办公室的老师见面，学院经过面谈，大家都觉得张艺谋是一个非常朴实和本分的人，为人也比较谦和。

经过了学院的面谈，再根据上级主管领导的几次批示的明确意见，学院基本认为张艺谋除了年龄偏大以外，在个人艺术素质和摄影专业水平方面，都是比较好的，经学院慎重研究并最终决定，同意破格录取张艺谋其进入学院摄影系 78 班学习两年。并将北京电影学院的决定，以正式信函的方式给陕西第八棉纺织厂，告之决定录取张艺谋上学的决定，为此学院起草了信函的文字稿。

学院在谈话后，决定录取张艺谋，让他本人将信函带回陕西第八棉纺织厂。

*北京电影学院决定录取张艺谋上学给陕西第八棉纺织厂草拟的信函文字稿。

陕西第八棉纺织厂

革委会负责同志：

你厂张艺谋同志经面谈，决定破格录取，让他有机会再深造提高。根据（78）财事字第 186 号文件规定：入学时满五年工龄者，学习期间由原工作单位照发工资，故张艺谋同志入学后，工资仍由你厂照发。另请张艺谋同志带回政审表一张，请填写并将该同志的档案寄我院。关于入学的时间、手续、注意事项等，待八月底再通知。对于你厂的支持，我们非常感谢。此致

敬礼

北京电影学院

8.9

陕西第八棉纺织厂
革委会负责同志：

你厂张艺谋同志经面试，决定破格录取，让他有机会再深造提高。根据（78）财事院第186号文件规定：入学后二满三年之全部工资二期间由原工作单位回发工资。故将张艺谋同志入学后，工资仍由你厂回发。名请将张艺谋同志带户口攻单迁一併，并将该同志的档案一併转我院。关于入学后待遇等注意事项等，待八月底再通知。对于你厂的支持，我们亦表示谢。
此致
敬礼

北京电影学院
8.9

北京电影学院决定录取张艺谋上学给陕西第八棉纺织厂的信函草稿

这个草拟的信函文字稿开头的称谓，在今天看来是有问题的。1976年"文革"以后，各个事业单位的最高领导机构不再是所谓的"革命委员会"，而是改为党委、党的领导小组、党组。在给张艺谋带回厂里的学院通知函中，则做了相应的修改。

最后录取

关于张艺谋最后录取的过程，很多人希望知道是采取什么样的形式，到底有没有正式的录取通知书，采取什么的方式交到张艺谋的手中，张艺谋是怎么样与厂里进行沟通并同意上学的，这些都成为大家关心的地方。

真实的情况是这样的：张艺谋本人在来北京见面谈话的时候，只是朦胧地感到自己的事情已经有了眉目，但是在当时还不知道来北京上学是属于什么性质，是正式的学生？还是旁听学生？还就是进修学习？都不得而知，只是说让他回西安等学院的消息。

后来我曾经问过张艺谋，他说："当时我都已经折腾晕了，只是知道没有经过考试，以破格方式，可以上学了。当时所有的文字、谈话和口头说的，都没有明确来北京电影学院上学是属于什么性质的学生，就也不知道是不是正式的？旁听的？还是进修学习的？我也不敢问，怕把这事给问黄了。"

至此时，张艺谋上学的事情终于峰回路转，尘埃落定，有了眉目。陕西第八棉纺织厂在接到北京电影学院1978年8月9日的信函以后，找到张艺谋谈话了解情况，厂里认为这是一件大事，张艺谋是本厂的职工，能到北京去上学，为厂里带来了荣誉，也使当时地处偏僻咸阳的陕西第八棉纺织厂在陕西省和全国都出了名。厂里在当时也是出于对新生事物的支持，也出于对年轻人才的爱护，党委迅速研究做出了决定，同意张艺谋上学，并同意他带工资上学。张艺谋几乎在厂里没有受到什么阻力，就取得了厂里的认同，同意他到北京电影学院摄影系上学。

陕西第八棉纺织厂厂办在收到这封"入学录取通知书"后，厂长办公室主任比较有见识，有经验，他见过厂里的其他人考上大学的正式录取通知书样子，虽说这不是一个正式的录取通知书，但好歹也是一个电影学院的正式的介绍信。这对艺谋是个好事，就开始帮助他办理相关的手续，首先就给他去办粮油的关系，结果给张艺谋开了相应的文字的东西，张艺谋拿着厂里的有关通知，就去厂里的相应部门转粮油关系去了，具体到了地方后，办理的人一看，这不是一个正式的大学录取通知书，还是不想给他办理转粮油关系的证明，还从抽屉里拿出一个正式的样子给张艺谋看，说你应该拿一个这个样子的通知才行。最后，经过厂里的领导做工作，也就同意了，也就顺利地给张艺谋办理了粮油关系的转移手续。

都说"人的命，天注定"，现在看来，一点不假。所以，在今天来说，命运总是眷顾那些有准备的人。

对张艺谋自己来说，他在 28 岁的时候，进入北京电影学院改变了他的命运。学院的通知到达了陕西第八棉纺织厂后，消息迅速传开，认识他的人，奔走相告，为他高兴，一些不了解电影学院的工友，还以为他是去北京上学学习放电影呢，也是一顿戏谑。

步入殿堂

1978 年 9 月，张艺谋迎来了他人生最为重要的转折点。

经过学院正式研究，他被破格录取成为学院的旁听生，进入了北京电影学院摄影系 78 班学习。

在学院开学后，张艺谋也随其他同学正式入学报到的时候，张艺谋谈道："我当年是破格录取进入学校的，今天这样的情况很少了，因为都法制化、规范化了。在那个年代，进了北京电影学院就是像一步登天，我真是受宠若惊，突然变成一个大学生，一个电影工作者，这是我原来想都不敢想的事情，竟然成了现实。我当时在工厂，长期的梦想就是脱离车间到厂里的工会做一个宣传干事，这我也想了有七年。为了这件事情，我还曾经多次到劳资科长家里活动和说服，哪怕是让我'以工代干'都可以。所以，我一下被录取了，太偶然了，而且也太幸运了。在我的内心深处，我完全没有'天降大任于斯人'的那种伟大的责任感，也从来没觉得我就是那块料，我是一个非常现实的人。"

他来到学校报道，显得非常平静，而实际上，他的心整天是处在一种澎湃的境地。

他按照学院的要求，补交了他本人1978年8月14日在陕西第八棉纺织厂医务所检查及医生填写的体检表1张；从体检表看，张艺谋的身体非常好，双眼视力都是1.5。

同时，张艺谋补填写了北京电影学院招生报名登记表，报名表上，报考专业的内容上空着，没有填写任何内容，也没有填写报名号，甚至，为了不引起其他同学的关注，在填写的招生报名登记表上"婚否"的一栏内，也没有写任何的内容。

在今天看来，当时的张艺谋破格上学，有如下的一些特殊之处：1、因为不符合招生简章上的条件，他没有经过正式的报名、考试等相关方面应该履行的程序；2、学院坚持了招生原则，没有让他报名，也就没有对他经过任何形式的文化和专业考试；3、文化部的领导、学院摄影系的老师和有关学院领导，看过他所拍摄的很多摄影作品（集）；4、通过口头汇报、电话请示、信函请示、反复批示，是经过文化部主管领导的关照和非常肯定的批示、指示后，学院才同意他入学学习；5、其上学肯定是破格录取，但不是正式意义上的本科录取，只是同意让他上学旁听学习；6、当时的设计是，同意张艺谋进入学院摄影系学习两年，让其自己找工作就业；7、当时入学的时候，学院执行上级领导批示，并没有承诺让其在学院摄影系学习四年，为后来的张艺谋申请，上级领导批准继续学习延续留下了伏笔；8、未详细确定其入学学习是属于什么样的性质入学，也没有约定要为其最后颁发什么形式的学习证明（证书）。

1978年9月开学的时候，因为学院这次招生，比原计划多招收了不少的学生，也在学院的部分教师和同学中引起了议论。

入学不到一个星期，学校饭厅门口就有人贴出了大字报，主要是针对学院扩大招生名额和破格录取的事。当然，这个矛头并不是指向张艺谋，而是指向了其他系的个别同学。大字报说学院这次招生的扩大，有一些问题，并说学院这次招生有"走后门"的现象，甚至在大字报中，挑起了教师之间的个人恩怨及矛盾。一时间，在教师和学生中影响不小，影响了学院学生的学习情绪和正常的教学秩序，给一些已经入学的同学造成了比较大的思想压力，张艺谋也在其中承受了巨大的压力，他更加沉默、忍耐、小心，更加珍惜在学校学习的机会，珍惜每一天的学习时光。面对这样的情况，在学院党委和领导及各个系，开展了在教师和学生中的深入细致思想工作，由于工作到位，该"大字报"事件也就很快平息了。随着开学以后的一个月，这个情况就完全被新学期的学习气氛所淹没了，该事件在教师和学生中也很快地就被淡忘了，只是在学校学习的时候，张艺谋一直比较拘谨，沉默寡言，谨小慎微。

在张艺谋入学以后，摄影系完全像对待其他学生一样，把张艺谋完全作为正式录取的学生看待，没有歧视、没有另眼看待，他与其他同学享受学院的整体教学环境和条件。在上学期间，摄影系的所有学生所享受的教学设施和待遇，都是一样的。分发海鸥205型135照相机、分照相的暗房小组、分发感光测定135黑白胶片，分发胶片显影罐、显影温度计、实验记录（报告）本、摄影构图作业本，甚至摄影系同学外出拍摄照片作业，张艺谋与其他同学一样报销城市交通费用，还让张艺谋担任了电影学院学生会副主席。张艺谋在两年的学习过程中充分享受了北京电影学院的教学设施、环境、氛围和教师、同学的关爱，他没有受到任何老师和同学的歧视，也没有受到任何与其他人不一样的待遇。

这给了张艺谋心灵上极大的抚慰，也在学习上给予了他极大的支持。他在上学的过程中，可以说是我们摄影系学习的楷模，他极为珍惜学习的机会，上课从不迟到，认真记笔记，按时完成作业，态度认真、学习刻苦。张艺谋所表现出来的对作业的认真和精细，是任何同学都没有办法来与之相比的。

张艺谋经常到图书馆翻阅资料和看各种各样的摄影技术、艺术的电影和摄影杂志和专业创作理论书籍，并做大量的学习笔记，现在我们在学院

体 检 表

| 姓 名 | 张艺谋 | 性别 | 男 | 出生年月日 | 1950.11.14 | 编 |
| 文化程度 | 初中 | 民族 | 汉 | 籍贯 | 陕西省西安市 | 号 |

| 现住所及通讯处 | 陕西第八棉纺织厂织袜工艺 |

| 原学校名称 | |

| 既往病史 | |

| 家族病史 | |

| 眼科 | 视力 | 左 1.5
右 1.5 | 矫正视力 | 左 ✓
右 ✓ | 辨色能力 | 好 | 医师意见 |
| | 砂眼 | 左 无
右 无 | 眼疾 | | 无 | | 签字 |

耳鼻喉科	耳	听力	5米 公尺 5米 公尺	耳疾	无	医师意见
	鼻	嗅觉	5米	鼻疾	无	听视觉 正常无疾病
	咽喉		5米	唇颚	5米	口吃	无
	齿	龋齿		缺齿	3	齿槽脓漏	
	其他						签字

外科	身长	175 公分	胸围	公分	皮	医师意见
	体重	67 公斤	呼吸差	公分	肤	
	淋巴	（一）	甲状腺	（一）	脊柱	✓
	四肢	（一）	关节	（一）	平醢足	无
	泌尿生殖器	（一）			肛门	
	痔	无	其它			签字

陕西第八棉纺织厂医务所为张艺谋进行体检的体检表

内 科	血　　　压	114/70 mmHg	医师意见
	发育及营养状况	良	杨公章
	神经及精神	正常	
	肺及呼吸道	（一）	
	心脏及血管	（一）	
	腹部器官	（一）　肝　肋下未及　脾　肋下未及	未祥
	其　　　它		签字
化　验　检　查			签字
胸部爱克斯线透视	两肺未见活动性病变 心隔大动脉未见异常		签字
其　它　检　查			
检　　查 结　　论	诊断： 结论：健康		签字（盖章） 78年8月14日
审查单位意见		审查单位盖章　　年　月　日	
备　　　考			

北京电影学院

招生报名登记表

报考专业＿＿＿

姓 名	张艺谋	性别	男	民族	汉
出生年月	1950. 11. 14.	文化程度	初中		
家庭出身	职员	本人成份	学生	婚否	
籍贯	陕西省西安市		报名号		
现在详细地址	西安市南四府街狱庙巷12号				
政治面目	何时何地参加党团		工令劳动年限	7年	
所在学校或单位	陕西省咸阳市国棉八厂				
何时何地受过何种奖励和处分	下乡插队期间及工作期间曾多次受过奖励,评为积极分子.				
有何爱好及特长	摄影艺术. 美术. 体育等.				

简历	起止年月	在何地点	上什么学校或作什么工作
	1957.	西安市	在西安通济坊小学读书
	1964~1966	西安市	在西安市30中读书
	1968~1971	陕西乾县	乾县杨汉公社北倪 大队插队
	1971~1978	陕西咸阳市	国棉八厂纺织车间工作

张艺谋进入学院以后填写的北京电影学院招生报名登记表

直系亲属和主要社会关系情况

称呼	姓　名	年龄	出身	政治面目	职业	现在何处工作
父親	張秉鐸	56		国民党员	干部	陕西省人事局
母親	張秀支	44		共青团员	医生	陕西省建工局医院
姑母	張瑛	47			干部	西安市自来水公司
姨妈	張秀蕊	48		共青团员	教师	西安市莲湖幼小学
婶	赵秀娣	40		共青团员	教师	西安市实验小学
舅	張学义	38		共青团员	教师	西安市第一中学

参加过那些	文艺活动	西北五省摄影艺术展览，陕西省咸阳市摄影艺术展览，咸阳市工人业余摄影组。
阅读过那些	文艺书籍	吴印咸《摄影艺术造型》、張印泉《摄影原理与实用》等几十种，并作有十余万字笔记。文艺理论书籍，王朝闻《以一当十》、秦牧《艺海拾贝》等。

初审意见		最后决定	

备注	

填写日期 1978 年 9 月 15 日

北 京 电 影 学 院 学 生 学 籍 表

学号

系别	摄影	专业	摄影	班级	78班	到校日期	1978.9.15.	
姓名	现名	张艺谋		性别	男	家庭出身	职员	
	曾用名			出生年月	50.11.	个人成份	学生	
籍贯	陕西省西安市			民族	汉	文化水平	大学	
参加工作年限		11年		级别	三级工.			
原所在工作单位		陕西咸阳国棉八厂		单位或家庭通讯处	西安市南四府街狱庙巷12号			
何时参加工作任何职务		1971年9月参加工作. 担任纺织车间工艺室图案设计员						

张艺谋学籍表

的图书馆当中，仍然可以查询到，张艺谋是借书最多的学生之一。由于他学习刻苦，在班上的学习成绩一直不错，作业总是完成得最好，多次得到任课老师的表扬，在二年级学期结束的时候，已经完成的 22 门课程中，他各科学习成绩都是优良，在摄影系是最优秀的学生之一。

时光荏苒，1980 年的 6 月初，张艺谋在经过破格录取进入学院学习两年后，其学习进入了第二学年的最后阶段，也就是还有一个月的时间，即 7 月初，所有的学生就开始放假，张艺谋的学习，也即将完成。张艺谋则将面临人生的另外一个重要的阶段，是在学院摄影系继续学习？还是面临学院的分配走向工作岗位？

由于在入学的时候说明他是进修学习的性质，在学习到了两年的时候，张艺谋将面临先于其他同学毕业分配到原籍。快接近放暑假的时候，张艺谋便有些不思茶饭、坐卧不安，担心按照学院上级领导当年的批示精神，他的两年学习就要结束了。

据张艺谋后来的回忆说："其实，对自己完成学院两年的学习，离开北京是有准备的，因为当时上学时领导的批示和学校的安排，都是按照两年进行设计的，当时的工作出路，一是去陕西西安的画报社工作，一可能是去西安电影制片厂从事摄影工作。"这时摄影系正式行文，给学院教务处及学院领导，征询如何处理张艺谋的问题。

1980 年 6 月 9 日，摄影系经过研究，正式给学院教务处及学院领导小组的书面报告，谈及了对是否在学院系里学习的问题，请示学院做出决定。

* 摄影系给学院教务处、学院领导小组的书面报告：

教务处并转呈

学院领导小组：

现在我系学习的张艺谋同志，一九七八年报考我院时，因年龄过大（当时已超过 27 周岁，规定摄影系报考年龄不得超过 22 周岁），院招生办公室未准报名。黄部长根据华君武同志的报告和报考照片批示："根据他的优异成绩，特殊处理"，华君武同志还转达了黄部长"请你们立即执行""先（允）他入学深造"的指示。学院招生办公室根据黄部长的上述两次批示，对张艺谋同志未经初试、复试，只经面谈一次即通知来院学习。

学院领导小组当时曾书面呈报黄部长"张艺谋同志现已超过27岁，毕业后分配到电影制片厂，跟几部片子，当几年助理，年龄就更大了"，对此，黄部长指示"张艺谋并不一定等四年毕业，学习一两年后，就可分配到电影厂去工作"。

到今年七月，张艺谋同志已学满两年，年龄已近三十周岁（1950年出生，该班还要几年才毕业）。拟请教务处呈报学院领导小组根据78年招生的有关规定（包括年龄），与张艺谋同志的谈话情况（学一两年就分配工作），特别是遵照黄部长当时的明确指示研究处理。

此致

敬礼

摄影系

1980.6.9

学院根据摄影系的书面报告，1978年7月8日责成了刘维汉（时任学院教务处长）、刘国典（时任学院摄影系副主任）、曹丽生（时任学院教务处学生科长）等三位老师，就张艺谋已经完成两年的学习和后面他本人的想法，与他进行了一次谈话，并形成了谈话文字纪要，该谈话文字纪要，一共是两份，一份是写在白纸上的（记录，草稿），一份是经过整理、誊写在带有北京电影学院字样的学院公文纸上的。

* 学院与张艺谋关于是否继续学习的谈话综合整理纪要：

学院与张艺谋谈话纪要：（根据学院的两份谈话记录进行了综合整理）

北京电影学院

教务处 并转呈

学院领导小组：

现在我系学习的张艺谋同志，一九七八年报改我院时，周年令过大（当时已超过27周岁，规定摄影系报改年令不得超过22周岁）。院招生办公室未准报名。黄部长根据华君武同志的报告和报改照片批示"根据他的优异成绩，特殊处理"。华君武同志还转达了黄部长"请你们立即批录""先他入学深造"的指示。学院招生办公室根据黄部长的上述的次批示对张艺谋同志，未经初试、复试，已经面谈一次即准其来院学习。

学院领导小组书时曾书面呈报黄部长"张艺谋同志现已超过27岁，毕业后分配到制片厂，当几部中子，当几年助理，年令就更大了。"对此，黄

摄影系给学院教务处、学院领导小组就张艺谋问题的书面申请报告

北京电影学院

部长指示："张艺谋并不一定非四年毕业学习一两年后就可以分配到电影厂去工作"。

到今年七月，张艺谋同志已学满两年，年令已近三十周岁（1950年出生，该班还要几年才毕业）。

拟请教务处呈报学院领导小组根据78年招生的有关规定（包括年令），并张艺谋同志的谈话情况（学一两年就分配工作），特别是遵照黄部长书记的明确简指示研究处理。

此致

敬礼

摄影系

1980.6.

摄影系给学院教务处、学院领导小组就张艺谋问题的书面申请报告

北京电影学院

1980年7月8日上午10时半，刘维汉、刘国典、曹却生 等同摄影系78班生张艺谋同学谈了话。

谈话内容：1. 根据黄P展对张艺谋入学时的批示和内容作以说明。（破格录取，没有参加考试，学习一年就合格工作）

2. 张艺谋谈一个人想法、意见、态度。

刘维汉的意见：1. 对张艺谋入学后一时期表现谈了一下，对其业技好，学校作了工作。

2. 如学习一年，只发结业证书，不发毕业证书。

3. 毕业张以个人意见，学院讨论、上报。

刘国典的意见：1. 考虑个人以实事求是批示，矛盾大，对工作更不利。

张艺谋同学意见：1. 入学时的想法（上入学后在学校里，同学、老师都对他照顾好，无事）。

2. 现在有机会，应继续读下去，更好地学一些本功。这样还是想读上学到了一些东西的。

3. 将来推迟一、矛盾大，也有些思想顾虑。

学院与张艺谋就两年后是否继续学业的谈话纪要

292

北京电影学院

最后由院党委派专人送去一书面材料，支刘国典
老师。放假前把整材料二报文化部。

80·7·8·

张艺谋在校学习期间拍摄的摄影作品

1978 年 7 月 8 日上午 10 时，刘维汉、刘国典、曹丽生等同摄影系 78 班张艺谋同学谈了话。

张艺谋在谈话的过程中一再表示，自己非常喜欢学院的学习生活，也非常喜欢电影专业和摄影，希望学院领导能再给他一个机会，让他在学院继续学习。根据学院有关领导和老师谈话的内容，他可以写申请，表达自己的愿望，然后学院再去为他争取。张艺谋按照谈话的要求，书面提交了一个请求继续学习的书面文字申请，交给了摄影系的领导，转给学院的领导。

实际上，在教务处和系里的领导找张艺谋谈话的时候，学院根据张艺谋的学习成绩和良好表现，学院已经决定还是要给张艺谋要补办一个大学入学的手续，然后听上级的指示。

在党和领导的亲切关怀和帮助下，我来电影学院已整两年了，通过这段时间的学习，使我学到了许多丰富的知识，在思想上、专业上都有极大的收获。特别是院领导、系领导、各位老师们从各个方面关心我，帮助我，使我能克服困难，园（圆）满完成学习任务。两年来，我深深感到：要想将来为人民多出一份力，现在就要抓紧宝贵时光，多掌握一些知识。因此，我十分希望能在学院继续学习下去，以便扎扎实实，系统全面地打一个良好的基础。虽然，自己年龄大了点，但是，我有决心、有信心，克服一切困难，出色完成后两年的学习任务，以实际行动报答党和人民的关怀，为祖国的四化建设尽一份微不足道的薄力！

摄影系学生 张艺谋

80.7.8

张艺谋的这份 1980 年 7 月 8 日的书面申请，没有书写任何学院或者文

　　在党和领导的亲切关怀和帮助下，我来电影学院已整两年了。通过这段时间的学习，使我学到了许多丰富的知识，在思想上、专业上都有极大的收获。特别是院领导、系领导，各位老师们从各方面关心我，帮助我，使我能克服困难，圆满完成学习任务。两年来，我深深感到：要想将来为人民多出一份力，现在就要抓紧宝贵时光，多掌握一些知识。因此，我十分希望能在学院继续学习下去，以便扎扎实实，系统全面地打一个良好的基础。虽然自己年龄大了些，但是我有决心、有信心，克服一切困难，出色完成后两年的学习任务，以实际行动把对党和人民的关怀，为祖国的四化建设尽一份微不足道的薄力！

摄影系学生：张艺谋
80.7.8.

张艺谋于 1980 年 7 月 8 日所写的书面申请报告

化部的抬头，也没有书写类似"你好，此致、敬礼"等惯用语。他好像是经过精心的安排和设计，申请书文字中所有的标点符号，也只有点、句号、叹号三种。在一些句子段落用"点"的符号代替了逗号。按照张艺谋上学的习惯，他的申请书书写的字迹，像他在学院摄影系两年学习做作业的情形一样，字迹非常工整、干净。语言和态度极为认真和诚恳，既反映了那个时代的特点，也贴切地表达了他自己想利用这唯一的、不同于上学破格时候的一次机会，来表达自己的心情。

同时，他也向学院领导直接表达了自己仍然想在学院好好学习专业知识，打好专业基础，并继续在学院学习下去的心情。字里行间也完全没有直接提出其他的奢望（希望给正式文凭，让学院帮助给分配工作等）。今天看来，张艺谋在三十多年前所写的这些文字含义，都非常真实地表达出了张艺谋的性格。

张艺谋回忆说："具体当年是什么情况进入学院学习，怎么样的一个回事？我也是不太清楚。那会儿光是高兴和兴奋了。在学校学习两年以后，学校领导突然跟我谈，说当年文化部领导说你可以提前毕业，那么，现在你已经学习两年了，你看你是什么意见？我没有什么思想准备。听这个口气没有什么希望了，我当时就有点想走了，主要是年龄大，脸皮也薄，总觉得好像再赖在学校也不好，但是我从心里还是很在乎毕业证的。心里想，只要给我大专文凭我就走，我特别想拿一个摄影系大专证书，我不想在学校待了，也问学校领导可以不可以给我一个证书，但是，他们说回头再答复我。"

学院汲取了在 1978 年录取张艺谋问题上的请示上级领导的经验，于 1980 年 7 月 15 日，就张艺谋在已经完成了两年学习后，能否在学院继续学习的问题，给黄镇部长正式打报告，说明学院的情况和想法，请求黄部长的批示。

学院于 1980 年 7 月 15 日，就张艺谋能否在学院继续学习，给黄镇部长准备正式报告，第二次草拟的报告内容如下。

黄部长:

　　现在我院摄影系学习的张艺谋同志,是一九七八年报考我院时,因年龄过大（27周岁）,未准报名,后华君武同志转达了黄镇部长的意见"特殊处理"而录取的。当时黄部长曾指示:"张艺谋并不一定等四年毕业,学习一两年后,就可分配到电影制片厂工作",现在张艺谋同志已学习满两年,该生应如何处理？请黄部长指示。

　　时任学院教务处的处长刘维汉在学院草拟的报告上批示:

　　请按此件打印上报为好。

刘维汉 16/7

　　1980年7月18日上午,学院的有关领导亲自去文化部黄部长处,向文化部领导汇报关于张艺谋的事情处理的工作,并做了相应的文字内容整理。

　　学院在文字记录上,做了如下的描述:

　　暑假期间上报的文件批下,九月一日开学时已经通知系里,张艺谋已经正式报道注册。

80.9.1

　　学院谈话以后,正值学院临近暑假放假,关于张艺谋是否可以继续学习还是终止学习的问题,便没有了音讯。张艺谋更加沉默寡言。后来,在假期来临的时候,张艺谋在校园里见到了导演系的田壮壮,一边聊天,一边回宿舍的路上的时候还说:"壮壮,学院已经跟我谈了,哥们儿这次一走,可能就算是学完了,就可能回不来了,你们诸位自己保重,我很可能以后永远也见不着你们了。"张艺谋语气非常肯定,也非常悲壮。

　　真实的情况是,1980年7月18日上午,学院上报送去的关于张艺谋

北京电影学院

黄部长：

现北我院摄影系，学习的张艺谋同志，是一九七八年招考我院时，因年令过大，未准报名，后华君武同志转送了黄部长的批示."根据他的优异成绩，特殊录取处理""先他入学课选""请你们立即执行"等批示，学院招生办公室根据黄部长的批示，对张艺谋同志未经初试，复试，只经面谈一次，即通知来院学习。

学院今年暑期当时曾考虑向黄部长"张艺谋同志现已培养这27岁，毕业后年岁已更大，身体亦好，年令亦更大了，对此黄部长指示"张艺谋毕业，送华的年毕生，学习一两年后，就专等配到电影厂去工作。"

那今年暑期间，张艺谋已过两年，该生意如何处理，呈报黄部长，请指示。

1980. 7. 15.

学院为张艺谋的事情第一次草拟的报告内容

北京电影学院

黄部长：

　　现在我院摄影系，教师张艺谋同志，是一九七八年报致我院时，周年令达大（29岁）超龄报知，后华启威同志转达了黄部长的意见，"特殊处理"而来我院。

　　当时黄部长曾指示"张艺谋来以一定要的郑宝亡，学一、两年后，就分到制作厂去工作"现在张艺谋同志已学满两年，该分童他可处理清黄部长指示。

　　专此并请到之报，辰好。

　　　　　　　　　　刘××10/9

学院为张艺谋的事情第二次草拟的报告内容

北京电影学院

80.7.18 从 师范文化部 黄 ア农处

向 花绅 书 读了 3 情次：1. 张 系 xx 呼 心 情次

2. 同路 3 现 3 净, 张 心 异发.

3. 黄 ア农 23日 追来, 把

情况 反映。

4 望 黄 ア农. 在 报告上 签字,

80.7.19

暑假 也用 向 上 报文件 批下。

机 付 书 开学 时 在 通知 心 点 里

张 艺 谋 已正式 报到 注册.

80.9.1.

学院关于处理张艺谋事情的文字纪要及电话记录

能否继续学习的报告，文化部领导有了明确结论，同意继续学习。

结果，9月份暑假结束，新学期开始的时候，张艺谋又回到了学院，再次见到田壮壮说："真不是人过的日子，这个假期我就是度日如年，哥们儿每天又担心、又怕，每天到传达室看有没有我的信，接到信就完了，就不能在学院继续学习了，结果没有收到学院的信，我又可以回到学院学习了。"

张艺谋在1980年的9月，又重新回到学院"78班"的集体中，开始了第三年的学习生活。这样，张艺谋在学院顺利完成了四年的大学生活，享受到了与其他同学一样的中国电影系统教育，为他日后的发展奠定了坚实的基础。

张艺谋安全、踏实地留了下来，继续学院的学习生活，性格也逐渐开朗了起来。我当时在摄影系当班长，在张艺谋三年级的时候，我与其他同学一道，根据其学习刻苦、成绩优秀的情况，从班小组写鉴定、评语，到班委会写报告、报送系里、报学院及上级相关部门，最终批了下来，竟然给张艺谋长了一级工资，人民币7元5角钱，这在当时是一笔不小的数目，关键是以后每月都有，张艺谋请宿舍的同学大吃了一顿。

摄影系"78班"在毕业分配的时候，时任摄影系的领导，根据上级指示的安排，先是确定各个电影制片厂所要人数，然后再分配学生数量，最后才确定具体人员的名单。在毕业分配的时候，时任摄影系的领导是广西籍，他完全是好意，为了照顾张艺谋，也是为了广西电影厂的发展，把张艺谋作为最好的学生分配到了广西，分配去那里的学生，也是学院其他同学中最早分到房子的，首先有了不错的待遇，而且马上组成了青年电影摄制组参加了故事片电影的拍摄。

写作后记

2004年，为了整理学院的历史资料，同时也准备开始写作纪念北京电影学院1978年恢复招收学生的回忆录，我开始查询自己的记录和上课笔记，收集各种档案材料和文件资料。我作为院长在春节慰问学院老领导、老教师的工作中，特别向原北京电影学院党委书记卢梦同志询问起当年他所知道和记忆中的张艺谋破格录取上学的过程。

卢梦，原北京电影学院党委书记（1978 年时任北京电影学院领导小组副组长），于 2004 年 8 月底，给当时任北京电影学院院长的我，写了一封亲笔信，对当年他所经历的张艺谋上学破格录取的情况进行了回忆，今天看来，具有非常的历史价值和真实性。

卢梦同志写下了如下的两份材料。

给北京电影学院院长张会军的信：

会军同志：

根据您的意见，我写了一篇短文，要介绍张艺谋，不得不写出电影学院重建后招生的一段与介绍张艺谋应考的一段，这些，按记得的、经历过的事实写了。

这篇记述文，如何使用全由你定，用与不用，也由你定，凡（反）正我都是如实写了。至于对张艺谋的评论，我做不出，不仅现在做不出，将来也不一定做得出。

现在只能如此写，送去请收。

卢梦

2004 年 8 月底

我从 1959 年离开北京电影学院，到 1978 年 6 月初又从山西省调来电影学院任领导小组副组长，中间经过了约二十年，那时，当初的中央文化部电影局局长王阑（澜）西又从广东省调来任中央文化部副部长兼电影学院领导小组组长。我来后，他命我担任领导小组副组长，主持电影学院的日常工作。

那时，原来电影学院在北京"小西天"（今积水潭新街口外大街甲 25 号，作者注）的办学地点，包括剧场、摄影棚、教室等，都在电影学院于"文化大革命"初期已不存在（"文革"中及"文革"以后被电影系统有关单位占用，作者注），而电影发行公司又无自己的办公地点的情况下，把电影学院已空出的房子占了，现在已无法搬出去。在此情况下，电影学院要恢复招生，要重建，只有占用北京市建在城北数十里的朱辛庄原北京市劳动大学（今天的北京市昌平区沙河镇朱辛庄北京农学院校址，作者注）来办学。

当年就定下来招收第一批新生，地点就在原电影学院家属宿舍前（今积水潭新街口外大街甲 25 号电影学院宿舍，作者注）的一个小空地上，搭了些房子，派了一大部分需要的人员参加考新生的工作，以决定录取。来报名投考的人数很多，工作人员也很累，但很兴奋，考试中间，新任的中央文化部部长黄镇同志来视察、观看。按当时的招生规定，当时的与过去的应届（在职的往届，作者注）毕业生投考时不得超过规定的最高年龄。多数报考者均按此规定，只有一位从陕西省来的应考者，超过此规定四五岁，此人是早年于中学毕业后从事工作的张艺谋，此人爱好摄影，过去几年拍了很多照片，效果很好，摄影水平相当高；但终因年龄过大，超过应报考的年龄不少，而未能报名应考。他拿着他的照象（相）作品去给黄部长看，黄部长是懂得美术的，他的作品被部长看中了，立刻指示学院招新生的负责人让把他收下。黄部长的这个指示传给了我，我认为我们不能不执行，我即通过摄影系的招生人员，破例把他收下。在收下他的时候，摄影系参加招生的教师说：按此人的摄影照片看，可与本院摄影系学生学习了二年相当。但他本人年龄过大、超了许多，因此，未被录取；现在部长决定收下，只好收下。

张艺谋是这样进电影学院摄影系的，他在学校学习的后两年，是又当摄影师的助手，又当演员，毕业后成为导演，才有今天的成绩。

由此看来，当时收下了张艺谋，发挥了他的才能，至今，在中国电影界成了一个有名人物。

从 1978 年到 2010 年，张艺谋入北京电影学院学习及毕业以后从事电影创作已经三十二年，张艺谋每次回到学院都感慨良多，他经常说，我自己的创作和点滴进步，甚至上的几步重要的台阶，全部是社会发展的结果。上北京电影学院是我人生重要的一步。我经常感恩这个时代，是时代的恩赐，是时代给了我机会，是社会给了我机会。

无论怎么样，他都是感激北京电影学院，感谢母校的培养。

完 成 教 学 计 划

参加毕业考试的评定

从19<u>7*8*</u>年至19<u>*8*2</u>年共修毕 <u>*15*</u> 门
课程，其中优等 <u>*23*</u> 门次，良好 <u>*2*</u> 门
次，及格 <u>*7*</u> 门次。

毕 业 考 试

考 试 课 程	成 绩	考 试 期 日
	5	

毕 业 作 业

课　　　程	成 绩	指导教师
	5	

毕 业 论 文

题　　　目	成 绩	指导教师
《电影色彩中心问题探讨》	*5*	

毕 业 日 期：*82.7.17.*

毕业证书号：_____

派往何处工作：*广西电影制片厂*

离 校 日 期：_____

<u>*82*</u>年 <u>*7*</u>月<u>*31*</u>日

206

张艺谋毕业后被分配到广西电影制片厂

摄#I片断作业

张艺谋

81.3.26

张艺谋的摄影片断作业

黄昏。

电车又到了那个小站。

乘客上下车。门关上，车开动了。

她扭头向外望着……

怎么？……在那黄兰相间的站牌下站着他，宽而敦实的身材，一个暗红色的火星在嘴唇边依稀明灭……路灯下，那简单、明晰的线条，刹那间显得那么醒目、强烈！……

她不顾一切地按铃！

急刹车！乘客一齐向前倒。

她扒开人，冲到门前，用力扒门——竟然忘了职业习惯，没开开关……

……她冲出门去，拼命往回跑！……

所有右半部分车厢的乘客的脸一齐贴向窗前：发生了什么事？

司机急忙跑出驾驶台，跑了过来……

司机站住了……

……她已经回来了，低着头，步履蹒跚……

司机不满地瞥了她一眼……她从后门上了车。

……车又开动了。

她迎着全体乘客好奇、惊诧的目光，从人堆中挤过去……

她在售票员座位处站住了，低了一会儿头，抬起来……

……平静的脸，仿佛什么事也没有发生。

还是往常的声音，"哪位同志买票？"……

机械的动作，没有韵律的、沙哑的职业嗓子……

……重复着上千次的动作，重复着上千次的语调……

所有的音响仿佛渐渐远去了……

只有她的心声，"我在哪儿错过了你？……在哪儿……错过了你？"

（注：根据张辛欣小说改编的短片文学剧本《我在哪儿错过了你》，
　　这是最后尾声的一段）

镜头内容：她（电车售票员）去昔日的约会地点，仿佛又看到了已经离去的朋友。经过一段剧烈、激动的冲动后，随之而来的是失望、茫然……

摄影构思：

1. 摄影机跟着她下车，上车，但是有区别，是快下、慢上，以此造成一种先快后慢的强烈的节奏。

2. 为了造成真实的车厢气氛，较强的运动性，用广角镜头，手持摄影机，一个长镜头拍完所有内容。

3. 车厢里的镜头实拍，而车厢外（她跑到那个小站）虚拍。即用乘客、司机的动作表情来反映。

设计平面图

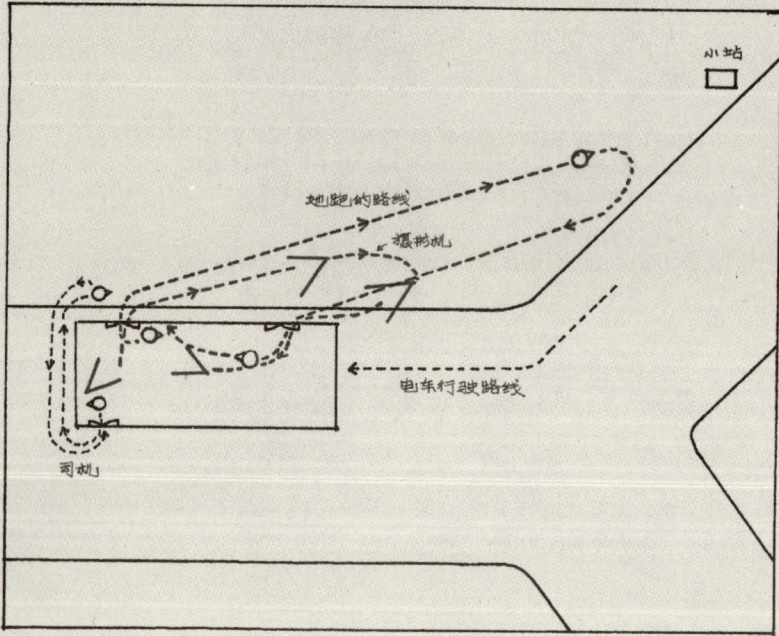

小站

她跑的路线

摄影机

电车行驶路线

司机

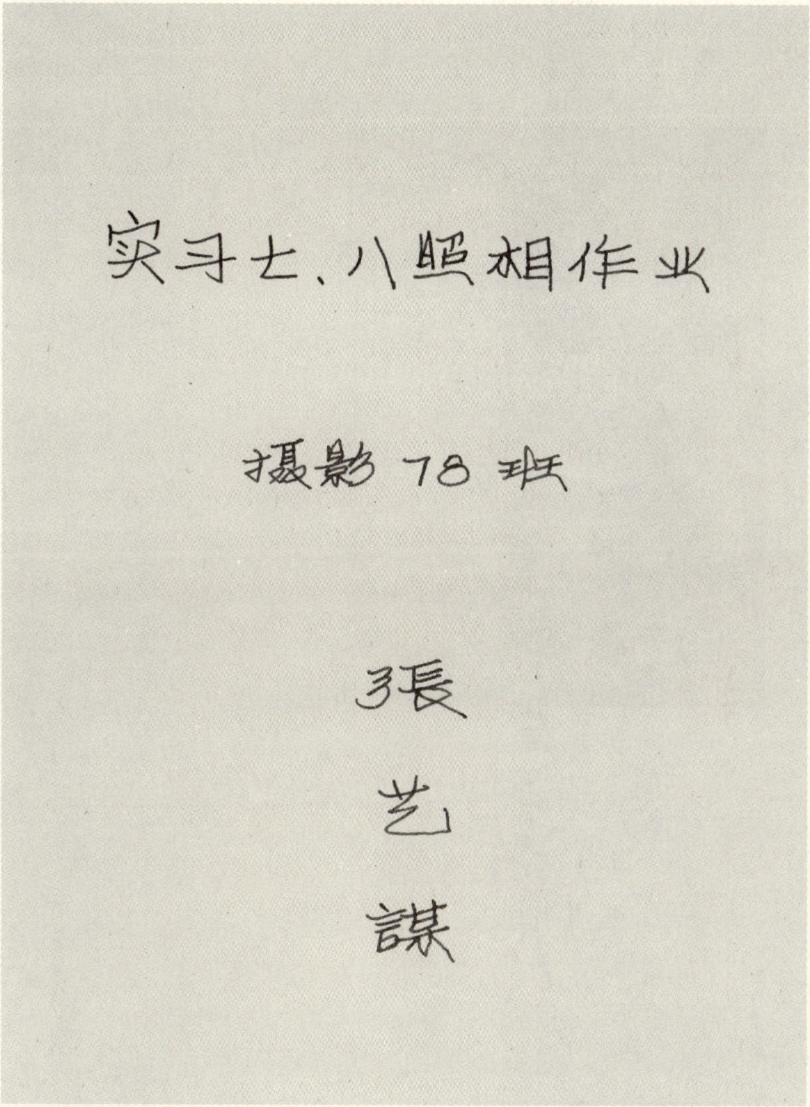

实习七、八照相作业

摄影78班

张

艺

谋

张艺谋在校期间的作业（组图）

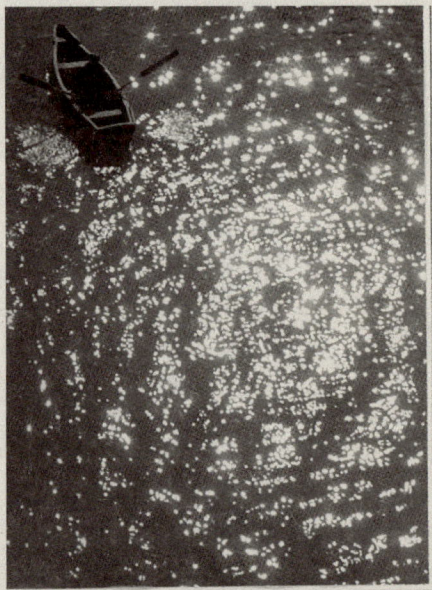

第一次自由放犬作业

湖水一湾碧。繁星万点明.

1978. 10. 10. 摄影作业.

Chang Yi Mo

张艺谋.

f.5.6 1/500秒. 聚焦5m. f.5.6 1/500秒. 聚焦3m. f.5.6 1/500秒. 聚焦10m.

f8. 1/125秒. f16 1/30秒. f 22 1/15秒.

f 22 1/15秒. f8. 1/125秒. f.2.8 1/500秒.

f.5.6 1/25.

f4 1/500.

f22 1/8秒. f16 1/15秒. f11 1/30秒. f8 1/60秒.

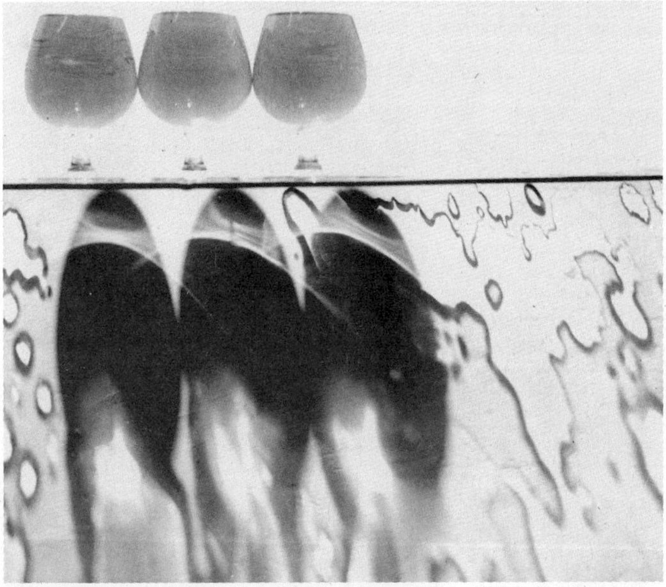

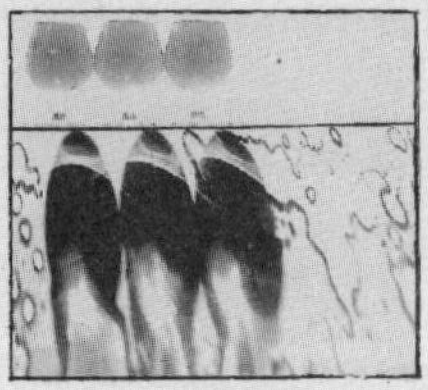

亮度計量記录

曝光計种类：

最高亮度：

中間亮度：

最低亮度：

計算亮度：

技术条件

摄影机类型：[illegible] 镜头焦距：[illegible]

胶片种类：[illegible] 感光度：18°

月、日：12.13. 拍摄时间：

照明情况：室内灯光

滤光器： 倍数：

光孔号码：f5.6 曝光速度：[illegible]

拍摄地点：灯光室

布光平面图

灯光种类	图示序号	亮度(千瓦)
主光	1	1000
辅助光(散光)	2	
轮廓光(逆光)	3	
背景光	4	
装饰光(效果光)	5	
总计		

个人作业分析： [illegible]

人像创作

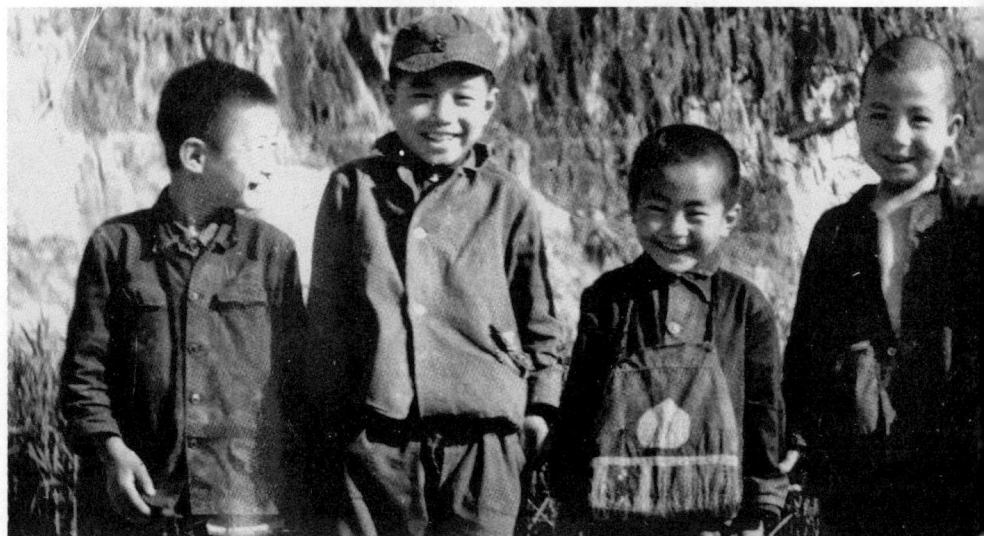

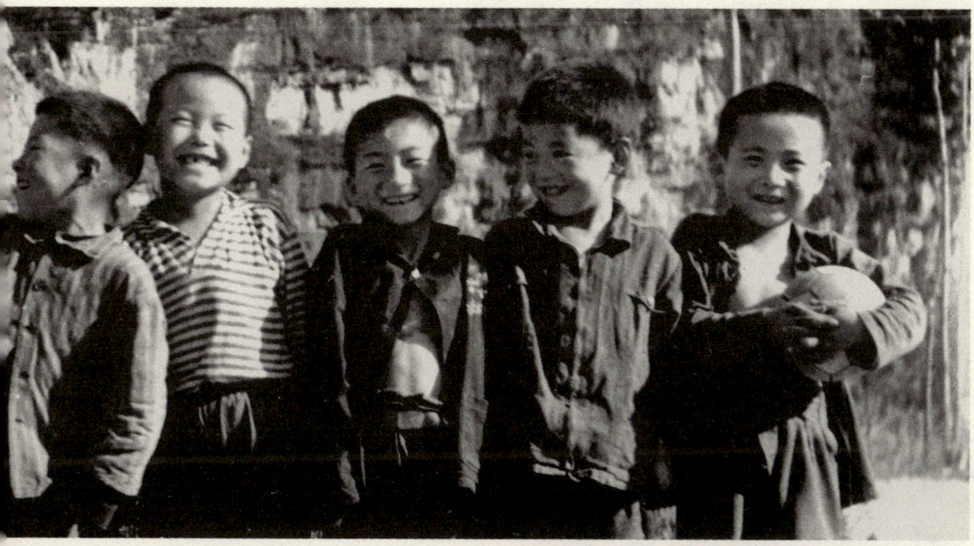

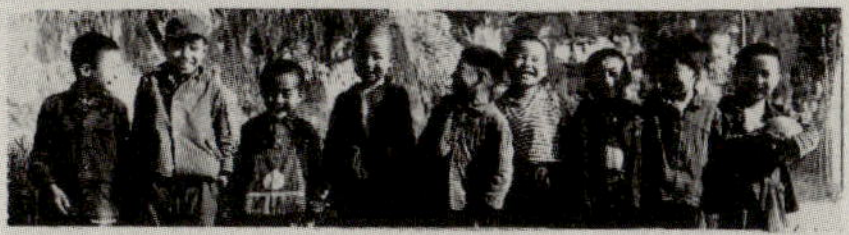

316

亮度计算记录

动物补外表:_____

最高白底:_____

中间亮度:_____

前面背景:_____

分层亮度:_____

技术条件   布光平面图

拍摄机高粗·镜头·快速快门·50mm

数片胶卷·上海感光膜·21°

月·日·11照相午前阳·电桌

周围情况·____照明光

曝光量·增减·指数·光

发光号码·千元·曝光速度·1/20

拍摄地点名·荣枝园俗湖

个人作业分析·极限陈·弱时满堤·接触绿溪湖·的燃人们不思

娱憩·人来祭东·低陷下山们相比·们为那川的快娱娱展·現燃使

往展·佛便此段·树下方炎树小的周陽·当起·收美照此的摄世

取以是围两洞洞特兵·不过运种暗里此义剂燃男凯人们申间都能游

息·作为一种的情调·表现一下围地浸切较。

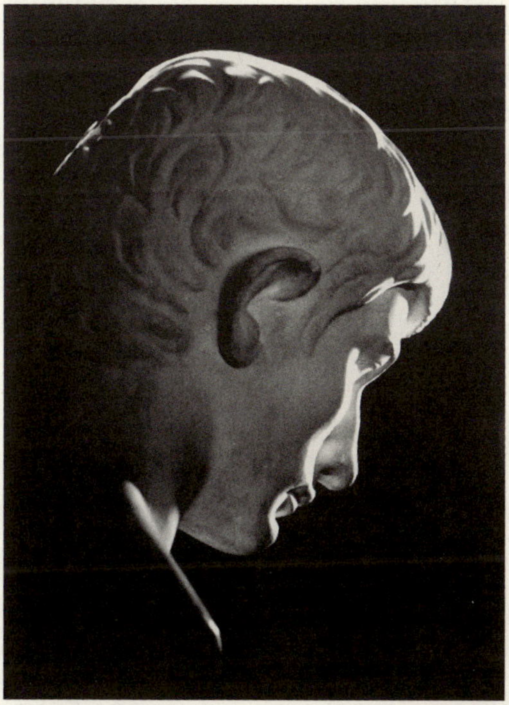

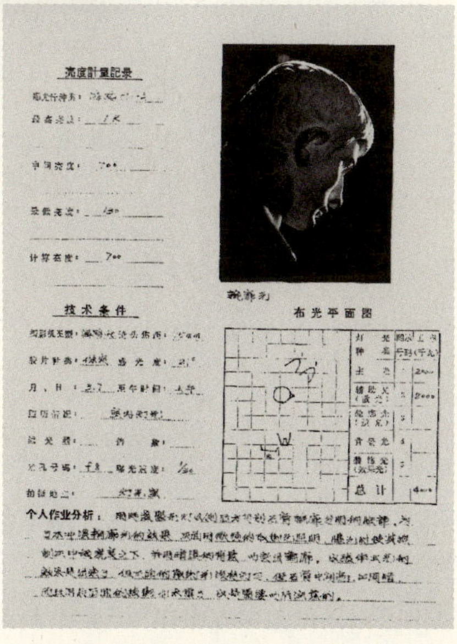
亮度計量記录
计算亮度： 700
技术条件
月、日
布光平面图
灯光种类
主光
辅助光
背景光
总计
4000
个人作业分析：

318

第一次自由放大作业

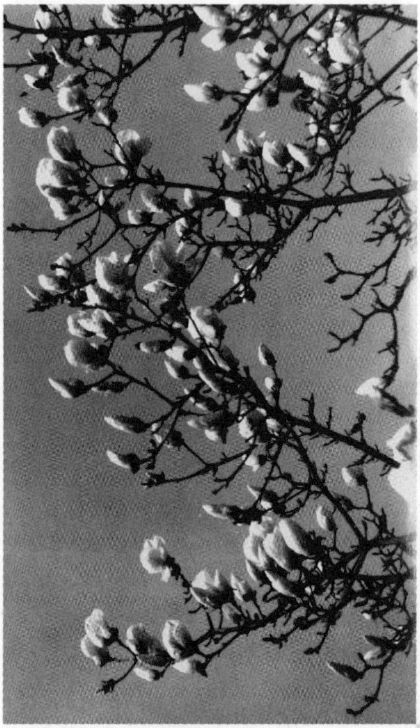

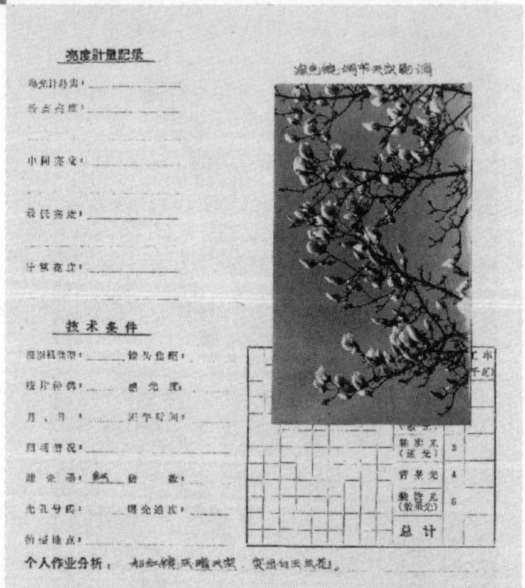
亮度計量記錄
中間亮度：
技术条件
背景光
总计
个人作业分析：

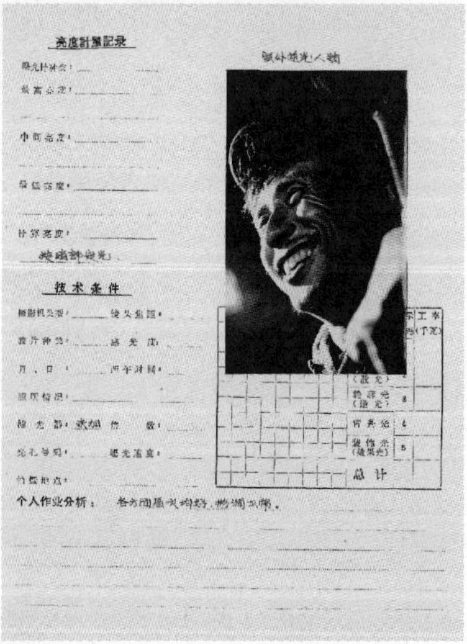

亮度計算記录

最高亮度：

中间亮度：

最低亮度：

计算亮度：

技术条件

摄影机类型：　镜头焦距：

胶片种类：　感光度：

月、日：　拍摄时间：

照度情况：

滤光器：　倍数：

光孔号码：　曝光速度：

拍摄地点：

个人作业分析：

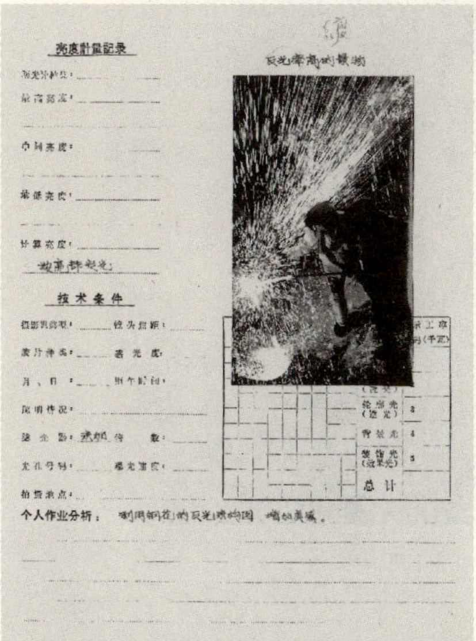
亮度計量記录
中间亮度：
最低亮度：
计算亮度：
技术条件
镜头焦距：
感光度：
照明情况：
轮廓光（边光） 3
背景光 4
装饰光（效果光） 5
总计
个人作业分析：

2010 年 10 月 23 日，北京电影学院校庆，张艺谋在学院门口被团团围住

2010 年 10 月 23 日，北京电影学院校庆，张艺谋代表校友给新生寄语

聚首

10年首聚

　　10年的聚会，是曾经的约定，不由地多了一份"78班"电影人沉甸甸的记忆和对当年学习的回眸，更多的是对北京电影学院的敬仰，于是，开始了所有大学生毕业以后那种暗暗期待的聚首，想见一见"恰同学少年，风华正茂"的同窗，重新回到那青春的时代。

　　10年，在人的一生中不是一个短暂的过程，但对于这批"文化大革命"后北京电影学院首次恢复高考招生考试入学的莘莘学子，对这批以优异成绩毕业并在电影界干出一番名堂，为中国电影走向世界，为中国电影历史书写了光辉一笔的82届毕业生来讲，的确是不平凡的10年。可以这样说，没有北京电影学院就没有82届同学的今天，没有北京电影学院老师的辛勤耕耘就不会有中国电影的"第五代"。

　　1993年2月28日早晨，北京的初春还是那样的寒冷，但强劲的西北风中，仍然能够感受到春天的气息，明媚的阳光给人带来一丝的暖意。新街口外大街小西天甲25号北京电影学院青年电影制片厂门口，聚会的同学络绎不绝地赶来。

　　导演系陈凯歌同学走上了台，拿起了桌子上的铜饰纪念品，说："同学会委托我写一个同学会宣言，我想了，不能用白话文，否则会太长，所

328

以采用了现在的语言形式才能表达出我们的情感！”

遥想当年，朱辛庄内

一百五十三同学

少年无忌，十足狂妄

评点古今，奋发向上

欲与前人争短长

十年过去，世称“五代”

小有气象，而今相聚

白发有添，豪情无减

一笑仍是童颜

热爱艺术，忠实生命

洞彻人生，阐发人道

再干十年，还要再开风气先

决不食言

北京电影学院82届《十年聚聚》
致母校全体老师们的

一封信

尊敬的老师们：

十年恍如隔世，十年都象昨天。

我们——曾经让您们又恨又爱的八届同学们——四散了。

向每位老师问好，敬谢来了！

我们的每一点成就都是在实现十年前您们的殷殷期望。

我们的每一步脚印都承载着十年前您们的谆谆嘱托。

也许我们骄狂，但对老师，我们依然尊重。

也许我们自负，但对老师，我们仍如稚子。

我们深知，没有老师们，便没有我们的今天。

因此，当八二届同学们“十年首聚”之际，我们只想说一声：

老师，感谢您！

八二同学会
副会八十二人全体同学通过
一九九二年二月二十日于紫竹院

七八班十年首聚留影

　　"78班十年首聚留影，"1992年2月28日，78班同学重返当年上学的地方——朱辛庄

陈凯歌、顾长卫、孙诚、王小列（由左至右）

摄影系孙诚、王雁、穆德远、张会军、王小列、顾长卫、沈星浩（由左至右）

张建亚、张会军、吴子牛、江海洋合影（由左至右）

"十年首聚"会场合影

李岩（左）、张丰毅（右）合影

"十年首聚"的全体到会 78 班同学合影

"十年首聚"部分女同学合影

"十年首聚"会场合影

20 年聚首

———

往事的回忆，可以感动许多人，可以重新点燃心中的火焰，也可以引起对往事的敬仰。北京电影学院"78班"的20年毕业聚会，是同窗的见面，青春的回忆，而这些，仍然可以激发他们别样的曾经青春的创作的活力。

根据1992年78班毕业"十年首聚"会上的约定，北京电影学院"78班"在北京举行了激情相聚活动，暨中国电影"第五代"影人20年聚首。聚会时间：2002年2月16日、17日（星期六、星期日）；地点：北京王府井大饭店。

张艺谋：这次我们同学20年后再次碰面，有很多感受不一样。比十年前感受更强烈，来的同学也是最多的一次。虽然有很多同学没讲，但我想大家的心情都一样。大家同窗四年的情谊，在今天随着时间的流逝，在每个人的记忆当中沉淀，变得越来越美好。昨天我自己最大的感受就是和同学们在一起，仿佛回到了当年，每个人都仔细地在变了样的相貌中寻找当年的影子，很多同学面对面都不一定能认出来，一开始闹了很多笑话，自报家门谁是谁。很强的感受是毕业以来的时间尽管漫长，但同学之间的情谊却更加深长，还是当年的同学，无拘无束的一种轻松的气氛，这一点最可贵。我们不分彼此坐在一起，抽一两天时间举行这样的聚会，对每一个人都是非常珍贵的。昨天有很多同学表示，下一个十年聚会还要来，我们还有同学说，哪怕老得拄拐棍了也要来参加。就像我们大家拍电影一样，我们所从事的工作，对于人的这种情感的表达可能都是一致的，所以，会有很强的感受。坐在同学中间，你就会觉得还是同学好。

陈凯歌：坐在这个台上的不是一个人，也不是两个人，甚至不是一个小组的人，是一群人。确实是十年前说的"遥想当年，朱辛庄内，153同学……"其实这153名同学涵盖了更多的当时有志于电影的年轻人，"第五代"并不是单指我们电影学院82届的同学，我觉得它是在特定时期特定条件下产生的艺术运动。但是，艺术运动总是要经过一个蜕变，不是一成不变的过程。要在同一意义上讲，说是否是一种革命，但是，毛主席的话我们还是记得的：将革命进行到底。我想20年之后，所以会有这样一个聚会，会有一百单八将到王府井大饭店，虽然昨天都没说，新的百字宣言也没写，但是大家的到来本身就意味着我们要将革命进行到底。

张铁林：很遗憾"十年首聚"没能赶到。20年的聚首赶到了，那是非来不可。如果人生中有三百年、五百年、一千年的话，我们大家都会有一个机会，所有同学转个圈合作一次，只可惜人生苦短。我们只好盼下一个十年的来临。所以，很多同学都提到希望下一个十年，甚至三十年都能来。

张会军："78班"聚会是心理上的一种情感的表达，不是脑袋一热，谁喝了二两，然后想起一件事，我们聚一下，不是这个概念。我们知道78年是一个什么样的年代。在粉碎"四人帮"，"文化大革命"十年以后，国家恢复高考，1978年我们考进了电影学院。在这之前我们很多同学都历尽艰辛和坎坷，有的当过兵，有的当过知青，有的做过工人等，上学对他们来讲是一种梦想。当时并没有想一定要通过学习来改变我们的命运，当时的社会环境让我们必须学习，不学习就没有出路。20年后的聚会很多人问我们，你们现在的聚会是不是一种完全同学式的情感交流，我可以肯定地回答，我们的聚会一定是同学的情感交流。大学四年的情感我想是任何一种情感都代替不了的。

　　李少红：两次聚首我都来了。两次来我都挺激动的。说句大实话，这次我最大的感受真的是人到中年了，面对的同学基本都发福了，不能再说年轻了。昨天，我在会上说希望还有这样的十年。我们同窗只有四年时间，但友谊却是一生的，这在现今的社会里是一件非常难得的事情，20年了，人到中年，每个人都有自己的事业，不管同学干不干这个行当，但是每个人都创建了自己的生活。到了20年之后，大家还都有这个心，到得这么齐，这是一件非常不容易的事。而且，这次聚会在某种意义上已经变成了一种感情的交流，这是让我觉得从心里感动的事情。

　　……

北京电影学院 82 届暨中国电影"第五代"影人

"20 年聚首"邀请函

张筠星 同学：

第一天主要活动安排：

一、"中国电影艺术创作学术研讨会"

二、82 届全体同学合影。

三、评选北京电影学院 82 届"20 年聚首"1 项特别奖、14 项单项奖

* 特别奖："最佳沧桑奖"
1) 最佳"男士青春奖"
2) 最佳"女士青春奖"
3) 最佳"事业奖"
4) 最佳"本专业奖"
5) 最佳"结婚奖"
6) 最佳"离婚奖"
7) 最佳"火露声色奖"
8) 最佳"不露声色奖"
9) 最佳"容颜未改奖"

10) 最佳"面目全非奖"
11) 最佳"人气奖"
12) 最佳"着装奖"
13) 最佳"男士靓志奖"
14) 最佳"女士俏佳奖"

第二天主要活动安排：

一、北京电影学院 82 届"第五代"影人全体会议

二、北京电影学院 82 届暨中国电影"第五代"影人"20 年聚首"与文化界、电影界、演艺界、新闻界人士春节联欢会

"20 年聚首"活动的承办、接待与经费情况说明：

北京电影学院 82 届同学会"20 年聚首"活动筹备组
2001 年 11 月

78 班毕业 20 年聚首邀请函

78 班二十年聚首留影

聚会中的张艺谋

摄影系 78 班 306 宿舍"20 年聚首"再次合影
王左、张艺谋、顾长卫、张会军、王雁、赵非（由左至右）

"第五代"影人"20年聚首"合影

影"第五代"影人"20年聚首"
2002.2.16

摄影系 78 班 "20 年聚首" 部分同学合影，上图 "睁眼"，下图 "闭眼"，表示摄影师 "睁一只眼，闭一只眼"

　　北京电影学院78级学生，三十年之后再聚首。老同学们从五湖四海赶来，四年同窗生活，时隔三十年光阴，恍如昨日。

　　1978年进校，1982年毕业，三十年的光阴、三十年的奋斗、三十年为了中国电影电视剧的发展，他们用自己的青春和才气，谱写着中国电影电视剧的历史。如今，他们已成为家喻户晓的中国电影"第五代"导演和演员，他们是张艺谋、陈凯歌、张军钊、吴子牛、胡玫、张黎、田壮壮、夏刚、金韬、张建亚、顾长卫、侯咏、江海洋、李少红、彭小莲、刘苗苗、冯小宁、张丰毅、张铁林、沈丹萍、方舒、刘佳、周里京……可谓人才济济。他们为中国影视事业贡献了大批优秀作品，他们是中国影视业的中坚力量和领军人物。

　　张丰毅现场念献给母校的一封信：

　　北京电影学院我们敬爱的母校：

　　您好！

　　滴水之恩，当涌泉相报，我们感恩北京电影学院。

　　难忘1978年，北京电影学院选择了我们，从此改变了我们的命运。

说一句心底的话，没有母校的培养和教育，就没有82届（78班）同学的今天。1992年"十年首聚"时，我们曾经约定10年以后再相会。2002年春天，我们实现了我们曾经的约定，完成了"20年聚首"；2012年1月的这次聚会将是北京电影学院82届（78班）同学毕业30年的又一次重要相聚时刻。

遥想当年，朱辛庄内，我们一群年轻的孩子，给所有的教职员工带来了烦恼，增加了乐趣。也正是那些曾经对我们耐心教诲的老师们，给了我们最大的精神慰藉。是他们纠正了我们的鲁莽，支持我们的热情，肯定我们的刻苦，关心我们的学习，帮助我们的创作，理解我们的执着，更给我们撑起了理想的风帆。

北京电影学院从建立到今天的62年，母校为中国电影事业培养了一大批高素质、精通电影技术、艺术的专业人才，成了名副其实的新中国电影摇篮。历届优秀毕业生拍摄的影片所创造的成就和在国内外电影节获得的奖项，使世界通过电影开始了解中国，使世界开始关注中国电影产业的发展。母校杰出的电影教育、教学和专业人才培养的成果，使北京电影学院已经跻身于世界一流电影院校的行列。

当我们毕业30年以后实现我们的"花甲之约"欢聚一堂的时候，我们更加想念母校，感恩母校。

我们可以无愧地说，我们毕业以后整整30年的时间里，我们用自己的专业、技能、智慧和忠诚，献身给了中国电影，我们用每一个点滴成就捍卫了北京电影学院的荣誉，我们用生命中最为重要的时刻为北京电影学院铸就辉煌，为中国电影的事业贡献出了一份自己微薄的力量。

请母校永远放心，虽然我们82届毕业生已经毕业整整30年了。但是，作为母校的毕业生，我们会像爱护自己的眼睛一样永远爱护母校的声望，我们会像珍惜自己的生命一样永远珍惜母校的名誉，我们时刻都在关心母校的发展，并将会在今后的工作和艺术创作中更加重视中国电影事业的繁荣和发展，为北京电影学院争光。

永远祝母校兴旺发达！

此致

敬礼

北京电影学院 82 届同学会

电影，使我们相识。

因为北京电影学院，我们受益终身。

30 年，流逝的仅仅是岁月，但是永远磨不掉我们同学的情谊。

我们为青春而感动，生活和成就使我们彼此惦记，我们始终不会忘记对母校的敬仰和记忆。

——张会军

七八班三十年聚首留影

王小列、张会军、尹力在"30 年聚首"的会场

张艺谋眉开眼笑

前排：赵大陆、胡玫、冯小宁

谢晓晶认真聆听

穆德远在会场发言

共同举杯祝贺 78 班毕业 30 周年

部分同学合影

获奖同学上台领奖并合影

部分到会同学合影

部分到会同学合影

摄影系 78 班到会同学做"勇往直前"状合影

"30年聚首"会场，摄影系306宿舍的赵非、王左、张会军、张艺谋、王雁、顾长卫（由左至右）再次合影

档案

北 京 电 影 学 院 1978 年 招 生 简 章

当前，全国各族人民，在华主席为首的党中央的领导下，正满怀革命豪情为实现新时期的总任务，向着现代化的社会主义强国全面进军，形势一派大好。为了适应这一新形势发展的需要，更多更好地培养又红又专的电影专业人才，我院决定今年五月份招收导演、表演、摄影、美术、录音五个专业的学生。办法是：自愿报名，由本院全面考查，择优录取。省、市、自治区备案。

一、考生条件

（一）政治条件

政治历史清楚，拥护中国共产党，热爱社会主义，热爱劳动，遵守纪律，决心为革命学习。

（二）身体条件

发育正常，身体健康，凡色盲、色弱、夜盲者都不能报考，其中报考摄影专业，视力应不经矫正不低于1.2。

（三）专业条件

各专业考生都需要具有一定的文艺理论知识和一定从事专业的条件。

1. 导演专业：

有较好的写作能力、形象表达能力、组织工作能力，并参加过一些专业或业余的艺术实践。

2. 表演专业：

（1）本科：身体匀称，具有一定的表演能力。动作灵活，五官端正，口齿清楚、声音响亮，听力正常。

（2）师资班：具备相当于大专文科的文化水平。形象、身体条件较好，有一定的表演能力，并有五年以上电影或舞台的表演实践经验。

3.摄影专业：

对文学剧本、美术、摄影等作品有一定的分析能力，并具有绘画、摄影的初步能力。

4.美术专业：

（1）电影美术设计：有较好的绘画基础和构图创作能力，对电影文学剧本有一定分析能力，有一定的想象力和组织能力，并对电影美术基础知识有所了解。

（2）电影绘景：具有较好的绘画基础，擅长景、物写生，并对电影美术基础知识有所了解。

5.录音专业：

具有一定的数学、物理基础，并能听音、辨音，节奏感、音乐记忆较好，有一定识谱知识。

二、招生对象

凡符合上述条件的工人、农民、复员军人、在职干部、上山下乡和按政策留城未分配的知识青年、应届高中毕业生均可报考。年龄：表演、摄影、美术、录音考生22周岁以下，导演专业26周岁以下，表演师资班36周岁以下。（详见附表）

三、招生办法

（一）报名

我院面向全国招生，今年在北京、上海、长春、西安分别设立考试点。（电影表演专业本科今年在上海不设考试点，增设山东点）凡符合报考条件的，先向北京本院招生办公室索取报名表格，填写后连同本单位的介绍信、学历证明、体检表（区、县以上医院证明）向本院申请报名，外地书面报名，以投邮邮戳日期为准，本市考生直接到本院报名。报名时一律交一寸半脱帽照片三张，交报名费五角，经审核同意后发给准考证，按指定地区参加考试。外地考生可申明愿在某考试点参加考试。

报考摄影专业的须函寄本人的摄影或绘画作品1—2张。报考美术专业的须函寄本人的速写、素描、色彩画构图3—5张。报考表演本科及师资班的，须函寄三寸的正面侧面全身照片各一张。

（二）考试

1.考试内容：

电影导演：口试，朗诵（诗歌、小说或故事片段等），表演小品（自己准备或当场命题）。

电影表演：本科：朗诵或说故事，唱歌，集体形体动作，集体表演练习。师资班：声乐（唱歌），语言（背诵诗歌一首；寓言或故事一则，不超过七分钟），形体，舞蹈，武术或体操，表演小品自备（不超过十分钟）。

电影摄影：口试（文艺理论知识，影片、摄影作品、美术作品分析）。

电影美术：素描，色彩画，命题创作。（画具自备）

电影录音：数学，物理。（笔试）

初试合格者发通知书，参加初试不合格者不发通知书。

2. 复试内容：

（1）政治、语文考试。（摄影加试数、理、化基础知识，外文；录音加试外文）

（2）专业复试：

电影导演：口试，表演小品，影片分析等。

电影表演：本科：表演练习，朗诵或唱歌，形体测验（一段舞蹈或武术），个人特长（如乐器弹奏或其他），笔试（对一部影片某角色的分析评论）。师资班：口试，影片分析，命题写作。

电影摄影：绘画，口试（文艺基础知识，影片、绘画、摄影作品分析）。

电影美术：电影美术设计，专业口试，电影场景设计。

电影绘景：专业口试，风景写生。

电影录音：听音，辨音，节奏感，音乐记忆，识谱基本知识。

3. 有关注意事项：

（1）复试合格者参加体格检查。

（2）除毕业证书外，其他所交各件一律不退还。

（三）录取

我院根据考生的文化、专业考试、政审和体检情况，择优录取。经有关省、市、自治区招生委员会备案，由我院签发录取通知书。

（四）报名日期和费用

1. 报名日期：1978 年 5 月 20 日。

2. 电话：660810

3. 地址：北京新街口外大街小西天北京电影学院招生办公室。

4. 考生食宿、旅费和体检费一律自理。

四、几项规定

1. 录取入学的学生，一律住校，生活待遇按教育部、财政部、文化部有关规定，工龄满五年的国家职工，在校学习期间，工资由原单位照发，其他学生一律实行人民助学金制度。

2. 入学后三个月内发现有不符合招生条件和手续的退回原单位。

3. 在校期间不准结婚。

4. 毕业后，由国家统一分配。

北京电影学院 1978 年招生计划

专业	学制	名额	年龄	文化程度	招生对象	考试点
电影导演系	四年	18	26 岁以下	高中毕业	工人、农民、复员军人。在职干部。上山下乡和按政策留城未分配的知识青年，应届高毕业生均可报考。有一定的表演能力，并有五年以上的电影或舞台的表演实践经验。	北京、上海、西安
电影表演系	四年	30	22 岁以下	高中毕业		北京、上海、山东、西安
电影摄影系	四年	24	22 岁以下	高中毕业		北京、上海、西安、长春
电影美术系	四年	22	22 岁以下	高中毕业		北京、上海
电影录音系	四年	22	22 岁以下	高中毕业		北京、上海、长春
电影表演师资班	二年	20	36 岁以下	相当于大专		北京、上海、长春、西安

北京电影学院 1978 年 5 月

以上资料由北京电影学院学院办公室档案资料室提供。

我们可以看出，当时的招生简章，对考生的政治条件、身体条件、专业条件要求是明确、统一的，对各个专业方向的要求是十分具体的，也不是十分难的，尤其是考试的具体内容，非常简单、明了，但是，内涵却非常的丰富，使得很多考生对此准备和参加考试很有信心。

北 京 电 影 学 院 1978 年 教 学 方 案

无论在过去还是在今天，没有教学培养方案（教学方案）就进行招生是绝对不可能的，同样，没有相应的教学计划，也就无法对教学进行系统地实施。各个学校、即便是相同的专业，培养方案、教学计划（教学进程表）也可能完全不一样，这完全取决于各个学校的历史传承和教师队伍的情况，所以，在很短的时间内，北京电影学院讨论、修订和出台了北京电影学院"78班"本科教学培养方案。当年，北京电影学院做出的这个完整的教学方案，实际上浓缩了学院的全部精华和智慧，也在根本上决定了"78班"所要享受的具有悠久传统和历史的学院氛围及其教学环境和条件，这也是成就北京电影学院"78班"的关键和根本。

导演系导演专业教学方案：（草案，供讨论）1978.

一、培养目标

电影导演专业的任务是培养德、智、体全面发展的电影导演专门人才。要求毕业生达到如下标准：

（1）能完整、准确地理解马列主义、毛泽东思想的基本原理，积极参加阶级斗争、生产劳动和艺术实践。热爱中国共产党，热爱社会主义。具有爱国主义、国际主义思想和共产主义道德品质、树立无产阶级的阶级观点、群众观点、辩证唯物主义观点和全心全意为人民服务的思想。

（2）掌握马克思主义文艺理论的基本观点和党的文艺方针、政策。

（3）具有较系统的电影导演专业基础知识和熟练的专业技能，能从事电影导演创作工作。

（4）具有较丰富的文化艺术知识和修养。

（5）具有健康的体魄。

二、学制年限

四年。

三、课程设置

（1）政治课：理论课前三年开设中共党史、哲学、政治经济学。经常性的形势教育课拟隔周一次贯穿四个学年。

（2）专业课：包括导演艺术课（共816学时）、电影剧作课（共608学时）、表演艺术课（共1224学时）。

表演艺术课安排在一、二学年。

电影剧作课安排在一、二、三学年。

导演艺术课安排在二、三、四学年。

（3）专业基础课：开设艺术概论（170学时）、中外电影发展史略（136学时）、电影技术概论（102学时）、影片分析（204学时）、电影摄影（102学时）、电影音乐（204学时）、电影美工（102学时）。

（4）专业辅助课：开设文学戏剧电影作品分析（204学时）、美术家作品分析（隔周一次，共153学时）、音乐家作品分析（隔周一次，共153学时）、专题讲座（每月一次）。

（5）文化体育课：外语（选修一、二学年，共272学时）、体育（一、二学年，136学时）。

（6）专业实习：拟第三学年进行默片实习、第四学年进行联合拍摄的有声片实习。

（7）劳动安排：第一学年学军一个月，第二学年学工一个月，第三学年将根据毕业剧本创作进行对口劳动一个月。

另外四学年中穿插零星劳动总计一个月。执行每年劳动一个月的规定。

四、考核

为了巩固学生的学习成绩，增强学生运用知识、理论技术技巧的能力，检查教学效果，改进教学方法，提高教学质量，必须建立考核制度。

课程的考核分考试、考查两种。考试采用笔试、口试，或舞台演出、剧本创作、影片摄制等多种方式。文化、理论考试，采用笔试或口试开卷或闭卷以及其他方式进行。学工、学农、学军期满，采用个人小结、班组评议或教师评定的方式考核。学习优秀者，经过考核，领导批准，可以免修某些课程，在条件允许的情况下，可以跳级或提前毕业。考核成绩不及格者，按学生学籍管理的规定办理。

表演系电影表演专业教学方案：（草案）1978.

一、培养目标

本专业是培养德、智、体全面发展的表演专门人才。具体要求是：能完整地、准确地理解马列主义、毛泽东思想的基本原理；热爱中国共产党，热爱社会主义；具有爱国主义、国际主义精神和共产主义道德品质；树立无产阶级的阶级观点、群众观点、劳动观点和辩证唯物主义观点；坚持实事求是的作风，全心全意为人民服务；正确理解党的文艺方针、政策；具有表演艺术基础理论知识与实际技能，掌握正确的表演方法，受过严格的语言、声乐、形体的训练；有较广博的文化艺术知识与修养，有健康的体魄。

二、学制

四年。

三、课程设置

（1）政治课：

中共党史：第一学年，每周4学时。

哲学：第二学年，每周4学时。

政治经济学：第三学年，每周4学时。

（2）文学、史论课：

艺术概论：第一学年，每周2学时。

作品分析：第二学年，每周3学时。

外国电影概况：第三学年，每周3学时。

电影技术概论：第一学年，每周2学时。

（3）专业课：

表演：第一、二学年，每周8+6学时。第三学年，每周12+6学时。第四学年，联合拍摄与实习演出。

语言技巧：第一、二学年，每周2+1学时。第三学年第一学期，每周2+1学时。

声乐：第一学年，每周2+1学时。第二学年，每周1+1学时。

形体：第一、二、三学年，每周4学时。

（4）文化、体育课：

外文：第一、二学年，每周4学时。

体育：第一、二学年，每周2学时。

（5）讲座课：

影片分析。

美术作品分析。

音乐欣赏。

化妆。

导演、演员专题讲座。

以上五门讲座在一、二、三学年中开设，总学时为隔周半天。

四、实习拍摄与舞台实践演出

专业实习的目的是为了巩固课堂教学，进一步贯彻教育为无产阶级政治服务，教育与生产劳动相结合的方针。

表演技巧是要在实践演出与观众交流中锻炼学生的创作能力，电影表演专业更要在镜头前进行创作，以取得镜头与舞台不同环境条件下表演的差别感，只有实践才能出真知。

实习必须发挥教师的指导作用与学生的积极性、创造性。

第一学年：第一学期，单人小品录像、多人小品拍摄、小节目一台，期末演出 5 场；第二学期，多人小品拍摄。

第二学年：第一学期，独幕剧演出，10—15 场；第二学期，多幕剧演出 15 场。

第三学年：第一学期，短片拍摄；第二学期，多幕剧演出 20 场。

第四学年：分批参加全学院各专业的联合拍摄。同时配合舞台实习演出。

五、生活

表演专业必须要向生活学习，培养学生观察、体验、研究、分析一切人、一切阶级、一切群众、一切生动的生活形式和斗争形式的习惯，这要贯彻在四年学习的始终。第一学年，第二学期学军四周。结合剧目、影片的需要，到生活中去向工、农、兵学习。

六、考核

为了巩固学生的学习成绩，增强学生运用生活、知识、理论、技巧的能力，检查教学效果，改进教学方法，提高教学质量，必须要建立考核制度。课程的考核分考试、考查两种。根据各课程的特点，采取多种方式进行。如：口试、笔试、开卷、闭卷、晚会演出、个人小结、班组评议、论文答辩等方式。学习优秀者，经过考核，领导批准，可以免修某些课程。学习优秀者，在学满两个学年的基础课程后，若制片厂需要可以推荐去参加生产实践一个时期。考核成绩不及格者，按教育部有关学生学籍管理的规定办理。

七、时间分配

四年总周数为208周，大体分配如下：每学年教学34周，占全学年总周数65.38%；考试、考查6周，占全学年总周数11.53%；向工农兵生活学习4周，占全学年总周数7.6%（这里包括面向工农兵的实习演出）；寒、暑假8周，占全学年总时数15.38%。

摄影系电影摄影专业教学方案：（草案）1978.

一、培养目标

摄影专业的任务是培养德、智、体全面发展的摄影专门人才。要求毕业生达到如下标准：

1.能完整、准确地理解马列主义、毛泽东思想的基本原理，积极参加阶级斗争、生产劳动和艺术实践。热爱中国共产党，热爱社会主义祖国。具有爱国主义国际主义精神和共产主义道德品质，树立无产阶级的阶级观点、群众观点、劳动观点、辩证唯物主义观点和全心全意为人民服务的思想。

2.掌握马克思主义文艺理论的基本观点和党的文艺方针、政策。

3.具有较系统的电影摄影的专业基础知识和熟练的专业技能，能从事电影摄影创作工作。

4.具有较丰富的文化艺术知识和修养。

5.具有健康的体魄。

二、学制年限

故事片摄影：四年。

新闻片摄影：三年。

科教片摄影：三年。

三、课程设置

（一）政治理论课：中共党史、政治经济学、哲学。

（二）文艺史论课：艺术概论、中外电影史简论、中外美术史、作品分析、电影艺术概论。

（三）专业基础课：电影技术、电影胶片、摄影构图、特技摄影、绘画。

（四）专业课：电影摄影创作。

（五）文化、体育课：外语、电影技术概论、录像、体育。

（六）讲座课：电影导演、电影表演、电影音乐录音、电影美工、电影化妆、电影剪辑。

四、学工、学农、学军及艺术实践

组织学生参加一定的生产劳动，到三大革命运动中深入工农兵生活是加强理论联系实际的重要途径。根据摄影专业特点，时间安排如下：

第一学年（第二学期2—3月）学军30天。

第二、三学年（第二学期）学工10天，对口劳动20天。

第四学年对口劳动30天。

五、考核

为了巩固学生的学习成绩，增强学生运用知识、理论、技术技巧的能力，检查教学效果，改进教学方法，提高教学质量，必须建立考核制度。课程的考核分考试、考查两种。专业课的文字作业和实习作业根据考查评定成绩。文化课考试，专业基础课的技术课考试，学工、学农、学军采取个人小结、班组评议或教师评定方式考核。毕业作业，通过个人小结，作业成绩由教学组和教研组评定。学习优秀者，经过考核，领导批准，可以免修某些课程，可以跳级或提前毕业。考核成绩不及格者，按学生学籍管理的规定办理。

美术系电影美术设计专业教学方案：（草案）1978.9.

一、培养目标

能完整、准确地理解马列主义、毛泽东思想的基本原理，积极参加阶级斗争、生产劳动和艺术实践。热爱中国共产党，热爱社会主义。具有爱国主义、国际主义精神和共产主义道德品质。树立无产阶级的阶级观点、群众观点、劳动观点、辩证唯物主义观点和全心全意为人民服务的思想。

掌握马克思主义文艺理论的基本观点和党的文艺方针、政策。

具有较系统的电影美术设计专业的基础知识与影片造型设计能力和熟练的绘画基础，能从事故事影片的美术设计工作。

具有较丰富的文化艺术知识和修养。

具有健康的体魄。

二、学制年限

四年。

三、课程设置

（1）政治课：中共党史，哲学，政治经济学，马列、毛著选读，形势教育。

（2）文艺史论课：艺术概论、电影技术概论、外国美术史、中国美术史、电影史、美术作品分析、文学作品分析。

（3）专业基础课：绘画基础课（包括素描、油画、水粉、风景），电影布景技术，电影布景制图，电影画面透视，电影绘景，电影特技美术，建筑，电影导演概论，电影摄影、照明概论，照相技术。

（4）专业主修课：电影美术设计（包括专业基础知识讲课和构图训练），设计小品，剧本片断设计，服装、镜头画面设计和全片的美术设计等。

（5）体育课。

（6）专题讲座：中国画、图案、舞台美术、化妆、音乐欣赏等。

（7）影片观摩：主要根据专业课讲课内容确定。

四、学工、学农、学军与艺术实践

（1）下乡、下厂、下部队和在校劳动16周。

（2）下乡、下厂艺术实践16周。

（3）第7学期下电影制片厂和在校内参加故事片美术设计。

五、考试与考查

政治课、文化理论课、专业基础课、专业主修课每学期进行考试，其中有些专业基础课在每课结束时进行考试或考查。毕业设计和毕业论文，采取群众评议、教师评定分数制。学军、学农、学工和艺术实践采取个人小结、班级评议方式进行考核。

六、课时

分配每学年总周数为52周，其中寒、暑假为7周，劳动和学军为4周机动一周，根据专业特点每年需要安排必要的深入生活、外景写生训练及艺术实践6—7周。因此，在校教学时间每学期为16—17周不等。第四学年为摄影艺术实践阶段，学时按26周计算。

美术系电影绘景专业教学方案：（草案）1978.9.

一、培养目标

电影绘景专业的任务是培养德、智、体全面发展的电影绘景专门人才。要求毕业生达到如下标准：

（1）能完整、准确地理解马列主义、毛泽东思想的基本原理，积极参加阶级斗争、生产劳动和艺术实践。热爱中国共产党，热爱社会主义。具有爱国主义、国际主义精神和共产主义道德品质。树立无产阶级的阶级观点、群众观点、劳动观点、辩证唯物主义观点和全心全意为人民服务的思想。

（2）掌握马克思主义文艺理论的基本观点和党的文艺方针、政策。

（3）具有较系统的电影绘景专业基础知识和较熟练的专业技能，能从事电影绘景艺术创作。

（4）具有较丰富的文化艺术修养和知识。

（5）具有健康的体魄。

二、学制年限

学制四年。（暂定）

三、课程设置

（1）政治课：中共党史，哲学，政治经济学，马列、毛著选读，形势和任务。

（2）文艺理论课：艺术概论、电影技术概论、文学作品分析、电影史、外国美术史、中国美术史、美术作品分析。

（3）专业基础课：绘景、基础课（素描、油画、水粉画、速写、色彩学）。

（4）电影美术设计课：电影画面透视，建筑课，电影导演概论，摄影、照明概论，照相技术课。

（5）专业主修课：电影绘景史、电影绘景、电影幻灯。

美术系电影动画专业教学方案：（草案）1978.9.

一、培养目标

（1）能完整、准确地理解马列主义、毛泽东思想的基本原理，积极参加阶级斗争、生产劳动和艺术实践。热爱中国共产党，热爱社会主义。具有爱国主义、国际主义精神和共产主义道德品质。树立无产阶级的阶级观点、群众观点、劳动观点、辩证唯物主义观点和全心全意为人民服务的思想。

（2）掌握马克思主义文艺理论的基本观点和党的文艺方针、政策。

（3）具有较系统的动画专业基础知识和熟练的专业技能，能从事美术电影动画设计的创作。

（4）具有较丰富的文化艺术知识和修养。

（5）具有健康的体魄。

二、学制年限

学制为四年。（暂定）

三、课程设置

（1）政治课：中共党史，哲学，政治经济学，马列、毛著选读，形势任务。

（2）文艺理论课：艺术概论、电影技术概论、外国美术史、中国美术史、美术作品分析、文学作品分析、电影史。

（3）专业基础课：素描、线描、速写、解剖、透视、水粉画、水墨画、变形、表演、音乐。

（4）专业主修课：动画基础知识、动画基本规律、动画设计、制片生产实习。

（5）体育课。

（6）专题讲座：包括四个方面，儿童文学讲座、美术作品分析、表演艺术讲座（曲艺、喜剧、戏剧等）、创作经验讲座（故事片、美术片创作经验和美术家们的创作经验）。

（7）影片观摩：院、系共同观摩的影片外，结合动画专业观摩中外有代表性的美术电影。有选择地观摩一些舞台剧目演出。

（8）选修课：英语。

四、学工、学农、学军与艺术实践

（1）下乡、下厂劳动五周。

（2）校内劳动五周。

（3）下乡、下厂实习九周。

（4）学军二周。

（5）第四学年毕业班参加一部一本至二本的动画的创作生产实践。

五、考核

政治理论、文艺理论、专业基础理论课等每学期考试一次。基础技术课采取作业评分制，每学期总考查一次。毕业创作制片生产实习采取群众评说、教师计分制。学工、学农、学军和实习采用个人小结、班级评议方式进行考核。

六、时间分配

　　每年总周数为 52 周，寒、暑假 10 周，教学 34 周，学工、学农、学军，下乡、下厂实习 7 周，机动 1 周。每周 44 学时 = 每天 9 学时（上午 4 学时，下午 3 学时，晚上 2 学时），共计 6 天。

电影录音系录音专业教学方案：（草案）1978.9.

一、培养目标

　　电影录音专业的任务是培养德、智、体全面发展的电影录音专门人才。要求毕业生达到如下标准：

　　（1）能完整、准确地理解马列主义、毛泽东思想的基本原理，积极参加阶级斗争、生产劳动和艺术实践。热爱中国共产党，热爱社会主义。具有爱国主义、国际主义精神和共产主义道德品质。树立无产阶级的阶级观点、群众观点、劳动观点、辩证唯物主义观点和全心全意为人民服务的思想。

　　（2）掌握马克思主义文艺理论的基本观点和党的文艺方针、政策。

　　（3）具有较系统的电影录音专业基础知识和熟练的专业技能。

　　（4）具有较丰富的文化艺术知识和修养。

　　（5）具有健康的体魄。

二、学制年限

　　四年。

三、课程设置

　　（1）政治课：中共党史 136 学时；哲学 136 学时；政治经济学 136 学时；形势教育隔周半天。

　　（2）文艺史论课：艺术概论 85 学时；国内、国外电影史 68 学时。

　　（3）专业基础课：高等数学 204 学时；普通物理 170 学时；电影技术及生产组织 34 学时；电路基础及网路 187 学时；电子技术 272 学时；电源及动力设备 102 学时；电子计算机原理 102 学时；音乐 204 学时；声学 102 学时；电影编导概论 68 学时。

　　（4）专业主修课：录音设备 340 学时；磁带录像 170 学时；录音工艺及艺术实践 340 学时；联合拍摄实习 510 学时；专题讲座 68 学时。

　　（5）文化、体育课：外语 272 学时；体育 136 学时。

四、学工、学农、学军与艺术实践（或科学研究）

为了保证以教学为主,用于教学的时间,每学年不少于36周,学工、学农、学军的时间,每年安排四周左右。第一学年学军,第二学年对口工业劳动,第三、四学年参加农业生产劳动。专业实习在实验室及录音棚进行。高年级结合全院联合拍片实习,第七学期10周,第八学期17周。

五、考核

为了巩固学生的学习成绩,增强学生运用知识、理论、技术技巧的能力,检查教学效果,改进教学方法,提高教学质量,必须建立考试制度。

课程的考核分考试、考查两种。专业考试应根据各专业的特点采取各种方式进行;文化理论考试,采用笔试或口试开卷或闭卷以及其他方式进行。

学工、学农、学军与艺术实践采用个人小结、班组评议或教师评定的方式考核。考核成绩不合格者,按学生学籍管理的规定办理。

六、时间分配

每年总周数为52周:寒暑假7周,机动1周,教学36周,学工、学农、学军和艺术实践或科学研究8周。

每周总学时(包括自修),不超过44学时,每天为9学时,上午4学时,下午3学时,晚上2学时,星期六下午不排课,作为党团活动或班级会议的时间。

为培养学生德、智、体全面发展,保证学生每天第8节课时,文体活动,锻炼身心。每天有8—9小时睡眠时间。

注:上述学院各个系专业(方向)教学方案均由学院档案室提供。

我们从几个专业的教学方案的理论分析上看,"78班"的教学方案,在大部分结构和内容上,基本上是一致的,在整体上也没有什么大的不同,但是,在具体的教学课程的细节分析上,我们会发现比较多的差异,这也是造成"78班"同学在后来的专业发展和电影创作方向上,表现和展示出来的突出成就和不同的原因。特别是很多不是导演系(导演专业)的同学,表现出在导演创作方面的极强能力和扎实的专业基础,这说明学院在当年的教学方案上,就已经注意了专业和基础的关系,注意了一专和多能的关系,注意了在创作范围内的全面学习的问题,注意了学生本身年龄和素质的差异,注意了课程内容和形式上的差异,因而,在教学方案上,就显示出目标的明确性和定位的准确性。

1.整个教学方案比较规范。

教学方案的成型时间不一样,基本上是在9—10月的过程,有的系,教学方案没有注明制定的时间，据我了解，摄影、表演系的教学方案制定的时间比较早。同时，我们发现，在整体上，整个的教学方案的制定目标比较明确，比较细。特别是在1978年的情况下，这个方案是融会了学院的教学历史和以往教学的许多经验，反映了学院对电影教育观念的认识，反映了各个系的教师的情况和教学传统、教学特点和风格。

2. 教学方案中的共同课程基本一样。

由于1978年，当时的国家教育主管部门对恢复招生后的大学共同课（基础课）有一些基本的规定，但是，比起现在还是有比较大的区别，过去少，现在多。"78班"的中共党史、哲学、政治经济学、外语、体育、形势教育的安排、内容、学时完全相同，反映了当时高等教育中对大学共同课部分的要求还是比较严格的。记得电影学院那时的共同课在教学过程中，根据培养目标和自身的教师专业背景的情况，还特意外请一部分教员来完成。

3. 文艺史论课差异比较大。

（1）导演系四门：文学戏剧电影作品分析、美术家作品分析（隔周一次）、音乐家作品分析（隔周一次）、专题讲座（每月一次）。有一门课程是贯穿的安排，有两门课程是隔周安排，有一门课程是一个月一次的安排。

（2）摄影系七门：艺术概论、中外电影史简论、中外美术史、作品分析、电影艺术概论、电影技术概论、录像技术基础；讲座课六门，课程门数多，内容量大。

（3）表演系四门：艺术概论、作品分析、外国电影概况、电影技术概论；专题讲座课五门。

（4）美术系（设计、绘景、动画）七门：艺术概论、电影技术概论、外国美术史、中国美术史、电影史、美术作品分析、文学作品分析；专题讲座课四门。

（5）录音系三门：艺术概论、中国电影史、国外电影史；无专题讲座。

4. 录音系的教学方案偏重于技术。

这个方案，制定于1960年以后招收第二届录音专业本科学生时，而且，以往的录音系招生，是以工程系的名义进行，教学和培养的目标更多的是偏重电影技术和声音工程或者是电声专业，所以，教学基本上是以技术基础为主。由于录音系当时缺少音乐和电影录音制作和录音艺术方面的教师，这方面的教学内容比较薄弱。

但是，今天的教学方案，则同时兼顾了技术与艺术，兼顾了制作的技术和技巧，兼顾了在拍摄阶段和后期制作阶段的所有与录音技术、艺术有关的环节。

5. 导演系的教学方案有值得商榷的地方。

我们可以看到，唯独导演系的教学方案注有"草案，供讨论"的字样，说明对于当时导演"78班"的培养目标和教学要求，还存在着一定的争议，有些内容还须商榷，特别是在课程的设置上，存在着分歧。从现在的专业课内容看，导演艺术课，才816学时，仅仅比电影剧作课（608学时）多一些，而表演艺术课则达到1224学时。作为导演专业，表演教学应该与导演教学是什么样的关系？作为一个电影导演专业的学生，有没有必要专门学习如此多的表演课程？这确实值得研究。是什么原因造成这样的结果，其主要的原因，还是由于对导演教学存在着不同的认识，也由于当时导演系的教师中更多的是学习戏剧表演和戏剧导演的人。导演系其他的专业基础课、专业辅助课所开设的课程，也略显不够。

北京电影学院 1978 年各专业系课程设置

　　任何一所高等学校，课程的设置、结构、学时、内容及其衔接、交叉，都是这个学校（专业学系）的核心，也是该专业设计的科学性和全面性的体现。在这样的情况下，参与教学的教师水平、课程内容、教学实习、作业数量，就成为这个学校的核心机密和内容。"文化大革命"以后的北京电影学院，在很短的时间内就恢复了往日的教学水平和基本课程，下面是学院在"78 班"各个专业，在原有的教学计划和教学课程进程表的基础上，对所学课程及成绩的详细记录。

一、导演系课程

第一学年：

　　（第 1 学期）中共党史、体育、艺术概论、电影技术、美术史、表演、剧作、语言。

　　（第 2 学期）中共党史、体育、艺术概论、剧作、语言。

第二学年：

　　（第 1 学期）哲学、体育、表演。

　　（第 2 学期）哲学、体育、作品分析、表演、蒙太奇、摄影基础。

第三学年：

　　（第 1 学期）导演艺术。

　　（第 2 学期）导演艺术。

第四学年：

　　（第 1 学期）

　　（第 2 学期）形势教育。

　　共计 14 门课程。

二、摄影系课程

第一学年：

（第 1 学期）中共党史、英语、体育、艺术概论、电影技术、美术史、摄影技术、电影胶片、绘画。

（第 2 学期）中共党史、英语、体育、艺术概论、摄影构图、电影胶片、绘画。

第二学年：

（第 1 学期）哲学、英语、体育、摄影构图、摄影技术。

（第 2 学期）哲学、英语、体育、作品分析、摄影技术、绘画、摄影艺术。

第三学年：

（第 1 学期）政治经济学、摄影技术。

（第 2 学期）摄影艺术。

第四学年：

（第 1 学期）

（第 2 学期）形势教育。

共计 17 门课程。

三、美术系课程（设计）

第一学年：

（第 1 学期）中共党史、英语、体育、艺术概论、电影技术、美术史、素描、油画、制图、美术设计。

（第 2 学期）中共党史、体育、艺术概论、美术设计、素描、油画。

第二学年：

（第 1 学期）哲学、体育、美术设计、油画、素描、风景水粉。

（第 2 学期）哲学、体育、作品分析、油画、风景水粉、美术设计、照相、摄影艺术。

第三学年：

（第 1 学期）政治经济学、美术设计、素描、油画、速写。

（第 2 学期）

第四学年：

（第 1 学期）

（第 2 学期）形势教育。

共计 18 门课程。

四、美术系课程（绘景）

第一学年：

（第1学期）中共党史、体育、艺术概论、电影技术、美术史、素描、油画、绘景、照相。

（第2学期）中共党史、体育、艺术概论、素描、色彩、绘景、照相。

第二学年：

（第1学期）哲学、体育、风景水粉、油画、素描、幻灯。

（第2学期）哲学、体育、作品分析、素描、设计、摄影艺术、风景水粉。

第三学年：

（第1学期）政治经济学、设计、素描、油画。

（第2学期）

第四学年：

（第1学期）

（第2学期）形势教育。

共计18门课程。

五、录音系课程

第一学年：

（第1学期）中共党史、英语、体育、艺术概论、电影技术、音乐。

（第2学期）中共党史、英语、体育、艺术概论、物理、高等数学。

第二学年：

（第1学期）哲学、英语、体育、电路、电子技术。

（第2学期）哲学、英语、体育、电路、电子技术、声学、音乐。

第三学年：

（第1学期）政治经济学、调音台技术、计算机原理、磁性录音机。

（第2学期）电视、录音概论、动力电源。

第四学年：

（第1学期）

（第2学期）形势教育。

共计21门课程。

六、表演系课程

第一学年：

（第1学期）中共党史、体育、艺术概论、电影技术、表演、语言、形体、声乐。

（第2学期）中共党史、体育、艺术概论、表演、语言、形体、声乐。

第二学年：

（第1学期）哲学、体育、声乐、形体。

（第2学期）哲学、体育、作品分析、形体、语言、表演。

第三学年：

（第1学期）政治经济学。

（第2学期）

第四学年：

（第1学期）

（第2学期）形势教育。

共计12门课程。

在我们的记忆中，当时的课程数量非常多，从我们后面列出的教学进程表上可以看出来，但是，在当时的课程表上感觉不出来，是因为在一门主要的课程名下还有比较多的、细的课程内容，例如：全校的电影艺术概论、电影技术概论、作品分析，摄影系的摄影技术，其中有镜头、光表、滤色镜、摄影机等课程内容。所以，那时的课程表仅仅是一个块状的划分。其课程的组成也基本上是今天电影学院教学课程的主要结构，由四大部分组成：共同课、讲座课、专业基础课、专业课。与今天的情况一样，许多的专业基础课和专业课，同时还配备各种各样的教学实习和作业。

从当时"78班"教学计划和课程结构的设置上看，公共课和共同课（录音系的美术史、作品分析除外；表演系的美术史除外）是各系都共同开设的课程。

公共课：中共党史、英语、体育、艺术概论、哲学、政治经济学、形势教育。

共同课：艺术概论、电影技术、美术史。

专业基础课（以摄影系为例）：摄影技术、摄影构图、电影胶片、绘画、摄影艺术。

专业课：摄影艺术。

实践课：例如，表演系有一些观察生活的练习，有各种各样的小品排练和演出。摄影系有随课程的大量实习，有的在课程表中体现，有的在课程表中没有体现，同时，根据摄影技术课程，有无数的技术实验。

创作课：根据课程完成的小型创作，是各个系在3年级的联合作业，例如，各个系在三年级的时候，拍摄了《小院》《最后一个镜头》《我们的田野》等。

七、1978—1982年，"78班"本科电影教学以及课程设置的特点

现在从整体上分析看，当时各个系的教学、课程设置体现了如下的特点：

（1）重视专业基础课的比例结构和系统讲授，尤其是专业基础课的比例、结构在整个课程的数量中占据比较大的分量，涉及的专业面、知识面比较宽，满足了学生基本素质的提高，也有助于学生对电影专业知识的整体掌握。

（2）重视课堂讲授的过程，也注意教学过程中的先讲授、后实习的教学方式方法；一些基础课和专业课基本上都有比较多的实习、练习、作业和操作的环节，以增强学生的学习效果和记忆，增加实际的教学效果。

（3）注意边讲授、边实习、边讲、边做交叉开展。在理论教学的过程中注意理论联系实践和创作的实际，注意培养学生的思考能力、动手能力。

（4）注重实践教学过程中的教师具体指导和具体讲授，在教学中有教师的具体应用理论的传授，在实习中，有教师的具体指导和帮助。

（5）重视和强调创作应用型技巧的课程设置和理论讲授，给学生建立起一套有关规律、动手、操作、实干、经验、梳理的内容系统。对于创作经验和理论的内容，在关于创作的基础课和专业课中有所涉及。在一些共同课中，主要是在一些电影史论的教学中进行归纳。

（6）比较重视电影史论课程的教学，而且尽可能地观看一些电影史上著名的、带有经典意义的电影，以增加学生的感性认识，这对于学生掌握各个国家和各个时期电影的流派，有非常大的好处。

（7）强调以培养创作操作型、实践型和应用型人才为目的的教学思路，使学生对自己所学的专业精通，同时对其他专业进行了解和熟悉。

（8）培养目标、教学目标、课程要求、课程内容非常明确，教学计划十分周密和科学、有效；甚至在课程的前后衔接上也是经过精心安排的。

（9）课程的内容涉及各个方面，也有交叉的部分，总之比较多元和庞杂，但是，课程之间联系非常紧密，教学的形式多种多样。

（10）在整体的教学计划中，除了电影史类的课程，几乎没有安排过电影理论课程的内容。

（11）许多课程的安排，例如电影技术概论，仍然注意其在电影专业中的广泛性、基础性和素质性。

（12）在课程排列的时间和学期的顺序上，仍然是前紧后松，这样，便于学生在课程结束时进行必要的作业拍摄，也利于学生在后面的学期中，参加其他形式的创作实践和

自己的毕业作品拍摄创作。

（13）在课程内容的构成上，既注意了本专业的基础扎实，也注意了与其他专业课程的交叉和衔接，还注意了课程的实用。

（14）在课程的结构比例上，比之今天的课程安排，在整体的数量上是比较少的。

（15）由于各个系（专业）的部分院定共同课、专业基础课和专业课的上课是按照跨学年的安排，或者是集中整天进行上课的，所以，有分散上课和集中上课的现象，这样便于系里自己安排教学时间和实习时间。

（16）许多课程的设置，既考虑了当时社会文化、艺术、电影的发展的现状，也考虑了任课教师的实际水平和教学效果。

（17）在讲座课中，课程内容很细，根据课程所请的教师，划分也非常细致，总的感觉课程的内容比较多，课时量比较大。

（18）总体教学学时比较多，加之社会实践、毕业实习、毕业论文、毕业答辩的学时安排，以及那时没有双休日的缘故，所以，在我的印象中，四年的总课时是在4500—5600学时左右。

（19）大量的电影观摩和社会艺术实践，作为课堂教学的补充和独立的教学内容，在学生的学习和生活中起到了非常好的联系和贯穿作用。

（20）在我的印象中，课表上经常写有自习课的，这在今天的大学各个专业的课程表上已经不多见了。自习在大学的教育过程中，是一个自己研究和学习的环节，自习可以自己根据教学和学习中的问题自行安排，对我们学生的学习是一个极大的自由和解放，同学们可以到图书馆去看书，查资料，温习笔记。这在今天也是我们很少能够见到的一个比较"全面""科学""实用""奢侈"的课程安排。

八、今天北京电影学院的本科教学公共课、基础课设置的特点

根据国家教育部对大学本科教学的安排，今天，北京电影学院的本科教学过程中，公共、基础课教学课程设置的安排如下：大学英语、体育、计算机基础、大学生思想道德修养与法律基础、马克思主义原理、毛泽东思想、邓小平理论与"三个代表"重要思想、近代史纲要。

为了增加学生的基础知识和素质教学，使各个专业的学生在整体课程中可以有一个比较广阔的选择范围，北京电影学院本科教学电影学科基础课教学课程设置安排如下：中国电影史、世界电影史、影片赏析、类型电影、电影技术概论、剧作概论、导演基础、视听语言、电影表演概论、电影摄影基础、电影美术概论、美术作品赏析、素描、电影声音、音乐作品赏析、制片与市场、大众传播学、摄影美学、名著导读。

九、今天北京电影学院本科教学课程与过去课程设置的不同点

（1）课程开设的数量比过去多了许多，但是学生所选课程的门数还是恒定的；（2）公共课的数量与过去是相同的，基本课时也是平衡的；（3）电影学科专业基础课程涵盖了制作专业的全部内容；（4）各个系对本系的学生规定课程进行了规定，有其科学性的一面；（5）学生可选择的范围比较大了，学生可根据自己的专业决定选课。

由于历史的原因，过去每周行课是六天，星期日休息，学院当时的教学是上午四课时，下午三课时，晚上个别的时间会上一些课程，主要是外请的人员进行的一些讲座性质的课程。同时，由于外请的专业人士和专家学者临时到学校上课，往往是全院停课，150多人全部观摩电影或者听讲座、报告。在今天，我甚至详细查到在1978—1982年各门课程的上午上课的时间和下午上课的具体时间，与今天的高等学校没有什么区别，教学安排也与今天没有什么区别，具体的周学时进程中，因为教师下午4：40要乘班车回城，晚上也会有一些必要的课程安排，但是，那时的星期天是绝对不安排课程的，主要是让教师休息，也让学生进城看各种各样的展览。

但是，那时学生学习的总学时是非常多的，甚至高于现在的学时。

"78 班" 1978 — 1982 年 电 影 观 摩

电影学院，顾名思义，主要是学习电影专业的艺术院校。那时，我们有的同学戏称将电影学院的"学"字去掉，就成了"电影院"，某种程度反映了学院学习的状态和对观摩电影的依赖程度。观摩是唯一可以从银幕上了解这个社会、了解西方国家的电影发展现状的方式。电影的观摩，成为我们当时学习内容的重要组成部分，也成为当时北京高等学校乃至北京中央机关干部最为"奢侈"的学习生活和精神文化生活，成为当时社会各个大学的学生最羡慕和向往的学习环境和生活内容。我们经常在家人、同学之间说起看电影的情况，说起我们每周可以在学校的礼堂、在中国电影资料馆、在北京电影洗印厂、在文化部机关、在北京的各个机关单位的礼堂，看到各个国家的不同风格的电影的事情，令他们投来无比羡慕的眼光。

1978 年 9 月，上午举行开学典礼以后，下午我们就开始看电影。放映的第一部电影是朝鲜人民民主主义共和国的电影《扎根大地》(黑白)，由于学院当时刚刚恢复招生，教学条件和学习的环境都比较差，根本没有专用的电影放映剧场，我们就在上午举行开学典礼的餐厅(礼堂)，拉上窗帘，每人搬上马扎，大家随意地坐着开始观摩电影，也开始了北京电影学院专业学习的生活。今天感觉，黑白电影《扎根大地》具有双重的意义。

下面是我们"78 班"在 1978—1982 年的四年的大学学习中，由学院教务处放映科统一安排，采用批准、借看、租用、调看等各种各样的方式，在学院礼堂、电影资料馆、洗印厂礼堂等放映过的电影，同时，加上师生在其他国家机关各个单位的礼堂临时观看的电影。该片目的全记录，在今天，已经成为一个十分真实的历史资料，它是学院教务处放映科王宝臣老师——一个非常令人尊敬、技术十分娴熟和对工作极端负责的老师——在四年中的每一个学年和月份中，在每一次放映后，精心用手写的方式记录下来的电影片名。后来，放映科的李远航老师，在接手放映管理工作后，他在整理仓库、设备和资料的过

384

程中，发现了这些珍贵的文字资料，进行了整理，并录入计算机。在这里，我们由衷地感谢王宝臣老师、李远航老师，感谢他们为学院的档案建设和资料整理做出了杰出的贡献。这些资料记录，成为学院电影教育、教学历史中最为珍贵的文献资料，也成为研究当时北京电影文化现象和"78班"电影教育、教学中观摩影片的一个重要参考数据。

1978—1982 年电影观摩记录

1978—1979 学年度

1978 年 9 月

1.《扎根大地》（朝鲜）；2.《方托马斯》（法国）；3.《奈雷特瓦河之战》（上下）；4.《煤气灯下》（1944，美国，英格丽·褒曼）；5.《鸳梦重温》；6.《扎根》；7.《黑三角》（1977，中国）；8.《罗密欧与朱丽叶》；9.《春闺怨》；10.《农家女》（1958，中国）；11.《火娃》（1978，中国）；12.《断桥》（1976，中国）；13.《盗仙草》（1976，中国）。

10 月

1.《乡村女教师》（1947，苏联）；2.《天山上的红花》；3.《卡拉马佐夫兄弟》（1、2、3）（1920，苏联）；4.《林家铺子》（1959，中国）；5.《等到天黑》（意大利）；6.《魔盒》（美国）；7.《白毛女》（1972，中国）；8.《龙须沟》（1952，中国）；9.《音乐之声》（美国）；10.《一江春水向东流》（1947，中国）。

11 月

1.《女人比男人更凶残》（1966，英国）；2.《三级十字勋章》；3.《306 号案件》（50 年代，苏联）；4.《小鲤鱼跳龙门》（1958，中国动画片）；5.《伊凡雷帝》（1945，苏联）；6.《白夜》（1959，苏联）；7.《林则徐》（1958，中国）；8.《阴谋与爱情》；9.《血碑》（1964，中国）；10.《枯木逢春》（1961，中国）；11.《小螺号》（1975，中国）；12.《望乡》（1974，日本）。

12 月

1.《狐狸的故事》（1978，日本）；2.《夜袭机场》（南斯拉夫）；3.《风雨历程》（中国）；4.《追捕》（1976，日本）；5.《特技》；6.《夏伯阳》（1934，苏联）；7.《毛孩》（中国纪录片）；8.《东方红》（1964，中国舞台纪录片）；9.《良心》；10.《乌鸦与麻雀》（1949，中国）；11.《复活》（上下）（1962，苏联）。

1979 年 1 月

1.《大河奔流》（1978，中国）；2.《早春》（1956，日本）；3.《尤三姐》（1978）；4.《倾国倾城》（1975，中国香港）。

2 月

1.《舞台姐妹》（1965，中国）；2.《家住台北》；3.《男爵的奇遇》（1、2、3）；4.《蔡文姬》（1978，中国）。

3 月

1.《大学生》（1970，中国香港）；2.《三笑》（1969，中国香港）；3.《男爵的奇遇》（4、5、6）；4.《冰上的梦》（1959，奥地利）；5.《幸福的黄手帕》（1977，日本）；6.《雷雨》（1961，香港）；7.《红旗谱》（1960，中国）。

4 月

1.《沉默的人》（1973，法国）；2.《共和国检察官自白》（1971，意大利）；3.《虎·虎·虎》（1970，美国）；4.《斗鲨》（1978，中国）；5.《扬眉剑出鞘》（1976，中国纪录片）；6.《雷马根大桥》（1969，美国）；7.《马门教授》（1961，德国）；8.《报童》（1979，中国）；9.《翠堤春晓》（1938，美国）；10.《Z》（意大利）；11.《这里的黎明静悄悄》（1972，苏联）；12.《特殊任务》（1978，中国）；13.《静静的顿河》（1957，苏联）；14.《鸽子号》（美国）。

5 月

1.《聂耳》（1959，中国）；2.《划破黎明的曙光》；3.《没头脑和不高兴》（1962，中国动画片）；4.《怕羞的黄莺》（1960，中国动画片）；5.《别林斯基》（苏联）；6.《上海姑娘》（1958，中国）；7.《甜蜜的事业》（1979，中国）；8.《保密局的枪声》（1979，中国）；9.《广岛之恋》（1959，法国）；10.《圣玛利亚的钟声》（1945，美国）；11.《人与兽》（1962，德国）；12.《绝唱》（1975，日本）；13.《砂器》（1974，日本）。

6 月

1.《董小宛》（1950，中国）；2.《舞宫莺燕》（1947，美国）；3.《谍海群英会》（1966，英国）；4.《噩梦》（美国）；5.《桑巴舞》（美国）；6.《诗哲佚闻》；7.《儿子、孙子和种子》（1978，中国）；8.《恋人曲》（1974，苏联）；9.《志愿者》；10.《无罪的人》（1961，英国）；11.《舞台生涯》（1952，美国）；12.《人证》（1977，日本）；13.《生活的一课》（1955，苏联）；14.《蛇》（1973，法国）；15.《六盘山》（1978，中国）。

7 月

1.《双城记》（1958，英国）；2.《黎明前到达》（1978，南斯拉夫）；3.《佐罗》（1975，意大利）；4.《尼罗河上的惨案》（1978，英国）；5.《至爱亲朋》（中国香港）；6.《太阳泣血记》；7.《卡洛林拉姆夫人》；8.《一个国王在纽约》（1957，英国）；9.《白脸的儿子》；10.《保盖尔先生》；11.《审妻》（1966，中国香港）；12.《失踪的少女》（1961，中国香港）。

386

8 月 ————————————————————————————

1.《大象独唱音乐会》；2.《黑剑》；3.《皇帝面包师》；4.《侠盗罗宾汉》（1938，美国）。

1979—1980 学年度

1979 年 9 月————————————————————————

1.《马门教授》（1961，德国）；2.《西部的故事》（上下）；3.《权利与真理》；4.《54号地区》；5.《生活的颤音》；6.《冰海沉船》（1958，英国）；7.《水晶鸟》；8.《苦恼人的笑》（1979，中国）；9.《傲雷一兰》（上下）（中国）；10.《小花》（1979，中国）；11.《曙光》（上下）（1979，中国）。

10 月————————————————————————————

1.《锦绣前程》（1956，中国）；2.《党证》；3.《二泉映月》（1979，中国）；4.《海底肉弹》；5.《蘑菇人》（1975，墨西哥）；6.《从奴隶到将军》（1979，中国）；7.《吉鸿昌》（上下）（1979，中国）；8.《金环蚀》（上下）（1975，日本）；9.《神圣的使命》（1979，中国）；10.《哪吒闹海》；11.《魂断蓝桥》（1940，美国）；12.《我们的老师》；13.《西伯利亚快车》。

11 月————————————————————————————

1.《春雨潇潇》（1979，中国）；2.《假慈悲的人》；3.《狂暴的贵族》；4.《特罗塔》；5.《摄魂镜》；6.《忠勇之家》（1942，美国）；7.《云南奇趣录》（1979，中国）；8.《瞧这一家子》（中国）；9.《宇宙》；10.《丹凤朝阳》（1943，中国）；11.《巫山云》；12.《解放》（1、2、3、4、5）（1969，苏联）。

12 月————————————————————————————

1.《四百下》（1959，法国）；2.《如此人生》（1954，中国）；3.《苏捷斯卡战役》；4.《世纪冰川》；5.《战争与人》（1—5）（1971，日本）；6.《红莓》（1973，苏联）；7.《眼望蓝天满胸怀》；8.《橄榄树下无和平》（1950，意大利）；9.《苏伊士运河》（1938，美国）；10.《银花》；11.《李四光》（1979，中国）；12.《春闺泪痕》；13.《第六纵队》（1956，苏联）；14.《生死恋》（日本）；15.《我们来自喀琅施塔德》（苏联）。

1980 年 1 月————————————————————————

1.《向导》（1979，中国）；2.《舞会小提琴》（1974，法国）；3.《杨梅树下话当年》；4.《城市之光》（1931，美国）；5.《警察与小偷》（1951，意大利）；6.《卡萨布兰卡》（1942，美国）；7.《金石盟》（1942，美国）；8.《啊，摇篮》（1979，中国）；9.《成吉思汗后代》（1928，苏联）；10.《生物进化》；11.《柳暗花明》（1979，中国）；12.《马凌道》（中国香港）；13.《谁之过》；14.《左轮三五七》（1976，法国）；15.《一个奇怪的女人》；

16.《樱》（1979，中国）；17.《泪痕》（中国）。

2月

1.《湖畔》（1969，苏联）；2.《洗脑》；3.《宪兵在纽约》；4.《归心似箭》（1979，中国）。

3月

1.《405案件》（中国）；2.《比利·杰克》（1971，美国）；3.《插曲》（1935，奥地利）；4.《夜半歌声》（1937，中国）；5.《这不是爱情》；6.《鸟》（1963，美国）；7.《战地钟声》（1943，美国）；8.《渔光曲》（1934，中国）；9.《晴朗的天空》（1961，苏联）；10.《美丽的妻子》；11.《怒火情焰》；12.《16届奥运会》；13.《橘颂》（中国香港）。

4月

1.《雁南飞》（1957，苏联）；2.《她在黑夜中》；3.《烽火灿烂》；4.《士兵之歌》（1959，苏联）；5.《爱情与遗产》（1980，中国）；6.《蝙蝠》（1959，美国）；7.《归心似箭》（1979，中国）；8.《记者》（上下）（1967，苏联）；9.《悲惨世界》（1934，法国）；10.《玉色蝴蝶》（1980，中国）；11.《雪青马》（1979，中国）；12.《格林卡》（苏联）。

5月

1.《李天保娶亲》（1980，中国）；2.《舍甫琴柯》（苏联）；3.《七品芝麻官》（1979，中国）；4.《河上灯火》；5.《政府委员》（1940，苏联）；6.《等到满山红叶时》（1980，中国）；7.《人证》（1977，日本）；8.《坚强的翅膀》；9.《飞向未来》（1979，中国）；10.《瞬间》（1979，中国）；11.《砂器》（1974，日本）；12.《真是烦死人》（1980，中国）；13.《古城扬州》（中国）；14.《樊人的故事》。

6月

1.《野猪林》（1962，中国）；2.《绝唱》（1975，日本）；3.《孤星血泪》（1974，美国）；4.《苦海余生》（1976，英国）；5.《白夜》（1957，意大利）；6.《大独裁者》（1940，美国）；7.《半张结婚照》；8.《见面礼》（1980，中国）；9.《塞上风云》（1940，中国）；10.《带阁楼的房子》（苏联）；11.《延安岁月》（中国）；12.《星光灿烂》（1980，中国）；13.《三剑客》（1948，美国）；14.《带哈巴狗的女人》（苏联）；15.《傲慢与偏见》（1940，美国）；16.《空岭芳草》。

7月

1.《马门教授》（1961，东德）；2.《心儿在歌唱》；3.《墨西哥小夜曲》；4.《躲藏的激流》（1948，墨西哥）；5.《蛊姬》；6.《珊瑚岛上的死光》（1980，中国）；7.《一个美国飞行员》（1980，中国）；8.《三个忠实朋友》。

8月

1.《大渡河》（1980，中国）；2.《丁丁战猴王》（1980，中国动画）；3.《庐山恋》（1980，中国）；4.《琴童》（1980，中国）；5.《他们在相爱》（1980，中国）；6.《天才演员》；

7.《奇妙的球赛》；8.《坚守要塞》；9.《飞吧，足球》（1980，中国）。

1980—1981 学年度

1980 年 9 月——————————————————————————————————

1.《选定目标》；2.《红牡丹》（1980，中国）；3.《激战前夜》（1957，中国）；4.《复仇》
（1978，罗马尼亚）；5.《春香传》（1959，朝鲜）；6.《白雪女王》；7.《伊万的童年》
（1962，苏联）；8.《世界的心》；9.《丹心谱》（1980，中国）；10.《他是为了爱》；
11.《珍珠》（1947，墨西哥）。

10 月——

1.《大篷车》（1971，印度）；2.《第十个弹孔》（1980；中国）；3.《安娜·卡列尼娜》（1953，
苏联）；4.《奸细》（1980，中国）；5.《向钢琴师开枪》（1960，法国）；6.《去年在
马里昂巴德》（1961，法国）；7.《中途岛》（1976，美国）；8.《刑场上的婚礼》（1980，
中国）；9.《毕业生》（1967，美国）；10.《长别离》（1961，法国）；11.《基度山恩
仇记》（1934，美国）；12.《最后的八个人》；13.《神女峰的迷雾》（1980，中国）；
14.《永恒的爱》；15.《我们的美好年代》；16.《回首当年》（1973，美国）；17.《长
跑运动员》；18.《同是天涯沦落人》（1948，中国）。

11 月——

1.《我们的时代》；2.《战争与人》（1973，日本）；3.《三个失踪的人》（1980，中国）；
4.《巴山夜雨》（1980，中国）；5.《玛丽娜的命运》；6.《叛国者》（1980，中国）；7.《雁
归来》；8.《庐山恋》（1980，中国）；9.《神童》（1958，西德）；10.《秘密使节》（1950，
苏联）；11.《元帅之死》（1980，中国）；12.《枫》（1980，中国）；13.《和魔鬼打
交道的人》。

12 月——

1.《天云山传奇》（1980，中国）；2.《征服黑暗的人》；3.《猎鹿人》（1978，美国）；4.《沉
默的人》（1973，法国）；5.《相见恨晚》（1945，英国）；6.《乡村女教师》（1947，苏联）；
7.《宣誓》；8.《动乱》（1980，日本）；9.《走向深渊》；10.《手铐》；11.《悲惨世界》
（1958，德国）；12.《神秘的大佛》（1980，中国）；13.《战争与和平》（1968，苏联）；
14.《太阳与人》（苏联）；15.《咖啡馆》（1976，埃及）。

1981 年 1 月——————————————————————————————————

1.《红衣主教》（1963，美国）；2.《中途岛之战》（1976，美国）；3.《黑桃皇后》（1949，
英国）；4.《两姐妹》；5.《血沃中华》（1980，中国）；6.《铁甲 008》（1980，中国）；
7.《世界最大的战争》；8.《碧云天》（1946，美国）；9.《情天恨海》；10.《黄英姑》（1980，

中国）；11.《魔羯星一号》（1978，美国）；12.《透过云层的霞光》（1980，中国）；
13.《梅花巾》（1980，中国）。

2月

1.《迟到的春天》（1980，中国）；2.《白蛇传》（1980，中国）；3.《苗苗》（1980，中国）；
4.《蓝色档案》（1980，中国）；5.《白莲花》（1980，中国）；6.《胭脂》（1980，中
国）；7.《花开花落》（1980，中国）。

3月

1.《飞燕曲》（1981，中国）；2.《古城雪》；3.《好事多磨》（1980，中国）；4.《卡
桑德拉大桥》（1976，英国）；5.《活着的英雄》；6.《残雪》（1980，中国）；7.《命
根子》（1955，墨西哥）；8.《爱情啊，你姓什么？》（1980，中国）；9.《春眠不觉晓》
（1980，中国）；10.《愤怒的人》；11.《爱情旋涡》；12.《草原枪声》（1980，中国）；
13.《车水马龙》（1981，中国）；14.《飞向太平洋》（1981，中国）。

4月

1.《红蝙蝠公寓》；2.《扬帆》（1981，中国）；3.《飞虎队》；4.《幽谷恋歌》（1981，中国）；
5.《海军上将多沙柯夫》（苏联）；6.《丹凤朝阳》（1980，中国）；7.《永不凋谢的玫瑰》；
8.《拿破仑在奥斯特利茨战役》；9.《翠堤春晓》（1938，美国）；10.《党同伐异》（1916，
美国）；11.《姊妹花》（1933，中国）；12.《神女》（1934，中国）；13.《静静的顿河》（上
中下）（1957，苏联）；14.《明日香》；15.《七月流火》（1981，中国）；16.《一件
婚事的剖析》；17.《桃李劫》（1934，中国）；18.《她从雾中来》（1981，中国）。

5月

1.《月亮湾的笑声》（1981，中国）；2.《陈毅市长》（1981，中国）；3.《红娘》（1981，
中国）；4.《这是一首歌》（1980，中国）；5.《流芳千古》；6.《小海》（1981，中国）；7.《喜
临门》（1936，中国）；8.《阿凡提》（1979，中国动画）；9.《原野》（1981，中国）；
10.《梦幻世界》；11.《可爱的动物》（1974，南非）；12.《春蚕》（1933，中国）；
13.《压岁钱》（1937，中国）；14.《小凡子》（1981，中国）；15.《顾此失彼》（1981，
中国）；16.《四个小伙伴》（1981，中国）。

6月

1.《小街》（1981，中国）；2.《夺命钱》（80年代，中国）；3.《山重水复》（1980，中国）；
4.《皆大欢喜》（1981，中国）；5.《年轻的朋友》（1981，中国）；6.《女兵》（1981，
中国）；7.《人参果》（1980，中国）；8.《阿诗玛》（1964，中国）；9.《沙鸥》（1981，
中国）；10.《原野奇侠》（1953，美国）；11.《雨中曲》（1952，美国）；12.《黑驹》（1979，
美国）；13.《先驱者之歌》（1981，中国纪录片）；14.《张飞审瓜》（1980，中国动画）；
15.《遥控》。

7月————————————————————————————————————

1.《飞行交响曲》（1981，中国）；2.《南昌起义》（1981，中国）；3.《毕昇》（1981，中国）；4.《小城春秋》；5.《温顺的大熊》；6.《骑侠》（1930，中国）。

8月————————————————————————————————————

1.《雾之旗》（1977，日本）；2.《雨夜奇案》（罗马尼亚）；3.《谈话》；4.《关山飞渡》（1939，美国）；5.《英俊少年》（1970，西德）；6.《小城春秋》（1981，中国）；7.《端盘子的姑娘》（1981，中国）；8.《远山的呼唤》（1980，日本）。

1981—1982 学年度

1981 年 9 月————————————————————————————————

1.《检察官》（1981，中国）；2.《塞外夺宝》（1981，中国）；3.《苦果》（1981，中国）；4.《妈妈的生日》（1982，日本）；5.《许茂和他的女儿》（1981，中国）；6.《红色娘子军》（1961，中国）；7.《奴里》（1979，印度）；8.《伤逝》（1981，中国）；9.《最后一颗子弹》（1973，罗马尼亚）；10.《元帅与士兵》（1981，中国）；11.《访日见闻》（80 年代，中国纪录片）；12.《苏醒》（1981，中国）；13.《知音》（1981，中国）。

10月————————————————————————————————————

1.《恋人曲》（1974，苏联）；2.《忠实的朋友》（1954，苏联）；3.《钟声》（1981，中国）；4.《潜影》（1981，中国）；5.《革命军中马前卒》（1981，中国）；6.《剑魂》（1981，中国）；7.《乡情》（1981，中国）；8.《笑比哭好》（1981，中国）；9.《司机》（1956，意大利）；10.《朱丽娅》（1977，法国）；11.《新兵白强》；12.《客从何来》（1980，中国）；13.《风雪黄昏》；14.《特高科在行动》；15.《阿西门的街》（80 年代，日本）；16.《李慧娘》（1981，中国）。

11月————————————————————————————————————

1.《太平洋的风暴》；2.《吉卜赛少年》；3.《今日正午》；4.《胜利者》（1963，英国）；5.《智截玉香笼》（1981，中国）；6.《天鹅湖》（1979，日本动画片）；7.《漓江春》（1981，中国）；8.《西安事变》（上下）（1981，中国）；9.《邻居》（1982，中国）；10.《子夜》（1981，中国）；11.《罗生门》（1950，日本）；12.《豺狼的末日》（1973，法国）；13.《筋疲力尽》（1959，法国）；14.《动乱》（1980，日本）。

12月————————————————————————————————————

1.《姑娘的心愿》（1981，中国）；2.《绿色钱包》（1981，中国）；3.《巴顿将军》（1970，美国）；4.《心弦》（1981，中国）；5.《李清照》（1981，中国）；6.《路漫漫》（1981，中国）；7.《父子情深》（1974，意大利）；8.《飞翔》；9.《这里的黎明静悄悄》（1972，苏联）；10.《被爱情遗忘的角落》（1981，中国）。

1982 年 1 月

1.《楚山风云》；2.《潜网》（1981，中国）；3.《邻居》（1982，中国）；4.《醉拳》（1978，香港）；5.《缘分》；6.《谈话》；7.《墨西哥万岁》（1979，美国）；8.《昏迷》（1978，美国）；9.《百慕大》；10.《哑女》（1979，印度）；11.《当代人》（1981，中国）；12.《牧马人》（1982，中国）；13.《模范丈夫》（1981，中国）。

2 月

1.《海囚》（1981，中国）；2.《蛇》（1973，法国）；3.《玉碎宫倾》（1981，中国）；4.《第三个被谋杀者》（1981，中国）；5.《回头一笑》（1981，中国）；6.《夏吾冬》（1981，中国）；7.《沼泽地的阳光》；8.《兰灯》。

3 月

1.《海霞》（1981，中国）；2.《湖畔奏鸣曲》（苏联）；3.《播种幸福的人》（1981，中国）；4.《婚配》；5.《阿里巴巴与四十大盗》（1954，法国）；6.《晚萄》；7.《三十九级台阶》（1935，英国）；8.《年轮与孤独》；9.《螺旋》（1981，中国）。

4 月

1.《山菊花》（1982，中国）；2.《最后一个镜头》（1981）；3.《小院》（1981，中国）；4.《我们的田野》（1981，中国）；5.《沙漠宝藏》；6.《虎口脱险》（1966，法国）；7.《辩护词》（1978，苏联）；8.《敬礼，艺术家》；9.《意大利式结婚》（1964，意大利）；10.《芳影》；11.《R4之谜》（1982，中国）；12.《新天方夜谭》（1979，英国）；13.《勿忘我》（1982，中国）；14.《我们的田野》（1982，中国）；15.《孔雀公主》（1982，中国）；16.《但愿人长久》（1981，中国）；17.《先驱者之歌》（1981，中国）；18.《莫让年华付水流》（1981，中国）。

5 月

1.《没落之家》（1954，苏联）；2.《升官记》（1982，中国）；3.《华丽家族》（上下）（1974，日本）；4.《战斗年华》（1982，中国）；5.《赛虎》（1982，中国）；6.《少林寺》（1982，中国香港）；7.《巴格达窃贼》（1924，美国）。

6 月

1.《刀光虎影》（1982，中国）；2.《水晶心》（1980，中国）；3.《红象》（1982，中国）；4.《笔中情》（1981，中国）；5.《佩剑将军》（1982，中国）；6.《仇侣》（1982，中国）；7.《梅岭星火》（1982，中国）；8.《终点》（1982，中国）；9.《伙伴》（1968，意大利）；10.《蝴蝶》（中国）；11.《夜茫茫》（1976，波兰）。

7 月

1.《女仆》；2.《临时工》（1980，南斯拉夫）；3.《失业的自由》（1956，德国）；

4.《碧云天》（1946，美国）；5.《老姑娘》（苏联）；6.《阿Q正传》（1958，中国）；
7.《飞向太平洋》；8.《叶塞尼娅》（1971，墨西哥）；9.《带阁楼的房子》（苏联）；
10.《沉默的人》（1973，意大利）；11.《淘金记》（1925，美国）；12.《摩登时代》（1936，
美国）；13.《大独裁者》（1940，美国）；14.《老枪》（1975，法国）；15.《夏伯阳》
（1934，苏联）；16.《绝唱》（1975，日本）；17.《孤星血泪》（1946，英国）。

我们观摩包括了所有在1978—1982年上学期间新近拍摄完成的中国电影。由于当时是文化部管理国家的电影生产，所以，凡是通过审查发行的影片，无论什么类型、题材，我们都进行了观看。通过四年对中国电影的观看，在同学们的潜意识里，已经知道中国电影的现状，了解了各种各样的电影类型，知道了各个电影制片厂的制作水平，知道了应该拍摄什么，不应该拍摄什么。所以以后的一段时间里，"78班"拍摄的电影的风格，基本上没有一个与我们观看过的中国电影完全相似。

我们观摩了中国电影资料馆里存留的电影。由于"文化大革命"的原因，资料馆的电影得到了一定程度的保存，所以，我们根据西方电影史和中国电影史的课程，调了一些相关的电影，解决了当时由于西方国家的控制，我们看不到的一些早期西方电影的问题。

我们主要看了一些社会主义阵营、社会主义国家的电影，更多地观摩、学习当时与我们有着非常友好关系的国家如苏联、罗马尼亚、阿尔巴尼亚等国家的电影。这也是依赖于国家政府机构和相关部门，通过各种各样的外交方法和文化的名义，借到了社会主义阵营的一些经典影片，这些影片也是当时东欧国家电影的历史和文化精华，使我们对这些国家的电影形态和导演风格有了一个非常清晰的了解。

我们观摩各机关单位观看的内部参考影片。由于改革和开放，我们国家开始接触各个国家的文化和电影。各个机关利用各种各样的方法，举行内部学习观摩。所以，我们更多的是看到了不曾看到的其他资本主义国家的所谓的意识形态的电影，开拓了思维，开阔了视野。

除了学院安排的电影，基本上我们什么都看，有点儿囫囵吞枣的意思。那时的学院教师，通过各个方面的关系，了解什么单位、什么时间放映什么电影，然后经过单位之间的联系和私人之间的联系，安排教师和学生过去看，或者借拷贝到学院来，或者是给学院发一些票。

实际上，上述电影记录，仅仅是我们通过学院的渠道和学院的安排，经过学院领导和老师的批准，在学院放映厅看到的部分电影，并由学院的专职教师记录在册的片目。在上学期间，我们更多观看的是学院通过其他方法和渠道在学院以外的单位、礼堂安排的大量外国参考影片、过路影片（从使馆调出的电影）及中央各个部委进行学习参考的内部观摩的外国资料影片。其中有美国三四十年代的黑白电影以及一些比较长的故事片，甚至还有一些其他欧洲国家不同年代和各种各样风格的影片。这样算来，我们上学四年所看的电

影准确数量、准确名单的确是无法确切统计的，由于历史的原因和观看的随时性和太多的原因，当时也没有办法进行准确的记录，而有一点是肯定的，我们大学四年看过的胶片电影，远远超过上述学院所正式记录的片目，甚至有许多的外国电影和中国影片都没有统计在内。这些电影在外国文化感染、电影类型和风格样式，视觉潜意识、电影视觉、文化观念、意识形态等各个方面对我们的电影观念形成和电影专业学习产生了深远的影响。

通过对这些胶片电影的观看和学习，使我们各个专业学生得到了电影意识的熏陶，对我们今后的发展起到了无可估量和无法比拟的作用。面对各个国家和各种流派、各个年代、众多大师的电影，我们像饥饿多日的饿汉，完全处于一种疯狂无度、饱食多餐的状态。通过对大量电影的观摩，迅速开阔了我们的视野，满足了我们对电影的好奇心，使我们在脉络上、系统上、形象上对西方电影史有一个比较直观的了解，对各个国家的电影文化、电影历史有一个比较清晰、深刻的认识，对世界电影技术的发展现状有一个十分清楚的了解和认识；对各个国家导演的不同导演风格，有了一个宏观的理解和把握。这种长期式的、集约式的、周期性的、专业性的电影观摩，成为当时大学生极为奢侈的学习内容，更是我们掌握电影的形态并有所感悟的关键，也成为北京电影学院"78 班"同学成长和学习的重要环节。

那时看电影，经常是在新街口外大街的中国电影资料馆放映厅，由于我们当时上学是在朱辛庄，因而电影常常是安排在 6：30 下班以后播放。经常是学院 5：10 下班的时候，多发两个班车，让学生跟老师一道搭乘班车进城，到达小西天或者其他电影放映的地点的时候，已经接近六点多了。那时的城里餐饮业不是十分发达，各位同学只能是就近匆匆买一个馒头、烧饼和一点咸菜，就进入电影放映厅，渴了出来在洗手间喝一点凉水。经常是两部电影看完已经是晚上十一点多了。有时为了晚上进城看一部电影，到达资料馆的时候，已经没有时间买任何吃的东西了，只能是忍饥挨饿，硬扛着。在电影放映的过程中，坚持不上厕所；在观摩的过程中，对特别好的构图画面和人物肖像，就用手中的 135 相机，拍摄下来，回到学院以后冲洗和放大出来留做以后拍摄的参考资料。

"文化大革命"结束后，北京的文化生活在逐步地恢复，首先是中央机关和各个单位的礼堂，经常通过各种各样的渠道，搞到电影拷贝，进行电影放映，这在当时，成为城市文化生活的重要内容，成为了解西方国家的主要渠道。在这样的情况下，只要学院或者是我们的同学知道，就想方设法托人借拷贝，托人搞票去看。"78 班"的同学，当时为了看上某一场电影，搞到一张票，绞尽脑汁，甚至开始自己制作（画）电影票，拿着画好的电影票混进去看。这种疯狂地看电影，实际上已经成为我们学习生活的一个主要内容，看电影已经不是一种娱乐了，已经成为一种专业学习。现在想一想，当时把看电影变成为一种学习，这是需要极大的精神和毅力的。

在我们观摩影片的生活中，最值得记忆的一件事情是：有一年冬天，晚上在中国电影资料馆看完电影，已经将近十二点了，我们和导演系的几个同学，因为出来上厕所，就错过了回昌平朱辛庄电影学院的班车。那时，深夜的北京已经是非常冷了，北风呼啸，沙尘飞扬，加上我们没有怎么好好吃晚饭，浑身无力。当时，出租车特别少，再说我们几个人身上也没有一分钱，即使有钱，司机也不敢拉我们几个去郊区呀。我们就从小西天的中国电影资料馆，走到了今天的北太平庄路边，决定扒当时北京城市夜间开往郊外运垃圾的车。那时，北京城市夜间运垃圾的车是带挂斗的灰绿色卡车，后面的挂斗车在最后方有一个脚踏板，可以站清洁装运工。我们就偷偷扒上了一辆城市运垃圾的车，站在车斗后面的脚踏板上返回学校，由于天气冷，我们穿得少，手扒在车厢板子上，感觉浑身都冻僵了，我们紧紧用胳膊夹住车帮，生怕掉下去。寒冷的风钻进脖子里，一路上那垃圾、尘土一个劲儿往脸上扑，灌进嘴里和脖子里。垃圾车只到小营垃圾消纳厂，我们下了车以后，又步行很久，到后半夜了才回到学院，又饿又冷，又乏又困。这段"扒车"的经历，对我来说印象是那样深刻，永远记忆在脑海里。

在完全新鲜的、视听极度丰富的电影面前，我们是当时大学生中最幸福的人，其他院校的大学生远远没法与我们相比。那时候能看到的片子大多是美国好莱坞三四十年代的经典电影、五六十年代的苏联解冻的"意识形态电影"、意大利新现实主义电影、法国新浪潮电影、欧洲作家电影和现代思潮的电影，这是当时我们配之以课堂教学的主要组成部分。世界电影史上的各个大师，成为"第五代"学习的榜样，伯格曼、戈达尔、阿仑·雷乃、特吕弗、夏布洛尔、路易·马勒、安东尼奥尼、维斯康蒂、费里尼等一些电影大师和精英成为我们模仿的人物，他们的另类叙事风格、影像效果，不向世俗低头、不媚俗的人文精神，不向社会妥协的所作所为，成为"第五代"的学习楷模和精神追求，校园里弥漫着同学们对世界电影大师们尊敬的气氛。总之，"78班"在观摩电影中所受到的有益影响，对他们来说是一种财富，他们也在后来的电影创作中不断实践着。

"78 班" 1982 年 毕 业 论 文 写 作

北京电影学院"78 班"是"文化大革命"后恢复招生的第一届本科班，由于中断了 10 年的电影教育、教学，本科学生论文答辩应该怎样进行，对于学院、教师、学生来说，都是一个新的课题，但是所有"78 班"的同学在二年级的下半学期，就有人开始进行咨询和准备，尽管是一个没有头绪的事情，但是，在同学的思想上还是极为重视的。所以，一有同学开始议论论文的事情，就会引起众多同学的注意，开始陆续有人在图书馆查阅资料，也有人在宿舍讨论论文的问题。总之，"78 班"的同学在还不知道能否按期拍摄毕业作品的情况下，就全面开始动手毕业论文的选题和准备工作。

从教学的程序上看，毕业论文成了教学的一个关键内容，论文一方面反映学生整体的学习程度和关注问题的程度，另一方面反映学校整体的教学内容和水平。我们收集到了"78 班"在 1982 年进行答辩的全部论文题目。

导演系"78 班"同学论文题目

耿晓震：《浅谈导演选择场景》；周炜：《浅论电影的停顿》；蒋卫和：《现场分镜头的方法》；林大庆：《作为渲染手段的比喻蒙太奇》；潘渊亮：《真实、情感、思想——电影艺术境界三要素》；应旗：《"生活片断"的启示》；王子音：《关于电影中的人物形象》；吴子牛：《试论电影的场面调度》；田壮壮：《视觉形象的构成》；张军钊：《试论从小说到电影改编的若干问题》；江海洋：《论电影的情节和情绪》；夏钢：《我对电影节奏的认识》；赵劲：《站在人物的立场上》；潘华：《电影不受故事的束缚表达情感》；金韬：《主观镜头的运用与限制》；李子羽：《电影的环境与人物》；刘苗苗：《还没有完成的任务——浅谈电影声音》；崔小芹：《电影表演中眼神的表现力》；彭小莲：《长镜头的实际运用》；白宏：《试论电影音响》；张建亚：《电影气氛二题》；王宜芹：《电影表现心理的可能》；胡玫：《色彩——电影语言的构成元素》；陈凯歌：《论电影的突出和渲染》；谢晓晶：《动作在导演艺术中的作用》；黎少旭：《论电影色彩》；李晓军：《论长镜头的运用》；李少红：《感情时空》。

从导演系论文的情况看，由于在真正意义上从事过电影创作的经验毕竟比较少，所以，论文讨论的问题也比较集中在创作、理论、风格的问题上，谈及创作问题的有 11 篇，谈及理论问题的有 14 篇，谈及风格问题的有 3 篇。所以，那时的导演系，比较习惯在理论上进行探索和研讨，特别是与其他系的同学进行争论，这种认真的态度，一直保持到今天。

表演系"78 班"同学论文题目

刘佳：《浅谈表演意识的矛盾性》；汪粤：《浅谈表演中的内心视像》；李小力：《演员需要严格的专业训练》；王向红：《感觉是表演艺术的重要环节》；刘冬：《浅谈"情感记忆"》；张志强：《在自己心目中找到角色性格的种子》；王玉璋：《发掘角色性格的深邃塑造富有性格的人物形象》；陈国星：《以生活的形态反映生活》；贾东朔：《论演员的气质》；梅兆华：《电影演员案头工作的重要》；张伟克：《浅论电影表演的准确性》；金一康：《电影表演中的一个重要方面——准确的分寸感》；王咏歌：《论演员的局限性和相对无限因素》；杨晓丹：《论性格的多侧面》；朱晓鸣：《掌握最高任务贯穿动作是演员完成任务创作的瑰宝》；徐美娜：《马兰花表演艺术的无价宝》；颜世魁：《电影演员要熟悉电影的特技》；马静：《论电影表演的即兴性》；赵雍：《表演艺术中的理性纵横谈》；吕晓刚：《谈电影表演中的动作》；葛建军：《思考探索尝试追求——怎样从我过渡到他》；曹蓬：《论动作的选择与设计》；张丰毅：《自我与角色》；周里京：《浅谈体验》；张铁林：《浅议含蓄》；陈浥：《谈角色的个性色彩》；张潮：《论演员的再创作》；谢园：《角色的自我感觉》；方舒：《〈勿忘我〉中的雯》；袁牧女：《自我与形象》；沈丹萍：《论人物的自我感觉》；郭靖：《试论摄影机前的表演》。

从表演系的论文题目，可以看出整个表演教学的特色和体系。表演"78 班"的教学十分严谨，由于学院的表演教学是建立在延安鲁艺和莫斯科电影学院表演基础上的电影专业化教育，所以，表演专业的声（声乐）、台（台词）、形（形体）、表（表演）的四个环节教学非常科学和有效，上课的内容和形式已经在教学计划和教学大纲中基本确定，学生正是在这些经典的、浓缩的、有效的教学内容中，体会和体验表演艺术的真谛。所以，表演教学的论文也紧紧围绕着专业展开。

摄影系"78 班"同学论文题目

吴菲菲：《论影片〈原野〉的摄影艺术特色》；何清：《浅谈电影中的光效》；邢树民：《试论电影摄影中的移情》；邓伟：《光线与意境》；萧风：《论电影摄影的几条构图原理》；秦竞虹：《论电影构图的连续性》；王连平：《谈谈电影中的运动摄影》；赵非：

《摄影机运动的艺术表现作用》；吕乐：《如何恰当地使用运动镜头》；张黎：《日趋完善的语言元素》；王雁：《浅谈电影曝光控制》；智磊：《电影画面造型与绘画造型》；孙诚：《镜头运动的抒情作用》；顾长卫：《主观镜头叙述》；侯咏：《人的视觉感受与电影中的主观镜头》；汪小跃：《浅谈摄影风格》；郑鸣：《论电影摄影的写意和写实》；梁明：《电影艺术中的色彩与色调创造》；陈焱：《略论运动摄影作为电影语言元素的几种功能》；王左：《光线·情绪·气氛》；屈建伟：《浅论电影中的色彩基调》；王小列：《初探电影画面构图》；沈星浩：《论电影运动和谐》；穆德远：《电影色彩——属性、对比、变调》；张会军：《电影实景的光线处理》；张艺谋：《电影色彩中的反射》。

从摄影系论文的情况看，更多的是与摄影的创作、技巧、手段、方法联系起来的，比较务实，由于在教学的过程中，拍摄了各种各样形式的短片（16MM 黑白负片，16MM 黑白反转，16MM 彩色负片，35MM 彩色负片），具有了一定的经验和教训，也积累了一定的现场拍摄知识，感悟的东西比较多，所有论文中，谈及光线问题的有 4 篇，谈及色彩问题的有 4 篇，谈及构图问题的有 4 篇，谈及运动问题的有 6 篇，谈及技巧问题的有 5 篇，谈及风格问题的有 2 篇，谈及其他问题的有 1 篇。纯粹谈到摄影技术问题的论文有王雁的《浅谈电影曝光控制》；而张艺谋的论文《电影色彩中的反射》，则同时涉及了电影摄影的技术和艺术问题。

美术系（动画）"78 班"同学论文题目

阿来夫：《镜头在美术片中的重要性》；李耕：《绘画造型艺术对动画影片艺术风格的作用》；傅海龙：《动画设计三则》；姚青：《论动画片的题材》；李怀：《零与无限》；胡依红：《动画片中的写意性》；贾否：《动画图形的非具象性》；刘左峰：《关于动画艺术电影艺术的特性》；段佳：《抽象诗意动画片的理想》；华方方：《论我国动画对儿童的作用》；张小安：《动画电影的色彩及其作用》；陈三伟：《漫谈京剧脸谱在美术片中的借鉴》；黄月：《从点扩大成面的可能性探索》。

美术系动画专业的论文，基本上创作与理论各占一半，体现了他们关注理论和创作的两个极端的问题，体现了他们对动画前沿问题和创作问题的同时关注，由于专业实习上经验比较少，总的论文切入点比较注重理论的问题。

美术系（设计）"78 班"同学论文题目

周景伦：《环境美的显现》；韩刚：《掀起视觉化的"镜头画面"》；张秉坚：《由"美术导演"想到的》；戚健：《电影的雏形——镜头画面初探》；杨晓文：《创作之再创作》；郑伟：《谈电影场景平面画的设计》；霍建起：《电影布景设计与运动性》；刘邑川：《浅谈戏用道具的戏剧力量》；王维新：《有关场景设计的若干依据问题》；陈若刚：《电影

视觉环境中的环境》；周欣人：《以环境表现人物》；马惠武：《电影美术设计中的意境表现》；李永奇：《色彩与情》；石建都：《电影美术设计与银幕的画面造型》；刘鹰：《电影色彩的整体结构》；冯小宁：《电影美术在动态构图中应用》；李劲松：《真实的环境和环境的真实》；余麦多：《论电影布景的真实性》；贾世泉：《从真实性谈电影场景的表现》；何群：《谈电影美术设计的真实性》；郝冰：《实景的利用》；赵大陆：《论影片中实景的选择与设计加工》；王鸿海：《给道具以生命》；尹力：《电影布景的真实》；邹成基：《"意象色彩"在电影中》；王小燕：《电影画面构图初探》。

美术系设计专业的论文，则基本上与电影创作中的美术设计紧密联系，体现了他们关注创作各个环节的问题，当然，也有关注与美术设计与有关理论问题的论文，例如：马惠武的《电影美术设计中的意境表现》；邹成基的《"意象色彩"在电影中》，体现了他们对电影美术理论问题的关注。

录音系"78班"同学论文题目

沈雁：《电影录音的技术要求与艺术创作》；李嫣：《同期录音工艺中的几个问题》；成樱：《探索电影中声音的内涵》；孔凌燕：《电影声音的空间感与环境感》；孙立：《电影音乐——历史、美学、形象与色彩的探讨》；娄炜：《电影中对白声的录音》；佟立：《电影音响的表现力》；麦燕文：《电影声带音艺术的特性》；孟健：《同期录音工艺中几个问题》；吴凌：《影片〈茶馆〉的音响效果设计》；马耀文：《集成运算放大器在西门子调音台中的作用》；吴昊：《电影录音中磁平的选择方法》；黄英侠：《可调人工混响室的设计》；陈咪沙：《混响预报器的研制》；陶经：《现场后期录音探索》；张羽：《采用的象限乘法器的音量压缩器电路试验》；翟明：《论电影中的人声》；吕家进：《综论故事片音乐录音所具备的知识和修养》；张晔：《听觉艺术的一个广阔领域》；姚国强：《试析无声片到有声片的声音艺术观点》；詹新：《谈谈惊险片中音响效果的悬念》；晁军：《电影对白录音方法的初步探讨》；冯凌凌：《现代调音台设计工艺及功用》；孙欣：《便携式录音机偏磁电源调整现用方法与改进》；洪仪：《电影中的音乐》；张君：《音乐录音与话筒使用》；袁展红：《拷贝声带的质量控制》。

录音系的论文，选题基本上都与录音技术有非常密切的关系，甚至有比较多的是对录音技术设备的研究，这在"78班"的本科论文中，体现了一定的论文难度系数，也反映了录音系对技术基础的扎实教学，论文研究的领域，将电影录音制作环节的各个方面问题全部都涵盖了，反映了他们对电影创作中录音技术问题的研究成果。

在整个毕业考试过程中，论文准备仅仅是一个组成部分，还有许多其他组成部分，比如拍片。所有的同学，都有参加短片或者长片拍摄的经历，拍摄的毕业作品就成为毕业的成绩参考内容之一，而论文也成为毕业成绩的参考内容之一，更是拍摄作品的文字补充或者是理论上的总结。

"78班"论文的选题，没有当今电影理论浮躁的风气，没有不着边际的论述，没有稀奇古怪的名词堆砌，完全是根据自己的专业学习、自己的作业和短片创作，在研究实实在在的电影应用技巧、创作和理论的问题，从他们的论文题目和表述的方法上，就可以看出朴实的文风和认真的态度。

其实，临近毕业论文写作的时候，因为没有上届学生的论文，也没有现成的资料和可以借鉴的东西，"78班"基本上没有任何可以参考的文献，唯一可以翻阅的就是上课发的教科书、油印的教材和上课的笔记。国家恢复电影创作仅仅四年，虽然取得了比较大的成绩，但是，关于电影观念的讨论也是刚刚开始，没有形成实用、有效的电影理论参照系数。"78班"没有参照的坐标，只能彼此竭力互相帮助，对照笔记和相关的教学资料进行研究。同学们论文选题的宗旨基本上是以电影的创作和所包含的元素为主，教师真诚希望学生在论文的写作中折射他们的教学成果，继承学院的优秀电影制作应用理论的传统。

"78班"的论文答辩，与今天的情况基本一样。首先，对自己的选题，有一个非常详细的解释和思路上的论述，同时，对自己论述的问题进行进一步的说明，对所论述的问题不足进行总结，并说明准备继续研究的问题和方向，教师也是根据同学的平时学习和拍摄作业的情况进行询问。

由于"78班"的同学少，学院的教师比较多，所以，老师辅导同学进行论文准备的时间相对比较多，也非常仔细。由于在论文准备阶段学生与教师接触得多，同学们态度认真，准备充分，心里反而踏实。在论文答辩过程中，所有的同学都非常从容，没有紧张出错的情况出现，也没有论文重写和重新答辩的情况。

2004 年，山东青岛北京电影学院现代创意媒体学院奠基仪式后，78 班同学在青岛金沙滩合影（左起，尹力、李岩、韩刚、谢小晶、张会军、李少红、霍建起、王鸿海、张丰毅）

（京）新登字 083 号

图书在版编目（CIP）数据

致青春：北京电影学院 78 班回忆录 / 张会军著 . – 北京：中国青年出版社，2015.4
ISBN 978-7-5153-3288-8

I. ①致… II. ①张… III. ①电影工作—文艺工作者—生平事迹—中国 IV. ① K825.78
中国版本图书馆 CIP 数据核字（2015）第 076308 号

责任编辑：王飞宁
装帧设计：瞿中华
封面题字：王鸿海
出版发行：中国青年出版社
社　　址：北京东四十二条 21 号
邮　　编：100708
网　　址：www.cyp.com.cn
营销中心：010-57350370
编辑电话：010-57350501
印　　刷：北京中科印刷有限公司
经　　销：新华书店
规　　格：700×1000　1/16
印　　张：26.5
插　　页：2
字　　数：200 千字
印　　数：8001－11000 册
版　　次：2015 年 8 月北京第 1 版
印　　次：2016 年 5 月北京第 3 次印刷
定　　价：48.00 元